本书为2019年度国家民委教改项目"民族院校保险学专业综合改革研究——以西北民族大学为例"（项目编号：19024）、2018年甘肃省教育厅创新创业教育改革项目"基于创新创业思维下的专业教育改革"（项目编号：1001151007）、2019年甘肃省教育厅创新创业教育改革项目"创新创业导向的保险学专业本科教育支撑体系研究——以西北民族大学为例"（项目编号：1001151003）的阶段性成果

Property and Liability Insurance

财产与责任保险

郭蕙兰 李 辉 张建深 著

中国社会科学出版社

图书在版编目（CIP）数据

财产与责任保险/郭蕙兰，李辉，张建深著 . —北京：中国社会科学出版社，2021.1
ISBN 978-7-5203-7753-9

Ⅰ.①财… Ⅱ.①郭… ②李… ③张… Ⅲ.①财产保险—高等学校—教材 ②责任保险—高等学校—教材 Ⅳ.①F840.6

中国版本图书馆 CIP 数据核字（2021）第 018243 号

出 版 人	赵剑英
责任编辑	刘晓红
责任校对	周晓东
责任印制	戴　宽
出　　版	中国社会科学出版社
社　　址	北京鼓楼西大街甲 158 号
邮　　编	100720
网　　址	http://www.csspw.cn
发 行 部	010-84083685
门 市 部	010-84029450
经　　销	新华书店及其他书店
印刷装订	北京君升印刷有限公司
版　　次	2021 年 1 月第 1 版
印　　次	2021 年 1 月第 1 次印刷
开　　本	710×1000　1/16
印　　张	16.75
插　　页	2
字　　数	267 千字
定　　价	89.00 元

凡购买中国社会科学出版社图书，如有质量问题请与本社营销中心联系调换
电话：010-84083683
版权所有　侵权必究

前　　言

　　财产与责任保险作为保险学专业的一门专业基础课程，以财产保险和责任保险的经济关系为研究对象。本书全面系统地阐述了"财产与责任保险"领域中的有关理论，包括财产保险的形成、发展、特征分类、财产保险合同和基本原则等，并参照保险业现行的业务体系，对火灾保险、货物运输保险、运输工具保险、责任保险、农业保险、信用保证保险等险种的具体实务运作做了详尽的介绍，形成了财产与责任保险知识体系的基本构架。本书既可作为保险学专业的教学用书，也可作为保险从业人员、对保险感兴趣的读者的参考读物。

　　本书由郭蕙兰拟定大纲并负责全书的总纂，并编写了第一章、第二章、第五章、第六章、第七章、第九章，李辉编写了第三章、第八章，张建深编写了第四章、第十章。

　　由于编者学识水平有限，书中难免存在不足之处，恳请各位读者不吝指正。

郭蕙兰
2019 年 4 月

目 录

第一章 财产保险总论 … 1
第一节 财产保险的概念与特征 … 2
第二节 财产保险的种类和作用 … 6
第三节 财产保险的形成及其发展 … 9

第二章 财产保险合同 … 20
第一节 财产保险合同的概念和特征 … 22
第二节 财产保险合同的形式 … 24
第三节 财产保险合同的要素 … 26
第四节 财产保险合同的订立、变更、解除与终止 … 32
第五节 财产保险合同的争议 … 38

第三章 财产保险的基本原则 … 41
第一节 保险利益原则 … 42
第二节 最大诚信原则 … 45
第三节 近因原则 … 49
第四节 损失补偿原则及其派生原则 … 50

第四章 火灾保险 … 56
第一节 火灾保险概述 … 57
第二节 企业财产保险 … 62

第三节　家庭财产保险 …………………………………………… 75

第五章　货物运输保险 …………………………………………… 81

第一节　货物运输保险概述 ………………………………………… 82
第二节　海上货物运输保险 ………………………………………… 85
第三节　国内货物运输保险 ………………………………………… 107

第六章　运输工具保险 …………………………………………… 115

第一节　运输工具保险概述 ………………………………………… 117
第二节　机动车辆保险 ……………………………………………… 118
第三节　船舶保险 …………………………………………………… 147
第四节　飞机保险 …………………………………………………… 157

第七章　工程保险 ………………………………………………… 163

第一节　工程保险概述 ……………………………………………… 165
第二节　建筑工程保险 ……………………………………………… 170
第三节　安装工程保险 ……………………………………………… 181
第四节　科技工程保险 ……………………………………………… 187

第八章　农业保险 ………………………………………………… 191

第一节　农业保险概述 ……………………………………………… 192
第二节　种植业保险 ………………………………………………… 195
第三节　养殖业保险 ………………………………………………… 199

第九章　责任保险 ………………………………………………… 204

第一节　责任保险概述 ……………………………………………… 205
第二节　公众责任保险 ……………………………………………… 212
第三节　产品责任保险 ……………………………………………… 218
第四节　职业责任保险 ……………………………………………… 225
第五节　雇主责任保险 ……………………………………………… 229

第十章 信用保险与保证保险 ·················· 237
  第一节 信用保证保险概述 ·················· 237
  第二节 信用保险 ·················· 244
  第三节 保证保险 ·················· 252

参考文献 ·················· 260

第一章 财产保险总论

【开篇案例】2015年8月12日,位于天津市滨海新区天津港的瑞海公司危险品仓库发生火灾爆炸事故,造成165人遇难(其中参与救援处置的公安现役消防人员24人、天津港消防人员75人、公安民警11人,事故企业、周边企业员工和居民55人),8人失踪(其中天津消防人员5人,周边企业员工、天津港消防人员家属3人),798人受伤(伤情重及较重的伤员58人、轻伤员740人),304幢建筑物、12428辆商品汽车、7533个集装箱受损。截至2015年12月10日,依据《企业职工伤亡事故经济损失统计标准》等标准和规定统计,已核定的直接经济损失68.66亿元。[1]

2015年11月13日22时50分许,浙江省丽水市莲都区雅溪镇里东村发生山体滑坡,塌方量30余万立方米,27户房屋被埋,房屋进水21户,当地立即启动地质灾害特别重大Ⅰ级响应预案。截至2015年11月16日,山体滑坡已造成26人遇难,11人失联。[2]

这些自然灾害、意外事故的发生给人类造成了巨大的人身伤亡和财产损失,可以说,人类的发展史就是不断征服自然、改造自然的过程。然而,即便是进入21世纪后,科学技术的变革日新月异,风险的发生依然不可避免。沙尘暴、台风、滑坡、海啸等自然灾害,火灾、爆炸、交通事故、人员疏忽造成的责任事故等,吞噬了家庭、企业和社会的很

---

[1] 百度百科:《8·12天津滨海新区爆炸事故》,http://baike.baidu.com/item/8·12天津滨海新区爆炸事故。

[2] 百度百科:《11·13浙江丽水山体滑坡事故》,http://baike.baidu.com/item/11·13浙江丽水山体滑坡事故。

多财富。受创后的经济单位需要获得及时的经济补偿以便更快地恢复生产，由此促生和发展了财产保险。

【内容提要】 本章作为全书的总纲，阐述了财产保险的概念与基本特征，分析了财产保险与人身保险、政府救灾等的区别，介绍了财产保险的种类与作用，并简要介绍了财产保险的发展史。

第一节 财产保险的概念与特征

一 财产保险的概念

财产保险是指以各种财产物资及其有关利益为标的的保险。投保人根据保险合同的约定，向保险人交付保险费，保险人按保险合同的约定对所承保的财产及其有关利益因自然灾害或意外事故造成的损失承担赔偿责任。

其中，财产是金钱、财物及民事权利、义务的总和。[①] 按照不同的分类方式，可将财产划分为不同的种类：根据财产的形式，可分为有形财产和无形财产；根据使用性质，可分为生产性财产和消费性财产；根据经济运动方式，可分为动产和不动产；根据所有权，可分为国有财产、集体财产和私有财产。

财产保险的概念可以分为广义的和狭义的两类，这是基于财产保险经营业务的范围来区分的。狭义的财产保险仅指各种财产损失保险，即以各种具体的财产物资为标的的险种，如火灾保险、货物运输保险、运输工具保险等。而广义的财产保险不仅包括狭义的财产保险，还包括信用保证保险、责任保险等业务在内，涵盖一切非人身保险业务。即：

广义的财产保险 = 财产损失保险(狭义的财产保险) + 责任保险 + 信用保证保险

一般意义上的财产保险所指的均为广义的财产保险，这也是本书的研究范围。

[①] 许谨良：《财产与责任保险》，复旦大学出版社1993年版，第1页。

需要注意的是，我国将保险业分为财产保险和人身保险，这与国际通行的划分标准不同。根据各种业务的性质和经营规则，国际惯例中将保险业分为寿险与非寿险，非寿险包括除寿险之外的财产保险和各种短期性的人身保险业务。虽然划分标准不同，但对认识财产保险的性质和经营规则并无影响。

二　财产保险的特征

财产保险的特征包括基本特征和比较特征。基本特征指财产保险的一般特征，而比较特征指与某特定行为（如人身保险）比较来阐述其特征，进一步认识财产保险的本质。

（一）财产保险的基本特征

1. 业务性质具有补偿性

客户投保各种类别的财产保险，旨在转嫁自己在有关财产物资和利益上的风险，当风险发生并导致保险利益损失时能够获得保险人的补偿。而保险人经营各种财产保险业务，也意味着承担起保险事故发生时对客户保险利益受损的补偿责任。

2. 经营内容具有复杂性

无论是从财产保险经营内容的整体出发，还是从某一具体的财产保险业务经营内容出发，财产保险复杂性的特征都非常明显。

（1）投保对象复杂。既可以由法人团体投保，也可以由居民家庭和个人投保。保单既可能涉及单个保险客户，也可能涉及多个保险客户和其他第三者。

（2）投保标的复杂。财产保险的承保范围决定了标的物十分复杂，从普通的财产物资到大型的建筑、安装工程甚至各种高科技产品，从实体的各种物资到无形的法律、信用责任等，都可以成为财产保险的保险标的。

（3）承保过程复杂。财产保险业务的经营既要强调承保前的风险检查、承保时的严格核保，又要重视保险期间的防灾防损和事故发生之后的查勘等，承保过程程序多、环节多。

（4）风险管理复杂。对每一笔财产保险业务，保险人都要进行风险评估、风险选择或风险限制，并且运用再保险方式来分散风险。

(5) 经营技术复杂。财产保险的经营不仅要求保险人具备保险知识，还要求保险人熟悉各种保险标的相关的技术知识。例如，经营农业保险时，要求保险人熟悉种植业和养殖业中涉及的各种动植物的生长发育规律及周期性、季节性的特征，掌握农业风险管理的技术等。

3. 单个保险关系具有不等性

在单个保险关系中，财产保险的交易双方在实际支付的经济价值上呈现明显的不平等现象。一方面，保险人按照确定费率计算并收取每一笔业务的保险费，但保险费通常仅是保险标的价值的千分之几或百分之几，而一旦被保险人发生保险损失，保险人赔付的保险金通常是保险费的数倍。这种情况下，保险人付出的代价巨大，而被保险人往往收益巨大而付出较少。另一方面，在所有的承保业务中，发生保险事故的毕竟只是其中的很少数，大多数的被保险人交纳了保险费但没有发生保险损失因而不会有保险赔偿款的收益，而保险人不承担保险责任也不退还保费，因而交易双方同样是不平等的。

但从总体上看，保险人运用大数法则确定保险费率，保证了从所有保险客户那里筹集的保险基金与所承担的风险责任是相适应的，即保险人与被保险人的关系是完全对等的。

正是这种单个保险关系在经济价值支付上的不对等性，构成了财产保险总量关系等价性的现实基础和前提条件。这也促使保险客户投保时对投保标的及投保风险进行选择，将难以避免的风险转嫁给保险公司，而保险公司做好风险选择和限制工作，防止客户逆选择的发生，保证自己的经济利益。保险人和客户经过相互协商和选择，认同单个和总体的保险关系后，确认财产保险关系的建立。

(二) 财产保险与人身保险的区别

财产保险与人身保险是构成我国保险业的两个独立的部类，它们在经营和运作方面存在较大的区别。

1. 保险标的的区别

以法人或自然人所拥有的各种物质财产及有关利益为保险标的的财产保险，体现了被保险人对这些物质的利益。这些标的无论归法人所有还是归自然人所有，均有客观而具体的价值标准，可以用货币来衡量其价值并以此为依据确定保险金额，被保险人通过财产保险获得不超过其实际损失的补偿。

而人身保险的保险标的却是自然人的身体与生命，是无法用货币来计价的，保险金额根据被保险人对人身保险的需要和投保人交纳保险费的能力来确定，发生保险事故时，保险人按照合同的约定进行给付。

2. 风险管理的区别

财产保险主要强调对物质及有关利益的管理，保险对象的风险较为集中，保险人通常需要采用共同保险或再保险的方式来进一步分散风险，以维护业务经营和财务状况的稳定。例如，卫星保险、飞机保险、船舶保险、工程保险等，保险金额往往数额巨大，保险人若独立承保此类业务，一旦发生保险事故，势必会遭受重大的打击。此外，财产保险风险种类繁多，受统计资料不健全、认知能力限制等因素的影响，保险人很难精确掌握财产风险的规律性，制定的保险费率与财产发生的实际损失之间往往会有偏差。

而人身保险一般只强调被保险人身体健康，每个自然人的投保金额均可以控制且相对来说要小得多。为了防止道德风险，法律或合同还会对保险金额有一定的限制，因而人身保险的风险较为分散，保险事故的发生对保险人的业务经营及财务稳定构不成威胁，一般无须以再保险为接受业务的条件。在风险规律统计方面，通过国家人口普查编制的国民生命表及保险人自己研究和统计而得的经验生命表，可以比较准确地厘定保险费率，且风险发生的概率偏差小。

3. 被保险方获偿权益的区别

当保险事故发生以后，财产保险适用损失补偿原则，强调保险人必须按照保险合同规定履行赔偿义务，同时也不允许被保险人通过保险获得额外收益，从而不仅适用权益转让原则，还要遵循重复保险损失分摊和损余折抵赔款等原则。

而在人身保险中，则只讲被保险人依法受益，除医药费重复给付或赔偿不被允许外，并不限制被保险人获得多份合法的赔偿金，既不存在投保多家保险情况下分摊给付保险金的问题，也不存在由于第三者致被保险人伤残、死亡而向第三者代位追偿的问题。

4. 保险期限的区别

财产保险的保险期限一般为一年或一年以内，因而保险人一般要求投保人投保时一次性交清保险费，保险费不计利息，保单不具有储蓄性、没有现金价值、只有保障性，保险费形成的保险基金不能作为保险人长期投资的资金来源。

而人身保险特别是人寿保险由于期限长，保费可采取均衡保费制——按年度分期交纳、复利计息，保单既有保障性也有储蓄性，形成的保险基金可供保险人进行中长期的投资。

此外，还需指出的是，尽管短期性人身保险业务的保险对象——自然人的身体与生命与寿险业务具有一致性，但在保险经营实践中，其业务性质和经营规则却与一般财产保险相一致。这种一致性包括：一是在业务性质上均具有赔偿性，即保险人在短期性人身意外保险业务或短期健康险业务中承担的是与一般财产保险业务一样的赔偿责任，而非与人寿保险业务一样的受益责任；二是在经营规则上，短期性人身保险业务的财务核算、准备金提存与一般财产保险业务具有一致性，而与人寿保险业务相异；三是在保险费交纳方面，短期性人身保险业务与一般财产保险业务均强调一次性交清，而人寿保险却要求投保人按规定的标准分期交费；四是在保险责任期限方面，短期性人身保险业务与一般财产保险业务一样，保险期限不超过一年，有的业务甚至是一次性保险单（如旅行意外保险），而人寿保险业务的保险期均是长期性的；五是在业务的功能上，短期性人身保险只具有保障功能，而人寿保险却兼具保险、储蓄与投资功能。可见，短期性人身保险业务既与人寿保险业务有相似的一面，更与一般财产保险业务具有相通性。在区别财产保险与人身保险业务时，应当充分注意到这一点。

第二节　财产保险的种类和作用

一　财产保险的分类

从不同的角度划分，财产保险有不同的分类。按保险价值的确定方式，可分为定值保险和不定值保险；按照保险标的的内容，可分为物质财产保险、经济利益保险和责任保险；按照实施形式，可分为自愿保险和强制保险；按照保险标的是否有形，可分为有形财产保险和无形财产保险；按照保险标的，可分为财产损失保险、责任保险和信用保证保险。最后这种分类方式，也即是我国财产保险的法定分类，根据《保险法》第九十五条规定："财产保险业务包括财产损失保险、责任保险、信用保险、保证保险等保险业务。"如图1-1所示，险种具体内容在本书后面各章介绍。

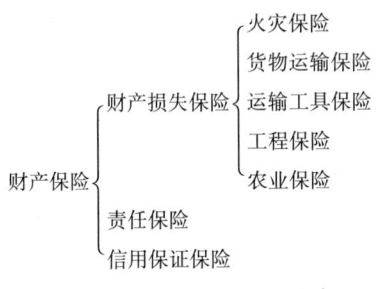

图1-1 财产保险法定分类

二 财产保险的作用

从保险的基本功能来说，财产保险可以分散风险、实现经济补偿，在其发挥功能的过程中，表现出来的具体效果即为财产保险的作用。财产保险的发展，必然对社会经济的发展产生深远的影响。

（一）财产保险对微观经济的作用

1. 有利于安定城乡居民的日常生活

风险的客观存在会对居民的生活产生两方面的影响：一方面使人们在心理上产生恐惧感，影响工作效率和生活质量；另一方面，灾害事故的发生会造成居民财产的实际损失。投保财产保险后，免除了居民在生产、生活方面的风险之忧，也避免了灾后要靠国家救灾、单位扶持、亲友帮助、民间借贷等恢复生产和生活的连锁反应，从而有利于保障居民生活的安定，稳定灾区社会秩序。

2. 有利于企业及时恢复生产，加强经济核算、风险管理

企业在经营活动中可能因自然灾害和意外事故而遭受损失，重大的损失甚至会影响企业的正常运转。企业通过缴纳保险费的方式向保险人转嫁风险，一旦保险责任范围内的损失发生，保险人可以对企业进行及

时的经济补偿，受灾单位能够及时恢复已毁损了的财产或利益，从而保障生产和经营的持续进行。

此外，保险人可以运用丰富的风险管理经验为企业提供风险管理咨询和技术服务。例如，在保险合同中明确被保险人的防灾防损义务，通过差异费率、赔付施救费用等措施督促被保险人积极预防风险、减少风险发生的可能性，建立防灾基金，促进全社会防灾防损工作的开展等。

(二) 财产保险对宏观经济的作用

1. 有利于保障社会财富的安全

财产保险的一大基本职能是补偿财产物资及有关利益的损失，帮助受灾的被保险人尽快恢复正常的生产和生活。但是，从社会总财富的角度来看，只要灾害发生，财产的毁损即社会总产品的减少和灭失就是必然的，一定会造成社会财富的损失。因此，财产保险的经营过程非常重视防灾防损工作。对保险人来说，防灾防损工作的好坏，直接关系到保险赔款支出的多少，即直接影响到保险人的经济效益和风险承受能力；对国家防灾抗险体系来说，财产保险是重要的事后补偿机制。因此，承保人必然要关心危险发生的频率和可能的损害后果，并采取相应措施事先加以防范。此外，保险人经营各种风险，积累了丰富的认识、防控灾害事故发生的经验，在日常的经营过程中，可以为投保人提供防灾防损建议，指导其开展防灾防损工作。

2. 有利于科学技术的推广应用

科学技术是生产力，其产生和应用有利于劳动生产率的提高、可能带来巨大的社会财富。但任何一项科技的发明和应用，尤其是现代高科技的产生，都有可能因为各种风险事故而造成经济损失，这种损失可能数额巨大使发明者很难承受。财产保险例如核电站保险、卫星保险、航空保险等，在科技推广时能够对风险事故提供经济保障，解决了发明者的后顾之忧，有助于科学技术的推广应用。

3. 有利于社会安定

保险人提供的经济保障，在人们遭受财产损失或承担民事损害赔偿责任时，能够帮助被保险人尽快恢复正常生产和经营，消除社会不安定因素，使社会稳定发展。

4. 有利于对外贸易和国际经济交往

在国际贸易中，进出口业务都必须办理保险，其已经成为涉外商品流通和经济交往中必不可少的组成部分。特别是我国实行对外开放后，对外贸易、中外合资企业的开办和外资企业的引入、技术的交流和引进等同其他国家的经济技术合资交流愈加频繁，涉外保险业务的开展，对促进商品和资本的输入、输出发挥了非常积极的作用。

5. 有利于增加就业机会，促进第三产业发展

保险人在发展过程中，会在多地设置分支机构，为当地提供更多的就业岗位和机会，在一定程度上缓解了剩余劳动力的安置压力。而且保险业的发展本身就是对第三产业的壮大，对改变第三产业在我国国民经济中所占比重偏轻和调整国民经济产业结构、完善我国经济的社会化服务体系都有着直接、积极的影响。

总之，财产保险在我国社会经济发展中占有重要地位，发挥着不可替代的作用，是一项有功于国、有益于民的好事业，要加以大力发展；同时，财产保险的发展实践，又丰富了财产保险的理论研究内容，推动着理论研究的发展和进步。

第三节　财产保险的形成及其发展

一　财产保险的形成

（一）海上保险的产生与发展

近代财产保险是从海上保险发展而来的，因而，研究海上保险的产生与发展对了解财产保险的发展必不可少。

1. 海上保险的产生

共同海损是海上保险的萌芽。公元前 2000 年左右，古希腊南端爱琴海诸岛，商船往返频繁。最初船、货为一人所有，后来逐渐产生了承运业务。由于船舶比较简陋，随着承运业务的发展，逐渐形成一种习惯：当发生航行危险时，抛弃一部分承运货物，以减轻船载，避免船货全部倾覆，而后共同承担海损损失。公元前 916 年，《罗地安海商法》明文规定："凡因减轻船只载重投弃入海的货物，如为全体利益而损失

的，须由全体分摊。"这就是著名的"共同海损"原则。这一分摊原则至今仍被各国海商法所采用。

一般认为，船舶抵押贷款是海上保险的前身。随着海上贸易地区扩大到非洲西岸，商人赚取的贸易利润更为丰厚，但与此同时，所承担的风险也相应增加。公元前800—前700年，一些商人面临资金不足的难题，使海上贸易借贷逐渐兴起并在地中海的一些城市广泛流行。船舶航行在外急需用款时，船长以船舶和船上的货物向当地商人抵押借款。若船舶和货物在航海中遭遇海难，则视其损失程度，可免除部分或全部债务责任；如果船货安全抵达目的地，则偿还本金和利息。当时海上航行的风险很大，并且债主承担了船舶航行安全的风险，因而这种借款的利率特别高，当时一般借款利率为6%，而这种海上借款的利率高达12%，高出的6%相当于支付的保险费。这种抵押贷款形式与现代保险有一定的相似之处，被公认为是海上保险的雏形：借款人、贷款人以及用作抵押的船舶，相当于海上保险中的被保险人、保险人以及保险标的物。

2. 海上保险的发展

意大利是海上保险的发源地。早在11世纪末，十字军东征以后，意大利商人就控制了东方和西欧的中介贸易。在经济繁荣的意大利北部城市特别是热那亚、佛罗伦萨、比萨和威尼斯等地，由于其海上交通要塞的地理位置，这些地方已经出现类似现代形式的海上保险。那里的商人和高利贷者将他们的贸易、汇兑票据与保险的习惯做法带到他们所到之处，足迹遍及欧洲。许多意大利伦巴第商人在英国伦敦同犹太人一样从事海上贸易、金融和保险业务，并且按照商业惯例仲裁保险纠纷，逐渐形成了公平合理的海商法条文，后来成为西方海商法的基础。1290年犹太人被驱赶出英国后，伦敦的金融保险事业就操纵在伦巴第人手中，在伦敦至今仍是英国保险中心的伦巴街由此得名。英文中的"保险单"（Policy）一词也源于意大利语"Polizza"。大约在14世纪，海上保险开始在西欧各地的商人中间流行，并逐步商业化和专业化。1310年，保险商会在荷兰的布鲁日成立，负责协调海上保险的承保条件和费率。1347年10月23日，热那亚商人乔治·勒克维伦开出了迄今为止世界上发现的最早的保险单，它承保"圣·克勒拉"号船舶从热那亚至马乔卡的航程保险。1397 年，在佛罗伦萨出现了具有现代特征的保险单形式。

随着海上贸易中心的转移，海上保险的有关制度也随之由意大利经葡萄牙、西班牙于 16 世纪传入荷兰、英国和德国。美洲新大陆发现之后，英国的对外贸易获得迅速发展，海上保险的中心随之转移到英国。1568 年 12 月 22 日，伦敦市市长批准开设了第一家皇家交易所，为海上保险提供了交易场所。促进英国海上保险业发展的重要因素是 1574 年伊丽莎白女王批准设立保险工会和经营海上保险的法案。在伦敦皇家交易所内设立的保险商会，负责办理所有保单的登记，并参照安特卫普法令和交易所的习惯制定标准保险单。进入 18 世纪，伦敦已成为世界上最具实力的海上保险市场。1720 年英国政府为整顿当时的伦敦保险市场，颁布法令规定除个人经营者外，禁止任何其他公司和商业团体从事海上保险业，特许英国皇家交易保险公司和伦敦保险公司经营海上保险业务。18 世纪的伦敦海上保险市场基本上为这两家特许公司和市场的另一个主角——专营海上保险的保险人组织劳合社所控制。美国独立战争（1775—1783 年）的爆发以及 1793—1815 年的法国战争为伦敦保险市场的发展提供了一个有利的时机。因为海上保险的费率随着战争所带来的海上贸易风险逐渐提高，并且吸引了欧洲保险业务以及越来越多的保险商，将伦敦海上保险业务推入了一个蓬勃发展的阶段。1824 年英国政府撤销了 1720 年颁布的有关限制团体性保险公司的法令，大量资金开始涌入海上保险市场，英国海上保险业已不再局限于伦敦一地，而是全面向英伦三岛扩展。1884 年英国伦敦经营海上保险业务的承保人成立了"伦敦保险人协会"，在水险条款的标准化方面做了很多工作，制定的保险条款——协会条款在国际保险市场上得到了广泛应用。

1906 年，英国《海上保险法》的颁布施行不但对保障和促进英国海上保险的发展发挥了重要作用，并且对很多国家的海上保险立法都产生了非常重要的影响，被世界各国视为海上保险法的范本。这部法律是英国王座法庭首席法官曼斯菲尔德利用 20 余年的时间在收集了上千个海上保险判例的基础上，结合国际惯例起草而成的。它对海上保险的定义、基本原则和赔偿标准等做了详细的解释和规定，还将劳合社制定的 S. G. 保险单即船舶货物保险单列为英国法定的海上标准保险单。劳合社保险单也就自此开始被世界各国视为海上保险单的范本，直至今日仍被美国、日本等国援用。目前，世界上有船舶保险和货物运输保险的国家中几乎有2/3的保单内容采用英国保险条款，或者是既采用英国保险法的规定，又采用保险单条款。还有一些过去属于英联邦的国家把《1906年海上保险法》作为海上保险合同的基本法规，甚至把该立法不加以任何改变地或以类似方式列入本国法规中，如印度、澳大利亚、肯尼亚等国。有的国家虽然没有正式把英国立法列入本国立法中，但是其地方的司法惯例也是以英国立法为依据。例如，美国法院处理这类问题时常以《1906年海上保险法》作为美国海商法的依据。有的国家如泰国、匈牙利、挪威和瑞典的出口货物保险单上常有适用英国立法的规定。

此外，谈及英国海上保险的发展史，还必须要提到劳合社（Lloyd's）。1688年，爱德华·劳埃德（Edward Lloyd，约1648—1713年）在英国伦敦的塔街开设了一家咖啡馆，叫劳埃德咖啡馆。咖啡馆附近是海关总署、港务局等一些与航海贸易有关的单位，因此，很快成为船主、船员、商人、经纪人、保险商人等聚集的场所。他们一边喝咖啡，一边交换有关航运和贸易的消息，保险商也常在此与投保人接洽业务。劳埃德为招徕客人，给洽谈业务提供各种便利，并鼓励保险人在其咖啡馆开办保险业务，因此咖啡馆逐步发展成为伦敦海上保险的总会。当时通信十分落后，准确可靠的消息对于商人来说是无价之宝。为了吸引更多的客人，劳埃德于1696年出版了一张小报——《劳埃德新闻》，每周出版三次。约在1734年，劳埃德的女婿出版了《劳合社动态》，后易名为《劳合社日报》，至今该报仍在伦敦出版。1774年，在劳埃德咖啡馆业务的基础上，咖啡馆的79名商人在伦敦皇家交易所成立了劳合社。英国议会于1871年专门通过了一个法案，批准劳合社成为一个保险社团组织，劳合社据此通过向政府注册取得了法人资格，但劳合社的成员只能经营海上保险业务。直至1911年，英国议会取消了这个限制，批准劳合社成员可以经营包括水险在内的一切保险业务。在1994年以前，劳合社的承保人都是自然人，或称个人会员（individual member）。1994年以后，劳合社允许公司资本进入该市场，出现了公司会员（corporate member）。自此以后，个人会员的数量连年递减，而公司会员的数量逐年递增。从劳合社的组织形式看，它不是一家保险公司，本身不经营保险业务，而是由许多保险人组成的保险社团，向会员提供交易场所，并进行管理。现在，劳合社共有500多家代理机构，分布在世界100多个国家中。劳合社设计的条款和保单格式在世界保险业中有广泛的影响，其制定的费率也是世界保险业的"风向标"。劳合社对保险业的发展，特别是对海上保险和再保险做出的杰出贡献是世界公认的。

(二) 火灾保险的产生与发展

火灾保险起源于德国。中世纪，欧洲很多国家流行对火灾、盗窃等进行救济的行会，但救济对象仅限于社员，且更多是道义上的救助。1591年，汉堡酿酒业者组成了火灾救助协会，加入者遭遇火灾时可以获得建筑物重建的资金，也能以建筑物担保融通资金。由于火灾的频繁发生，此类协会的数量越来越多。1676年，46个协会联合在汉堡市组成了火灾保险局，成为公营火灾保险事业的先驱。其后，在柏林、科隆等市也先后有类似的组织成立。1718年，柏林公营火灾保险所的成立带动了全国各地此项事业的发展。但这些在政府财政和行政需要基础上设立的公营保险组织经营的都是原始的火灾保险，现代火灾保险制度则是起源于英国。

1666年的伦敦大火是火灾保险发展史上的重大事件。1666年9月2日，伦敦市一家面包店因烘炉过热而起火，火势失去控制，燃烧了5天。这场大火使伦敦城大约80%的房屋被焚毁，受灾面积达400多英亩，20多万人无家可归，估计损失达1000万英镑以上。正是这场大火，让人们深刻认识到火灾保险的重要性。1667年，牙科医生尼古拉斯·巴蓬（Nicholas Barbon）按海上保险的承保办法，创办了专门为建筑物提供火灾保险的营业所——火灾保险社，开创了私营火灾保险的先例。1680年，巴蓬与其他三人合股设立火灾保险公司，根据租金和房屋的结构计算保险费，规定木制结构的房屋费率为5%，较砖瓦结构的房屋（2.5%）要增加1倍。这种按照房屋风险程度分类收取保险费的方法，便是现代火灾保险差别费率的起源，因而，巴蓬被称为"现代火灾保险之父"。1710年，英国查尔斯·波文创办的太阳火灾保险公司，开始承保不动产以外的动产险。1752年，美国科学家本杰明·富兰克林建立了费城房产火灾保险社，开始强调风险分摊的意义。

工业革命之后，物质财富的大量增加和集中，促使火灾保险的内容也较最初的形态丰富了很多。一方面，火灾保险承保的标的已经从最初的房屋扩展为各种动产及相关的利益损失（如利润、费用损失等）；另一方面，承保的风险也由最初的火灾扩展到以火灾、爆炸、雷击为基本风险，可承保一系列自然灾害和意外事故。

（三）其他财产保险业务的发展

19世纪后叶以后，各种财产保险新险种陆续出现，如汽车保险、航空保险、工程保险、责任保险、盗窃保险、信用保证保险等。进入20世纪后，随着现代工业和科技的迅速发展，石油综合保险、卫星保险、核电站保险、金融保险等新型险种也得到了广泛应用。至此，财产损失保险、责任保险和信用保证保险——财产保险的三大部类全部形成。而与财产保险业务发展相适应的再保险业务也随之迅速发展。1846年设立的德国科仑再保险公司是首家独立经营再保险业务的公司。由于风险的特殊性，再保险已成为财产保险经营过程中不可缺少的一部分。财产保险业务在国际上各个保险公司之间的分保使风险在全球范围内进行了分散，促进了财产保险业务的稳定发展。

二 中国财产保险的形成与发展

（一）中国财产保险的萌芽

中国的保险思想和救济后备制度发源较早，根据《周礼·大司徒》的记载，建立后备仓储的制度自公元前11世纪的周朝开始就存在了——人们认为存储物质以备将来不时之用，是立国安邦之本。据《礼记·王制》所述："国无九年之蓄，曰不足；无六年之蓄，曰急；无三年之蓄，曰国非其国也。"春秋时期著名的政治家范蠡认为："知斗则修备，时用则知物"，掌握了这两点，则"万货之情可得而观矣"（《史记·货殖列传》）。西汉宣帝时创建的"常平仓"、隋文帝五年（公元585年）所推行的"义仓"、宋朝和明朝时民间的"社仓"制度，均属于社会保险形式。

中国的保险思想在《礼记·礼运》中得到完整的反映："大道之行也，天下为公。选贤与能，讲信修睦，故人不独亲其亲，不独子其子，使老有所终，壮有所用，幼有所长，鳏、寡、孤、独、废疾者皆有所养。"但是，由于中国封建政治制度的制约，重农抑商的传统观念盛行，商品经济的发展缓慢，尽管有保险思想的指引，却没有产生商业财产保险。

(二) 中国近代财产保险事业的形成

1949 年以前的财产保险业大致可以分为这样几个阶段：

1. 外商保险公司垄断时期

19 世纪初，随着工业革命的完成，西方资本主义国家开始了对东方的经济侵略，保险业作为保障资本输出和经济侵略的工具进入中国。1840 年之前，中国仅广州开展对外贸易。为了保障运输货物和船舶的安全，英国商人达卫森（W. S. Davidson）于 1805 年在广州开设了中国第一家保险公司——广州保险公司（Canton Insurance Society），也曾译为广州保险社，主要经营海上保险业务。此后，怡和洋行收买了该会社，并且更名为"谏当保险公司"（Canton Insurance Company Ltd.）。它使中国民众第一次接触到了现代商业保险业务。1835 年，英商广州宝顺洋行设立了专门经营海上货物运输保险业务的"于仁洋面保安行"（Union Insurance of Canton）。随后，英国的"太阳保险公司"和"巴勒保险公司"在上海设立了分公司。继英国之后，美国、法国、瑞士、德国、日本等国的保险公司也相继来华设立分公司或代理机构，经营财产保险业务，并完全垄断了中国的财产保险市场。这些为外国资本经济侵略提供保险服务的保险公司使中国的封建经济体制受到了严重冲击。

2. 民族财产保险业的产生与发展

第一次鸦片战争后，受到重创的封建经济体制促使中国的有识之士开始从西方发达国家寻找改革和富国强兵之策，西方的保险思想开始传播开来并逐渐被国人接受。1842 年，思想家魏源在《海国图志》中，第一次介绍了西方的火险、水险和寿险。1859 年，被晋封为太平天国"开朝精忠军师顶天扶朝纲干王"的洪仁玕在《资政新篇》中阐述了兴办保险的思想。之后，郑观应的《盛世危言》（1861 年）、钟天伟的《扩充实务十条》（1888 年）、陈织的《保险集资说》（1896 年）等著作中，都用一定篇幅阐述了保险的原理和保险对于促进中国发展与抵御西方经济的作用，为中国民族保险业的起步奠定了理论和思想准备。

1865 年 5 月 25 日，中国第一家民族保险企业——上海华商义和公司保险行成立，打破了财产保险市场被外商保险公司完全垄断的局面。1873年1月17日，由清政府支持洋务派建立的官督商办的中国近代第一家大型航运企业——上海轮船招商局开始营业。1875年招商局开始策划成立保险招商局自理保险业务。1875年12月28日，唐廷枢和徐润发起创办了当时颇具规模的民族保险企业——保险招商局。1876年7月，在保险招商局开办一年业务的基础上，创建者又集资25万两白银，开设仁和水险公司。随着保险业务的扩大，招商局于1885年将保险招商局改组为业务独立的"仁和"和"济和"两家保险公司，主要承办招商局所有的轮船和货物运输保险业务。1887年，这两家公司又合并为"仁济和保险公司"，拥有股本100万两白银，承办水险及火灾保险业务，业务范围也开始从海上转向内地。

自此到20世纪初，我国的民族财产保险业得到了一定程度的发展，保险公司的数量有了很大的增加，上海成为全国的保险业中心。从1865年到1912年的40多年间，成立的保险公司约有35家，其中财产保险公司27家；1912年到1925年成立的保险公司有39家，其中财产保险公司20家。1933年6月，"华商联合保险股份有限公司"在上海成立——这是唯一经营再保险业务的公司。随后，先后成立了久联、太平、大上海、中保、华商联合等分保集团，但总的来说，再保险业务基本上是被外商垄断的，大量保费外流。1935年10月至1943年，国民党政府相继成立了"中央信托局保险部""中国农业保险公司""太平洋保险公司""资源委员会保险事务所"。为了瓜分业务、调和利益冲突，前三家保险公司和"中国保险公司"四家联合组成"四联盐运保险管理委员会"，办理盐运保险。抗日战争胜利后，民营保险公司和官僚资本纷纷将总公司从重庆迁回上海，仅上海一地的保险公司就有232家，其中，华资168家，其余64家为外资公司。据统计，到1949年5月，上海约有保险公司400家，其中，华商保险公司只有126家。其中一部分经营财产保险业务。

同时，保险法律、行业自律组织、科学研究等在这一阶段都有了一定的发展。1906年，清政府颁布了中国历史上第一部以国家名义制定的《火险章程》，其中颁布了一系列涉及房屋、船舶、货物保险的标准保险单，表明统一财产保险单证格式已经列入国家对于保险业监管的范畴。1910年，清政府法律馆制定了中国历史上第一部保险法规——《保险业章程草案》，并且在1911年颁布的大清商律草案中，第一次以国家立法的形式在"损害保险营业"章节规定了财产保险业务运作的基本规则。1929年12月30日，国民党政府颁布了《保险法》，但由于种种原因未能施行。1937年1月11日，国民党政府颁布了修订后的《保险法》《保险业法》《保险业法施行法》，但是均未得到实施。

1907年，为与外商的"上海火险公会"抗衡，9家华商保险公司在上海联合成立了行业自律组织——"华商火险公会"。

有关保险科学的研究也于20世纪20年代开始展开。西方保险理论开始成为中国财经学科教学的一项内容，当时著名的《东方杂志》发表了革命家恽代英的《人寿保险事业之新发展与长生会》和君实的《劳动者失业保险制度》等重要的有关保险的文章。1925年商务印书馆出版了王效文撰写的《保险学》一书，经济学家马寅初在序中指出："吾国向无所谓保险学；有之，自本书始。"1935年，第一家保险学术机构——中国保险学会成立，旨在"研究保险学理，促进保险事业"，倡议政府支持开办保险教育课程，倡导从事保险理论与实务的研究。民族保险业者积极传播保险思想和开展保险教育，提高全民族的保险意识，以期摆脱外商保险业的强权控制。

然而，尽管民族财产保险业有了起步，但1949年之前的市场基本被外商保险公司垄断，华资保险公司力量弱小，只能处于被支配地位，对于保险规章、条款以及费率的制定等都没有话语权。

(三) 1949年以后财产保险事业的发展

1949年9月，第一次全国保险会议召开，确定国家保险的方针是"保护国家财产、保障生产安全、促进物资交流、提高人民福利"，并开始对原有的保险机构和保险市场进行整顿和改造。1949年10月20日中国人民保险公司成立，这是中华人民共和国成立后设立的第一家全国性国有保险公司，经营财产保险、人身保险和再保险业务。随后，外商保险公司纷纷撤离中国，原有的一些华商保险公司在整顿和改造中逐渐消退，还有一些保险公司将总部迁移到中国香港等地。至此，国内保险业务由中国人民保险公司独家垄断。其中，财产保险业务主要以企业财产保险为主，后来逐步扩展到汽车保险、货物运输保险、家庭财产保险和农业保险。同时，通过颁布法规的形式在全国范围内开展了对国家机关、国营企业、合作社、船舶和铁路车辆的强制财产保险。当时的业务主要围绕企业财产保险的承保和理赔工作展开。

1958年10月，在西安召开的国务院财贸会议认为"人民公社化"以后，人们的生老病残和灾害事故都由国家和集体承担，保险的作用已经消失，决定除了保留部分国外业务，所有的国内业务在保险责任期满后不得续保，长期性业务开始办理退保手续。中国保险市场开始进入停滞阶段。

在国内业务停办了20年之后，1979年，国家决定恢复国内保险业务，中国人民银行组建了专门部门开始实施管理和监督保险行业的职能。1980年1月1日，中国人民保险公司恢复办理国内财产保险业务，开始在全国设置分支机构，宣告中断了20余年的中国商业保险业务开始恢复运营。自此，原有的垄断局面被打破，新的经营主体开始出现，中国的保险业进入持续高速发展阶段：1986年新疆生产建设兵团组建的新疆兵团保险公司（后于2002年更名为中华联合财产保险公司）成立，1988年3月深圳平安保险公司成立（1992年改为中国平安保险公司），1991年交通银行投资的中国太平洋保险公司开始营业，1992年区域性的天安财产保险公司和大众财产保险公司在上海成立，多元化的保险市场格局开始形成。1993年美国国际集团（AIG）属下的美亚保险公司（AIU）获准在上海浦东设立营业机构，中国财产保险市场在封闭40年后又重新向世界开放。

1995年10月1日，《中华人民共和国保险法》（以下简称《保险法》）开始实施，这是1949年以来的第一部保险基本法，标志着中国保险事业的发展步入法制化和规范化的轨道，也自此开始了财产保险和人身保险分业经营的新阶段。中国人民保险公司在1996年5月通过集团化对旧的体制进行了重大变革，改组为中国人民保险（集团）公司，分设中保财产保险有限公司、中保人寿保险有限公司和中保再保险有限公司。而中国人民保险（集团）公司于1998年宣布解体，进一步改组为专营财产保险业务的中国人民保险公司、专营人身保险业务的中国人寿保险公司、专营再保险业务的中国再保险公司和专营海外业务的香港中国保险集团。1996年8月，专营财产保险业务的华泰财产保险有限公司、华安财产保险有限公司和永安财产保险有限公司分别在北京、深圳和西安成立。

此外，一批专业性的财产保险公司以多种组织形式相继成立，财产保险业进入了产业化、专业化发展的新阶段。2001年中国第一家专营进出口信用保险业务的政策性保险公司——中国出口信用保险公司成立。2004年9月，第一家农业保险公司——安信农业保险股份公司在上海成立。2004年11月，第一家相互制农业保险公司——阳光农业相互保险公司在黑龙江成立。2004年12月，第一家专业汽车保险公司——天平汽车保险股份有限公司在上海成立。2005年12月，第一家专业责任保险公司——长安责任保险股份有限公司在北京成立。2017年2月，第一家全国性相互保险组织——众惠财产相互保险社在深圳成立，同年6月，第一家专业服务于住建及工程领域的相互保险企业——汇友建工财产相互保险社在北京成立。

1998年，中国保险监督管理委员会成立，取代中国人民银行履行对保险市场监督和管理的全部职能，开启了中国保险业的专业监管时代。2018年4月，中国银行监督管理委员会与中国保险监督管理委员会合并，组建中国银行保险监督管理委员会。

2001年12月11日，中国成为世界贸易组织成员国，对保险业做出"高水平、宽领域、分阶段开放"的承诺，中国保险市场于2004年开始全面开放，多家外资保险公司获准在我国境内设立分公司和合资公司。2001年的19家财产保险公司中外资为10家，2010年的55家财产保险公司中外资为20家，2017年，85家财产保险公司中外资为22家。

【复习思考题】

1. 如何理解财产保险的概念？
2. 简述财产保险与人身保险和政府救灾的区别。
3. 财产保险有哪些主要险种？
4. 财产保险对宏微观经济的作用是什么？
5. 简述我国财产保险的发展历程。

第二章　财产保险合同

【开篇案例】① 原告沁阳市华康物资有限公司、赵某与被告中国人寿财产保险股份有限公司河南省分公司沁阳市营销服务部财产保险合同纠纷一案，于2009年11月10日向法院起诉。法院受理后，适用普通程序，依法组成合议庭，公开开庭进行了审理。原告赵某以及二原告的委托代理人陈某、被告人寿财险沁阳营销服务部的委托代理人王某到庭参加诉讼。本案现已审理终结。

原告诉称，原告赵某购买一辆"东方红"牌轻型自卸车，挂靠于原告华康公司名下经营，车牌号为豫HD2107。2009年4月13日，原告华康公司与被告签订了机动车交通事故责任强制保险（以下简称"交强险"）和机动车辆保险合同。原告交纳保险费后，被告于2009年4月14日向原告出具了发票。同年5月17日4时许，原告赵某驾驶该车沿赵原线（311省道）由南向北行驶到原阳县城东关交叉口南侧时，将行人赵某某撞倒，造成车辆损坏、赵某某经抢救无效死亡的交通事故。事故发生后，原告及时通知了被告。经原阳县公安交通警察大队认定，赵某某负事故的主要责任，原告赵某负事故的次要责任。经原阳县公安交通警察大队调解，原告赔偿死者赵某某近亲属110000元。原告维修车辆支付维修费5250元。原告向被告申请理赔，被告迟迟未向原告赔偿，二原告特提起诉讼。二原告要求：（1）依法判决被告向原告支付保险理赔款115250元；（2）诉讼费用由被告负担。

---

① 《财产保险合同案例》，慧择网，http://xuexi.huize.com/study/studytag/word-2240.html。

被告人寿财险沁阳营销服务部辩称：（1）原告赵某与被告不存在保险合同关系，原告华康公司与被告存在保险关系，根据合同相对性原则，原告赵某不具备诉讼主体资格。被告请求法院驳回原告赵某对被告的起诉。（2）根据《中华人民共和国道路交通安全法》第十九条第四款规定，驾驶人应按驾驶证载明的准驾车型驾驶车辆。本案肇事者原告赵某未取得相应的驾驶资格造成交通事故，根据《机动车交通事故责任强制保险条例》（以下简称《交强险条例》）第二十二条第一款第（一）项及第二款的规定，被告对此属于责任免除，被告不应对该肇事车辆理赔。请求法院依法驳回原告华康公司对被告的诉讼请求。

根据原、被告诉辩陈述，法院总结本案庭审的争议焦点为：（1）原告赵某是否具备主体资格？（2）原告赵某对交通事故受害人赵某某近亲属赔偿的110000元以及赵某的车辆维修费5250元是否符合保险理赔条件？

被告为支持自己的主张，向法院提供的证据有：（1）机动车交强险条款；（2）机动车损失保险条款；（3）第三者责任险条款。被告拟以此证明条款中载明"驾驶车型与准驾车型不符"的情形，保险公司免责。原告对保险条款真实性无异议，但认为赵某已经取得了驾驶资格，是否与驾驶车型一致的情形，交强险条例中并未明确不在理赔范围，被告不应免责。

依据双方当事人陈述及质证意见，法院对该案证据认证如下：原告提供的证据，并非正式发票，不能作为原告车辆损失的有效证据；原、被告双方提供的其他证据，对方当事人均对真实性无异议，各方证据来源合法，与案件有关联，本院均予以采信。

法院审判：原告所属的运输分公司依法向被告投保机动车交通事故责任强制保险，运输分公司与被告之间机动车交通事故责任强制保险合同成立，应受法律保护。运输分公司并就豫HD2107号轻型自卸货车向被告投保机动车损失险，被告同意承保并向运输分公司签发保险单，双方商业险保险合同成立，运输分公司向被告交纳了保险费，被告应在约定期间承担保险责任。运输分公司作为原告华康公司开办的单位，不具备法人资格，运输分公司在与被告财产保险合同中的权利义务应由原告华康公司承受。

被告中国人寿财产保险股份有限公司河南省分公司沁阳市营销服务部于本判决生效后 10 日内在豫 HD2107 "东方红" 自卸车机动车交强险责任限额内赔偿原告沁阳市华康物资有限公司、原告赵某损失 110000 元。驳回二原告的其他诉讼请求。案件受理费 2605 元，二原告负担 50 元，被告负担 2555 元。如不服本判决，可在判决书送达之日起十五日内，向本院递交上诉状，并按对方当事人的人数提出副本，上诉于河南省焦作市中级人民法院。

【内容提要】财产保险合同是投保人与保险人权利义务关系的凭证，是规范双方行为的直接依据。本章阐述了财产保险合同的概念、基本特征和形式，分析了财产保险合同的构成要素——主体、客体和内容，介绍了财产保险合同从订立到终止的过程以及合同发生争议时的解释原则和处理方式。

第一节 财产保险合同的概念和特征

合同是平等主体的自然人、法人、其他组织之间设立、变更、终止民事权利关系的协议。[①] 依法成立的合同具有法律约束力，非依照法律或经当事人协议不得变更。任何一方无合法原因不履行或不完全履行合同义务时，另一方有权请求履行或解除合同，并有权就因此所造成的损失向责任方索赔。保险合同是投保人与保险人约定保险权利义务关系的协议。《保险法》第二章"保险合同"中对保险合同及财产保险合同的内容均有较详细的规定。

一 财产保险合同的概念

财产保险合同是以财产及其相关利益作为保险标的的保险合同。

财产保险合同作为保险双方权利义务关系的凭证，是规范保险双方行为的直接依据。财产保险活动的全过程，实际上就是双方订立合同、履行合同的过程：依照财产保险合同，投保人向保险人支付约定的保险

[①] 《中华人民共和国合同法》。

费，取得投保财产或利益因自然灾害或意外事故遭受损失时的经济保障；保险人收取保险费，在保险标的遭受约定的保险事故时，对被保险人承担赔偿保险金的责任。

二 财产保险合同的基本特征

财产保险合同是保险合同的一种，而保险合同是民事合同的一种形式，具有民事合同的共性，包括：合同双方当事人必须具有完全的民事行为能力，意思表示必须完全一致，合同内容必须合法等。又因为它的特殊性，相比一般的民商事合同，财产保险合同还具有以下特征。

（一）双务性

财产保险合同作为一种双方法律行为，一旦生效，对双方当事人都具有法律约束力。各方当事人均应当严格依照协议履行自己的义务，这种义务对相对方而言就是权利。例如，投保人有交付保险费的义务，保险人有收取保险费的权利。

（二）射幸性

"射幸"一词来源于拉丁文，在词源上，该词与 alea（意为骰子）和 aleator（意为玩骰子者）有联系。《牛津词典》给"射幸"下了这样的定义："取决于死亡的降临；因此，取决于不确定的偶然性。"一般的民商事合同所涉及的权益或者损失都具有相应的等价性。但是就单个财产保险合同而言，投保人支付了保险费，但被保险人能否获得保险人赔付的保险金是不确定的，取决于保险事故是否发生。尽管从总体上看，保险人收取的纯保险费与被保险人的索赔金额是大致相等的。投保人以少额保险费获取大额保险金带有机会性，所以财产保险合同具有射幸性。

（三）附合性

一般的民商事合同是经当事人自愿协定在意思表示一致的基础上产生的。而附合合同则是由一方当事人提出合同的主要内容，另一方只是作出取或舍的决定，而不能改变合同的内容。在财产保险合同中，保险人事先拟定了保险合同的条款。只有极少数的情况下，投保人可就合同内容与保险人进行磋商，但财产保险关系的建立一般最终取决于保险人的意思表示。

（四）补偿性

财产保险合同中保险人承保的是财产及有关利益，保险人对保险事故造成的被保险人的财产损失承担补偿责任。特别注意，人身保险合同中保险人承保的是被保险人的生命和身体健康，保险人承担的是给付责任，这也是财产保险合同与人身保险合同重要的区别。

第二节　财产保险合同的形式

我国《中华人民共和国合同法》（以下简称《合同法》）第十条规定，当事人订立合同，有书面形式、口头形式和其他形式，法律、行政法规规定采用书面形式的，应当采用书面形式。当事人约定采用书面形式的，应当采用书面形式。我国《保险法》第十三条规定："投保人提出保险要求，经保险人同意承保，保险合同成立。保险人应当及时向投保人签发保险单或者其他保险凭证。保险单或者其他保险凭证应当载明当事人双方约定的合同内容。当事人也可以约定采用其他书面形式载明合同内容。"可见，保险合同必须采用书面形式。财产保险合同的形式主要有投保单、暂保单、保险单、保险凭证和批单。

一　投保单

投保单也称要保书或投保申请书，是投保人向保险人申请订立保险合同的书面文件，其中列明订立保险合同所必需的项目，由投保人如实填写。保险人据此审查并决定是否接受投保人的投保申请，一经保险人承诺并盖章，即成为保险合同的组成部分。若投保人填写不实，将直接影响保险合同的有效性，一旦保险事故发生，投保人或被保险人的需求将无法得到保障。投保单通常由保险人根据业务种类的不同分别设计并统一印制，内容一般包括保险人需要了解的有关投保人、被保险人和保险标的的相关内容，例如保险标的、坐落地点、投保险别、保险金额、保险期间等。

二　暂保单

暂保单是保险人在签发正式保险单或保险凭证之前为了满足投保人

的保险需求而出具的临时保险凭证,与保险单具有同等法律效力,有效期通常以 30 天为限。保险人签发正式保险单,则暂保单自动失效。暂保单的内容一般较为简单,只载明合同的主要内容,如投保人的姓名、承保险种、保险标的、保险金额及费率、保险责任范围等重要事项。投保人要按投保单注明的保险期限计算缴纳保险费,而保险人对保险标的在暂保单有效期内出险的要承担保险责任。

保险人出具暂保单一般有以下情况:

(1) 保险代理人已承揽到保险业务,在保险人还没有办妥承保手续之前,先出具暂保单,作为保障的证明。

(2) 保险公司的分支机构承揽到一些特殊业务,例如超出自己业务审批权限的或危险单位比较特殊的,尚需等待上级公司或总公司审批,可出具暂保单,作为保障的证明。

(3) 在保险人和投保人洽谈或续订保险合同时,已将主要的保险条款协商一致,但还需进一步商讨合同的一些细节问题,保险人可以出具暂保单,作为保障的证明。

(4) 保险单是出口贸易结汇的必备文件之一,在尚未出立保险单和保险凭证之前,可先出具暂保单,证明出口货物已经办理保险。

三　保险单

保险单简称保单,是保险人和投保人订立财产保险合同的正式书面凭证,一般由保险人签发给投保人,是财产保险合同的普遍形式。保险单详细列明保险合同的全部内容,通常包括保险标的、保险金额及保险费率、保险责任和除外责任等保险事项和附注条件等。保险单是保险双方当事人确定权利和义务关系的主要凭证,也是保险标的遭受保险责任范围内的损失后,投保人索赔和保险人处理赔案的主要依据。

四　保险凭证

保险凭证实际是简化了的保险单,又叫"小保单",由保险人签发给投保人或者被保险人,以证明保险合同已经订立,与保险单具有同等的法律效力。保险凭证所记载的内容一般比较简单,未列明的内容以相应的保单条款为准,如果两者有抵触或保险凭证另有特约条款,以保险凭证上的内容为准。

保险凭证通常在以下三种情况下使用：

（1）在团体保险中，保险人通常只签发一张正式保险单，而给每一个参加保险的人签发一张单独的保险凭证，以证明其已投保。

（2）在车辆保险中，若多辆车辆由一张保单承保，保险人给每辆车签发一张保险凭证以备沿途交通管理等部门的查验。

（3）在货物运输保险中，若采用预约保险的方式，需要对每一笔货物签发单独的保险凭证。

五　批单

批单又称批改单或背书，是双方当事人协商一致对保险合同内容进行变更时，保险人出具的证明性文件。

批单通常在以下两种情况下使用：

（1）对已经印刷好的标准保险单所作的部分修正，一般不改变保险单的基本保险条件，但是会缩小或扩大保险责任。

（2）在保险单有效期内对于某些保险项目进行调整。在保险合同订立后，双方当事人可以通过协议更改和修正保险合同的内容。当投保人有变更需求时，需要向保险人提出申请，经保险人同意后出立批单。

批单是保险合同的一个重要组成部分，凡批改过的保单的各项内容以批单为准。批单既可以在原保单或保险凭证上批注，也可以出立变更合同的附贴便条。若对同一项内容做了多次批改，则以最后一次批改为准；既有打字批改，又有手写批改，则手写优于打字。

第三节　财产保险合同的要素

财产保险合同与一般的经济法律关系的表现形式一样，由主体、客体和内容三个要素构成。

一　财产保险合同的主体

财产保险合同的主体是指在财产保险合同中享有权利和承担义务的人，包括保险人、投保人和被保险人。

(一) 保险人

财产保险合同的保险人，是指与投保人订立财产保险合同，并承担赔偿保险金责任的人，也称承保人。大多数国家的法律规定只有符合条件、经政府批准的法人才能成为保险人，存在少数特例如英国劳合社的会员承保人，即经国家批准、具有完全民事行为能力，符合一定的资产、信誉要求的自然人可以成为保险人，经营保险业务。《保险法》第十条定义保险人为"与投保人订立保险合同，并按照合同约定承担赔偿或者给付保险金责任的保险公司"。第六条规定："保险业务由依照本法设立的保险公司以及法律、行政法规规定的其他保险组织经营，其他单位和个人不得经营保险业务。"目前，我国保险公司的组织形式有股份有限公司、相互保险公司和互助保险公司等。保险公司应当在国务院保险监督管理机构依法批准的业务范围内从事保险经营活动。

(二) 投保人

财产保险合同的投保人，是指与保险人订立财产保险合同，并按照合同负有支付保险费义务的人，也称要保人。自然人和法人都可以成为投保人，但是必须具备相应的民事权利能力和民事行为能力。根据我国《中华人民共和国民法通则》（以下简称《民法通则》）第十一条的规定："十八周岁以上的公民是成年人，具有完全民事行为能力，可以独立进行民事活动，是完全民事行为能力人；十六周岁以上不满十八周岁的公民，以自己的劳动收入为主要生活来源的，视为完全民事行为能力人。"第三十六条规定："法人的民事权利能力和民事行为能力，从法人成立时产生，到法人终止时消灭。"无民事行为能力人和限制行为能力人缔结保险合同的，需经监护人同意，否则合同无效。

(三) 被保险人

财产保险合同的被保险人，是指其财产受到合同保障，并享有保险金请求权的人。被保险人既可以是自然人，也可以是法人。我国《保险法》第十二条规定："财产保险的被保险人在保险事故发生时，对保险标的应当具有保险利益。"在财产保险中，投保人往往为自己的利益投保，所以投保人与被保险人通常是同一人，在投保到合同生效前，称作投保人，合同生效后即转换为被保险人。但也有例外的情况，比如企业为每一位职工投保家庭财产保险，企业为投保人，每一个家庭才是被保险人。此外，与人身保险合同相区别的是，在财产保险合同中，通常没有受益人，因为在财产遭受损失后，被保险人可以直接请求赔偿。如果被保险人在保险事故中死亡，则保险金由继承人请求并获得。

除以上主体外，在财产保险合同的签订过程中，因为专业性和技术性较强，往往还需要借助专门的技术人员——辅助人协助办理有关业务。辅助人通常包括保险代理人、保险经纪人和保险公估人。保险代理人是根据保险人的委托，向保险人收取佣金，并在保险人授权的范围内代为办理保险业务的机构或者个人。保险经纪人是基于投保人的利益，为投保人与保险人订立保险合同提供中介服务，并依法收取佣金的人，在我国保险经纪人仅限于机构。保险经纪人因过错给投保人、被保险人造成损失的，依法承担赔偿责任。保险公估人是指依照法律规定设立，接受保险当事人的委托，为其办理保险标的的查勘、鉴定、估损以及赔款的理算业务并予以证明，向委托人收取酬金的人。

二　财产保险合同的客体

财产保险合同的客体是指双方当事人权利义务共同指向的对象，即保险利益。特别注意保险利益与保险标的的区分。保险标的是指投保人的财产以及与财产有关的利益，是财产保险合同上所约定的保险事故发生的本体。当保险标的因保险事故发生而遭受损失时，保险人就应当承担保险责任。但保险人承担的责任并不是保证保险标的不发生事故，而是承担对被保险人因保险标的的灭失或毁损所带来的经济损失的补偿责任。换言之，保险人保障的不是保险标的，它保障的是被保险人对保险标的所具有的经济利益，即保险利益。

三　财产保险合同的内容

财产保险合同的内容，是指以双方当事人权利义务为核心的全部记载事项，主要通过各种保险条款来具体反映的。

（一）保险条款的分类

保险条款可以划分为基本条款和特约条款。

1. 基本条款

基本条款是指保险人制定的标准化保单的条款，即记载保险合同的法定记载事项，主要明示保险人与被保险人的基本权利义务，以及相关法规规定的保险行为成立所必需的各项事项。

2. 特约条款

特约条款是指在基本条款之外根据实际需要由当事人特别约定的条款，一般包括：

（1）附加条款，即对基本条款的补充性条款，当事人为增加、限制或修改基本条款的内容而制定的条款。

（2）保证条款，即保险人要求投保人或被保险人保证为或不为某种行为或者保证某事实存在或不存在的条款。

（3）协会条款，即英国伦敦保险人协会所指定的有关船舶和货运保险条款的总称。

（二）基本条款的主要内容

根据《保险法》第十八条规定，保险合同的基本条款应当包括下列内容。

1. 保险人的名称和住所

保险合同订立后，保险费的缴纳、风险增加的告知和保险金索赔等都涉及保险人的名称和地址，因此，保险人的名称和住所必须载明于保险合同中。

2. 投保人、被保险人的姓名或者名称、住所

保险合同订立后，事故发生原因的调查、保险费的催缴和保险金的赔付等都会涉及投保人、被保险人的名称和地址，以及可能发生争议时的诉讼管辖问题，因此，投保人、被保险人的名称和住所必须载明于保险合同中。

3. 保险标的

财产保险合同的标的是作为保险对象的财产及其有关利益。在合同中，应该明确载明保险标的，以便于判断保险的类型，包括保险标的的状况、性能、坐落地点等。

4. 保险责任和责任免除

保险责任是保险人对被保险人承担赔偿责任的危险事项，是保险条款的重要内容。例如，火灾保险的保险责任通常包括火灾、自然灾害、外界物体坠落等。责任免除是对风险责任的限制，是保险人不承担赔偿

责任的危险事项。一般是道德风险、损失巨大并且无法计算、自然损耗等类型的风险项目，如被保险人故意造成保险标的的损失、战争风险、核风险、正常维修费用等。保险责任和责任免除通常表现为保单中的基本责任、特约责任和除外责任。在保险合同中列明保险责任和责任免除的目的在于明确保险人的赔付范围。《保险法》第十七条规定："对保险合同中免除保险人责任的条款，保险人在订立合同时应当在投保单、保险单或者其他保险凭证上作出足以引起投保人注意的提示，并对该条款的内容以书面或者口头形式向投保人作出明确说明；未作提示或者明确说明的，该条款不产生效力。"

5. 保险期间和保险责任开始时间

财产保险合同的保险期间，是指保险人按照合同约定对于保险责任事故引起标的的损失承担保险金赔付责任的起讫期限，也是财产保险合同的有效期限。保险责任期限以外发生的保险事故，保险人不承担赔付责任。财产保险合同的保险期限一般有两种确定方法：（1）按自然日期约定，一般是一年，如家庭财产保险、车辆损失保险等，也可以是短期保险；（2）按一个事件的持续过程约定，如货物运输保险是按航程计算，建筑工程保险是按工期计算。保险责任开始的时间一般是由投保人和保险人在合同中约定。例如，保险人自投保人交纳车险保费时起，开始承担被保险车辆损失的赔偿责任。

6. 保险金额

在财产保险合同中，保险金额是保险人承担赔偿保险金的最高限额，也是计算保险费的依据，简称"保额"。财产保险的保险金额一般根据保险价值确定。

7. 保险价值

即保险标的投保时或出险时的实际价值，是投保人可以投保或保险人可以承保的最高限额。若保险合同签订时确定保险价值，即为定值保险合同，发生事故时以约定的保险价值作为赔偿的计算标准；否之，则为不定值保险合同，以保险事故发生时保险标的的实际价值作为赔偿计算标准。在不定值保险中，保险金额等于保险价值的为足额保险，保险金额小于保险价值的为不足额保险，保险金额大于保险价值的，为超额保险。《保险法》第五十五条第三款规定："保险金额不得超过保险价值。超过保险价值的，超过部分无效，保险人应当退还相应的保险费。保险金额低于保险价值的，除合同另有约定外，保险人按照保险金额与保险价值的比例承担赔偿保险金的责任。"

8. 保险费及支付方式

保险费是指投保人根据合同的规定向保险人支付的费用，是为取得保险人对保险财产提供保障而支付的代价。保险费是保险金额与保险费率的乘积，而保险费率是保险费与保险金额的比率，通常用千分率或百分率表示。保险费的支付办法由保险双方在合同中约定，通常要求投保人在投保时一次付清，当然也可以经保险人同意后分期支付。但如果投保人到期不支付保险费，则保险人可以采取诉讼的方式强制要求投保人支付保险费。

9. 保险金赔偿办法

财产保险合同中应该载明保险金赔偿的方式，包括赔付的程序、赔款的计算等。原则上，保险人以现金的方式支付，但合同当事人有约定的除外，如约定以重置、修复等方式赔付。对于保险赔付的期限，《保险法》第二十三条规定："保险人收到被保险人或者受益人的赔偿或者给付保险金的请求后，应当及时作出核定；情形复杂的，应当在三十日内作出核定，但合同另有约定的除外。保险人应当将核定结果通知被保险人或者受益人；对属于保险责任的，在与被保险人或者受益人达成赔偿或者给付保险金的协议后十日内，履行赔偿或者给付保险金义务。保险合同对赔偿或者给付保险金的期限有约定的，保险人应当按照约定履行赔偿或者给付保险金义务。"

10. 违约责任和争议处理

违约责任是指保险合同当事人未履行合同义务时所应当承担的法律后果。有关违约责任的内容，当事人既可以自行约定，也可以直接载明按照法律的有关规定处理。争议处理是保险合同有纠纷时所使用的处理方式，对于合同的争议，当事人可以约定解决的方式，包括约定仲裁或诉讼。

11. 订立合同的年、月、日

订立合同的年、月、日是保险合同订立的基本信息，对于确定保险费的缴付期、保险期限以及合同的履行和争议的处理，都有重要意义。

第四节　财产保险合同的订立、变更、解除与终止

一　财产保险合同的订立

(一) 订立财产保险合同应遵循的原则

《保险法》第十一条规定："订立保险合同，应当协商一致，遵循公平原则确定各方的权利和义务。除法律、行政法规规定必须保险的外，保险合同自愿订立。"可见，订立财产保险合同必须遵循以下四个原则。

1. 公平原则

财产保险合同是双务有偿合同，要求双方当事人互相享有权利和承担义务，不应该存在只让一方享有权利而另一方承担义务的现象。具体来说，保险人收取保险费，被保险人获得经济保障。

2. 协商一致原则

即便是保险合同具有附合性，在订立过程中，双方当事人也需在法律地位完全平等的基础上，在法律、法规允许的范围内，就有关事项充分协商，可对标准保单的保险条款进行修改、批注或者附加特约条款，使保险合同充分体现双方的真实意思。

3. 自愿订立原则

在订立保险合同时，双方当事人不受他人意志的干涉或强迫，有权在法律允许的范围和方式内自主决定保险合同的订立，任何在威胁、强迫、欺诈等不自愿的情况下签订的保险合同都是无效的。法律、行政法规规定必须保险的除外。

4. 诚信原则

双方当事人在签订保险合同的过程中，要做到诚实守信，这也是保险合同成立的基础。

(二) 财产保险合同的订立程序

财产保险合同的订立是投保人提出投保申请和保险人决定承保的过程，与一般的经济合同一样，通常分为要约与承诺两个过程。

1. 要约

要约是希望与他人订立合同的意思表示，必须具备合同的主要内容。在财产保险合同中，一般以投保人填写好投保单并递交给保险人为要约，即投保人向保险人提交订立保险合同的书面意思表示，因而投保也称为要保。投保单是保险人拟定并事先印好的格式化文书，根据《保险法》第十七条的规定："订立保险合同，采用保险人提供的格式条款的，保险人向投保人提供的投保单应当附格式条款，保险人应当向投保人说明合同的内容。"保险人将投保单发放给投保人的行为实际上是发出要约邀请。

2. 承诺

承诺是受要约人同意要约的意思表示。保险人对愿意购买财产保险的自然人或法人所提出的订立财产保险合同的要约申请，经过审核后同意接受，签章承保的行为，即为承诺。但是合同订立一般是个反复协商的过程，在某些情况下，保险人收到投保人的投保单后，会提出新的承保条件，此时，保险人的意思表示就不再是承诺，而是再一次的要约，即反要约。这个协商过程一直持续到双方当事人不再表示异议时，保险合同成立。

（三）财产保险合同的成立与生效

《保险法》第十三条规定："投保人提出保险要求，经保险人同意承保，保险合同成立。保险人应当及时向投保人签发保险单或者其他保险凭证。保险单或者其他保险凭证应当载明当事人双方约定的合同内容。当事人也可以约定采用其他书面形式载明合同内容。依法成立的保险合同，自成立时生效。投保人和保险人可以对合同的效力约定附条件或者附期限。"第十四条规定："保险合同成立后，投保人按照约定交付保险费，保险人按照约定的时间开始承担保险责任。"可见，财产保险合同的成立与生效并不是同一概念，合同成立不一定等于合同生效。成立取决于双方当事人就合同的条款达成一致意见，也就是保险人在投保人填写的投保单上签章同意承保，而生效是指合同内容对双方当事人产生法律约束力，双方当事人、关系人依照合同开始享有权利并承担义务，一般是在合同成立时或合同成立之后的某一时间。投保人按照约定交付保险费，保险人按照约定的保险期限承担保险责任。

二　财产保险合同的变更

财产保险合同的变更是指在合同有效期内，双方当事人根据情况变化，按照法律规定的条件和程序，对合同内容进行修改或补充的法律行为。《保险法》第二十条规定："投保人和保险人可以协商变更合同内容。变更保险合同的，应当由保险人在保险单或者其他保险凭证上批注或者附贴批单，或者由投保人和保险人订立变更的书面协议。"

财产保险合同的变更主要涉及主体变更、内容变更和效力变更。

（一）主体变更

财产保险合同主体的变更是指合同当事人的变更，包括保险人、投保人、被保险人等的变更。在实践中，财产保险合同主体的变更主要是被保险人的变更，通常是由保险标的所有权转移而引起的，如买卖、赠与、继承等法律行为的发生使保险标的所有权发生转移。《保险法》第四十九条规定："保险标的转让的，保险标的的受让人承继被保险人的权利和义务。保险标的转让的，被保险人或者受让人应当及时通知保险人，但货物运输保险合同和另有约定的合同除外。"因保险标的转让导致危险程度显著增加的，保险人自收到被保险人或受让人通知之日起30日内，可以按照合同约定增加保险费或者解除合同。保险人解除合同的，应当将已收取的保险费，按照合同约定扣除自保险责任开始之日起至合同解除之日止应收的部分后，退还投保人。

被保险人、受让人未履行通知义务的，因转让导致保险标的的危险程度显著增加而发生的保险事故，保险人不承担赔偿保险金的责任。

（二）内容变更

在财产保险合同中，合同内容变更涉及的具体事项很多，包括保险标的的种类、数量、价值的变更，存放地点的变更，保险标的用途和风险程度的变更，保险金额增加或减少的变更，保险费缴付方式的变更，保险期限的变更等。

（三）效力变更

财产保险合同效力变更涉及合同的无效与失效。

1. 无效

财产保险合同的无效是指合同虽然已经成立，但因不具备法律规定的生效条件而在法律上不发生任何效力。原因一般有合同主体如保险人、投保人、代理人等资格不符合法律规定，当事人意思表示有瑕疵，客体不合法如投保人或被保险人对保险标的没有保险利益，合同内容或形式不合法等。无效合同可以分为全部无效和部分无效。全部无效是指合同全部不发生效力，其约定的全部权利和义务自行为开始起均无约束力，如双方当事人进行的行为是国家法律所禁止的，则该合同全部无效。部分无效是指保险合同中有一部分无效，如果不影响其他部分的效力，则其他部分仍然有效，如超额保险合同，仅是超额部分无效。

2. 失效

财产保险合同的失效是指合同成立时有效，后来因为某种原因的产生导致合同失效。失效不需要当事人作意思表示，只要失效原因一出现，合同就失去效力。

（四）变更程序

根据我国法律的规定，财产保险合同的变更必须经过下列主要程序：首先，由投保人、被保险人向保险人提出变更申请，告知财产保险合同内容变更的情况；其次，保险人对变更申请进行审核，并就保险费的增或减或不变等问题进行协商，做出接受对方变更要求的决定，双方根据变更的内容，达成变更的一致意思表示；最后，由保险人在保险单或保险凭证上进行批注或出具批单附贴于后，变更事项自此生效。

三 财产保险合同的解除

财产保险合同的解除是指在合同尚未履行完毕，合同有效期未届满前，合同一方当事人依照法律或约定行使解除权，使财产保险合同的效力提前终止的法律行为。财产保险合同的解除分为法定解除和约定解除两种。

（一）法定解除

法定解除是指在财产保险合同履行过程中，当法律规定的事项出现时，合同一方当事人可依法解除合同。

对于投保人来说，财产保险合同成立后，除了《保险法》有规定或财产保险合同另有约定外，拥有随时解除合同的权利。财产保险合同因投保人行使法定解约权而被解除后，若保险责任尚未开始，保险人应在扣除手续费后退还保险费；若保险责任已经开始，则保险人可以收取自保险责任开始之日起至合同解除之日止的保险费，剩余部分退还给投保人。

对于保险人来说，法律的要求相对严格，除了《保险法》有规定或财产保险合同另有约定以外，保险人不能在财产保险合同成立后任意解除合同。保险人可以行使解约权的法定事项主要包括以下几个方面。

（1）投保人在与保险人订立财产保险合同时投保人故意或者因重大过失未履行如实告知义务，足以影响保险人决定是否同意承保或者提高保险费率的，保险人有权解除合同。根据《保险法》第十六条第二款的规定："自保险人知道有解除事由之日起，超过三十日不行使而消灭。自合同成立之日起超过二年的，保险人不得解除合同；发生保险事故的，保险人应当承担赔偿或者给付保险金的责任。"

（2）被保险人在未发生保险事故情况下谎称发生保险事故，或故意制造保险事故的，保险人有权解除合同。

（3）投保人、被保险人未按照约定履行维护保险标的安全的义务。《保险法》第五十一条第三款规定："投保人、被保险人未按照约定履行其对保险标的的安全应尽责任的，保险人有权要求增加保险费或者解除合同。"

（4）保险标的在保险合同有效期内危险显著增加的。《保险法》第五十二条规定："在合同有效期内，保险标的的危险程度显著增加的，被保险人应当按照合同约定及时通知保险人，保险人可以按照合同约定增加保险费或者解除合同。保险人解除合同的，应当将已收取的保险费，按照合同约定扣除自保险责任开始之日起至合同解除之日止应收的部分后，退还投保人。"

（5）保险标的发生部分损失，保险人履行了赔偿义务后。《保险法》第五十八条规定："保险标的发生部分损失的，自保险人赔偿之日起三十日内，投保人可以解除合同；除合同另有约定外，保险人也可以解除合同，但应当提前十五日通知投保人。"

以上情况下，保险人依法行使解除权后，如果是由于投保人"故意不告知""违反保证""实施保险欺诈"等，保险人不承担合同解除前发生事故损失的赔偿责任，也不退还保险费；如果是由于投保人

"过失不告知"，保险人同样不承担合同解除前发生事故损失的赔偿责任，但可退还保险费。

（二）约定解除

约定解除是指在财产保险合同履行过程中，发生约定情况时，双方当事人协商同意后可解除合同。要求财产保险合同双方当事人应当在合同中约定解除的条件，一旦约定的条件成立，一方或双方当事人便有权行使解除权。财产保险合同若采用约定形式解除，前提是不能损害国家和社会公共利益。此外，对规定投保人不得在保险责任开始后行使法定解除的货物运输保险合同和运输工具航程保险合同，双方同样不能以约定形式解除。

四　财产保险合同的终止

财产保险合同终止是指财产保险合同成立后，因法律规定或合同约定的原因出现，合同法律效力消灭的法律事实。双方当事人之间由合同所确定的保险权利义务关系不再存在。

导致财产保险合同终止通常有以下三种情况。

（一）期满终止

在财产保险合同有效期内，没有发生保险事故，或者是保险财产发生部分损失，保险人也承担了赔偿责任，直到保险合同期满，合同自然终止。

（二）履约终止

在财产保险合同有效期内，约定的保险事故发生并造成了保险财产的损失，保险人负责赔偿的保险金达到（或累计达到）保险金额，即使合同没有到期，合同效力也终止了。

（三）灭失终止

在财产保险合同的有效期内，若保险标的因保险责任以外的原因全部灭失，保险人不承担赔偿责任，并且因为保险标的已经不存在，没有了承保对象的保险合同自然终止。

第五节　财产保险合同的争议

一　财产保险合同的解释原则

合同条款的意思产生歧义时，合同当事人、法院或者仲裁机构需要按照一定的方法和规则对其作出确定性的判断。《合同法》第一百二十五条规定："当事人对合同条款的理解有争议的，应当按照合同所使用的词句、合同的有关条款、合同的目的、交易习惯以及诚实信用原则，确定该条款的真实意思。合同文本采用两种以上文字订立并约定具有同等效力的，对各文本使用的词句推定具有相同含义。各文本使用的词句不一致的，应当根据合同的目的予以解释。"财产保险合同是保险合同的一种形式，遵循保险合同解释的原则。

（一）文义解释原则

文义解释原则是按保险合同条款文字的通常含义来解释财产保险合同，即根据文字含义并结合上下文对财产保险合同中的用词进行解释。根据《保险法》的规定，采用保险人提供的格式条款订立的保险合同，保险人与投保人、被保险人或者受益人对合同条款有争议的，应当按照通常理解予以解释。例如保险责任中的"空中运行物体坠落"，不应当包括楼板塌落所造成的损失；"火灾"不应当包括被保险人使用熨斗时失误造成的衣物焦煳变质损失。对专业术语应当按照行业通用的文字含义解释，同一合同中出现的同一词其含义应该一致。例如"暴雨"在我国气象上指每小时降雨量 16 毫米以上，或连续 12 小时降雨量 30 毫米以上，或连续 24 小时降雨量 50 毫米以上的降水；"爆炸"指在极短时间内，释放出大量能量，产生高温，并放出大量气体，在周围介质中造成高压的化学反应或状态变化，同时破坏性极强。

（二）意图解释原则

意图解释原则指以订立财产保险合同当时的真实意图来解释合同。一般适用于文义不清、用词混乱和含混不清的情况下。意图解释原则不能滥用，以避免出现意图解释过程中可能出现的主观性和片面性。如果文字准确、表达清晰，就应当按照字面意思解释。

(三) 有利于非起草人原则

大多数财产保险合同的条款都是由保险人事先拟定的，投保人只能选择同意或者不同意接受保险条款，而不能对条款进行修改。因而在应用前两种解释原则不能获得对财产保险合同的正确解释时，可以使用"有利于非起草人"原则，即有利于投保人、被保险人和受益人的解释，以示公平。《保险法》第三十条规定："对合同条款有两种以上解释的，人民法院或者仲裁机构应当作有利于被保险人和受益人的解释。"这说明使用"有利于非起草人"的两个基本条件是，保险人出立了格式条款，合同条款有两种以上的解释。

二 财产保险合同争议的处理方式

财产保险合同在履行过程中，就责任认定、缴费、理赔以及追偿等问题容易发生争议。当发生争议时，应当采用恰当的方式进行处理，以维护公平，确保双方的权益。

《合同法》第一百二十八条规定："当事人可以通过和解或者调解解决合同争议。当事人不愿和解、调解或者和解、调解不成的，可以根据仲裁协议向仲裁机构申请仲裁。涉外合同的当事人可以根据仲裁协议向中国仲裁机构或者其他仲裁机构申请仲裁。当事人没有订立仲裁协议或者仲裁协议无效的，可以向人民法院起诉。当事人应当履行发生法律效力的判决、仲裁裁决、调解书；拒不履行的，对方可以请求人民法院执行。"

可见，保险合同当事人可以采用和解、调解、仲裁和诉讼四种方式来处理财产保险合同中产生的争议。

(一) 和解

和解是指合同双方在自愿、互谅、实事求是的基础上，对出现的争议进行沟通和友好磋商，互相做出一定的让步，达成双方都能接受的一致意见，自行解决争议的办法。和解不仅可以节约仲裁或者诉讼的费用，更重要的是可以在磋商过程中，增进彼此了解，强化双方的信任，有利于圆满解决纠纷并继续履行合同。这是解决争议最基本的一种方法。

(二) 调解

调解是在第三人主持下根据自愿和合法原则，在双方当事人明辨是非和分清责任的基础上，促使双方互谅互让，达成和解协议，以便合同能够继续履行的方法。

（三）仲裁

仲裁指由仲裁机构的仲裁员对当事人双方发生的争执、纠纷进行居中调解，并做出裁决。仲裁必须以双方事先约定或事后达成的仲裁协议或仲裁条款为前提，一般实行"一裁终局"制，结案效率高。裁决由国家规定的合同管理机关制作仲裁决定书，与法院判决具有同等法律效力，当事人必须执行，除非裁决违反法定程序或者在合法性上有瑕疵。当事人或其代理人在仲裁过程中，依据知无不尽的方式在平和的氛围中讨论案情及解决办法，处于平等地位，最后由仲裁机构的仲裁员作出调解或裁决，有利于当事人在平和的氛围中解决争端。

（四）诉讼

诉讼指合同当事人的任何一方将争议按照民事法律诉讼程序诉至人民法院，对另一方当事人提出权益主张，由人民法院依法定程序解决争议、进行裁决的方式。保险合同纠纷案属民事诉讼法范畴，《中华人民共和国民事诉讼法》（以下简称《民事诉讼法》）第二十四条规定，因保险合同纠纷提起的诉讼，由被告住所地或者保险标的物所在地人民法院管辖。

我国现行保险合同纠纷诉讼案件与其他诉讼案一样实行的是两审终审制，且当事人不服一审法院判决的，可以在法定的上诉期内向高一级人民法院上诉申请再审。第二审判决为最终判决。一经终审判决，立即发生法律效力，当事人必须执行；否则，法院有权强制执行。当事人对二审判决还不服的，只能通过申诉和抗诉程序。

【复习思考题】

1. 财产保险合同的特征有哪些？
2. 财产保险合同的客体是什么？
3. 保险人在什么情况下可以解除财产保险合同？
4. 财产保险合同基本条款的内容包括哪些？
5. 财产保险合同发生争议时，该如何处理？

第三章 财产保险的基本原则

【开篇案例】[①] 美国南北战争期间，一艘装有6500包咖啡的船舶自里约热内卢驶往纽约，该船投保过一般船舶险，货物投保过海洋货物运输保险。保单上均注明所有敌对行为后果除外，不负责任。在航行中由于一灯塔遭联邦军事行为破坏，致使该船触礁后解体沉没。其中120包咖啡被救下船，但被联邦军事征用，1000包咖啡本可救下船，但被联邦军事方阻止，连同其余5380包咖啡一起随船沉没。问：保险公司应怎样处理？

案例评析：这起保险事故中，有两个原因引起船舶和货物遭受损失——灯塔被毁坏以及触礁沉没。在保险理赔实务中，只有近因才是保险公司承担保险责任的依据。近因不是时间上最近的原因，而是造成标的物损失最直接、因果关系保持连续不间断的原因，是致损效果最关键的因素。如果认定灯塔被毁是近因，因为属于军事行为的后果，保险公司可以免除赔偿责任；若触礁是近因，作为普通的海上事故，则保险公司应该承担赔偿责任。这是美国海上保险史上用来判断近因归属的一个典型案例，在以判例作为断案依据的英美法系国家里，此案例被多次引用。最终法官认定，触礁是造成船货损失的根本原因，保险公司应承担起相应的保险赔偿责任。船舶保险公司赔偿船只沉没损失，货物保险公司承担5380包咖啡的损失，1120包咖啡的损失是由于军事行为和军事干预引起，保险公司可以免责。

[①] 邱波、朱一鸿、周新苗编：《保险经典案例教程》，杭州大学出版社2012年版，第23页。

【内容提要】 财产保险合同属于合同的一种，一方面，要遵循合同自愿、平等、公平、诚信等一般原则；另一方面，又因为保险经营的特殊性，还需遵循一些特殊原则。本章阐述了财产保险的基本原则，包括保险利益原则、最大诚信原则、近因原则和损失补偿原则，以及损失补偿原则的派生原则——代位求偿原则和重复保险的分摊原则。

第一节 保险利益原则

一 保险利益的含义和构成条件

（一）保险利益的含义

保险利益是指投保人或被保险人对保险标的具有法律上承认的利益，也叫可保利益。判定投保人或被保险人对保险标的是否具有保险利益，主要依据投保人或被保险人会不会因保险标的的损害或灭失而遭受经济上的损失。因此，保险利益体现的是投保人或被保险人与保险标的之间的经济利害关系。

（二）构成保险利益的条件

构成保险利益须满足以下三个条件。

1. 保险利益必须是合法利益

投保人或被保险人对保险标的所具有的利益必须被法律认可，符合法律规定、符合社会公共利益，可以主张、受到法律保护。违反法律规定、通过不正当手段获得的利益即非法利益不受法律保护，自然也不能成为保险利益。例如走私品、违禁品、非法经营的财产及通过贪污、诈骗、盗窃等方式得来的财产等均无保险利益。

2. 保险利益必须是经济利益

投保人或被保险人对保险标的的利益必须是可以用货币计算或估价的。因为财产保险合同是补偿性合同，保险保障是通过货币形式的经济补偿来实现的，如果损失无法用货币计量，则无法计算损失的额度，也就无法理赔，无法实现经济补偿。例如精神创伤、刑事处罚等，都不能构成保险利益。

3. 保险利益必须是确定利益

确定利益是指投保人或被保险人对保险标的所具有的利益必须是已经确定的或者可以确定的。包括现有利益和期待利益。现有利益是指已经存在的利益，如财产所有权或使用权等；期待利益是指将来一定可以得到的利益，并且这种利益是客观存在的、可以实现的，不是凭投保人的主观臆测、推断出的可能获得的利益，例如预期利润等。

二 保险利益原则的含义

保险利益原则是指投保人或被保险人在订立和履行保险合同的过程中应当对保险标的具有保险利益，否则保险合同无效。《保险法》第十二条第二款规定："财产保险的被保险人在保险事故发生时，对保险标的应当具有保险利益。"第四十八条规定："保险事故发生时，被保险人对保险标的不具有保险利益的，不得向保险人请求赔偿保险金。"当保险人发现投保人对保险标的不具有保险利益时，可单方面宣布合同无效。

遵循保险利益原则的主要目的在于，明确保险人所承担的财产保险补偿责任的限额，减少投保人或者被保险人放任或促使保险事故发生的道德风险，并从本质上将保险与赌博区分开来。

三 财产保险的保险利益来源

（一）财产损失保险的保险利益

1. 因财产所有权产生的保险利益

财产一旦损失就会给所有权人带来经济损失，因而财产的所有权人对其所有的财产有保险利益，可以为该项财产投保。例如，车主可以为自己所有的汽车投保机动车辆保险。

2. 因财产占有权、经营权、使用权产生保险利益

财产的占有人、经营人和使用人对其占有、经营和使用的财产有保险利益，因为这些财产一旦受损同样会给他们带来不同程度的经济利益损失，所以可以为各自有保险利益的财产投保。

3. 因保管、承租等对财产安全负责而产生保险利益

财产的保管人、承租人、承运人、承包人一般根据合同约定须对其

负责保管、租赁、运送、承包的财产负有一定的义务，如果这些财产受损，他们会因自己未履行好义务而负有经济责任，因此产生了保险利益，也就可以为各自有保险利益的财产投保。例如，工程项目承包人可以为其负责承建或安装的工程项目投保建筑工程保险或安装工程保险。

4. 因抵押、质押、留置等债权债务关系而产生保险利益

抵押、质押、留置的财产受损，会给财产抵押权人、质押权人、留置权人带来不同程度的经济利益损失，因而他们对这些财产具有保险利益，如银行可以为企业借款人抵押的厂房投保企业财产保险。

（二）责任保险的保险利益

在责任保险中，对可能发生的民事损害依法负有经济赔偿责任的法人或自然人具有保险利益。

1. 因承担过错侵权责任而产生的保险利益

自然人或法人应当为自己的过错侵权行为给他人造成的财产损失或人身伤害依法承担赔偿责任，这种赔偿责任直接影响他们的现有经济利益。因而侵权人对其在民事活动中有可能承担的过错侵权责任有保险利益，可以为各自有可能承担的过错侵权责任投保。例如，律师可以为自己在提供专业服务时有可能承担的过错侵权责任投保律师职业责任保险。

2. 因承担无过错责任而产生的保险利益

尽管自然人或法人没有过错，但依据法律规定仍要对他人遭受的损害承担赔偿责任，因而他们对其在民事活动中有可能承担的无过错责任有保险利益。例如，机动车车主在使用汽车过程中发生意外事故致使行人受伤，自己虽无过错，但根据《中华人民共和国道路交通安全法》（以下简称《道路交通安全法》）的规定还是要承担一定赔偿责任，这就需要投保交通事故第三者责任强制保险。

3. 因承担违约责任而产生的保险利益

自然人或法人由于没有履行或没有完全履行合同而给合同另一方造成损害，根据合同规定应承担赔偿责任，因而他们对其在从事生产、经营活动过程中有可能承担的违约责任有保险利益。例如，承运人可以为自己有可能对承运的旅客或货物承担的违约责任投保承运人责任保险。

（三）信用保证保险的保险利益

1. 因对他人的信用而产生保险利益

权利人与义务人之间存在经济上的利害关系，权利人有可能因义务人未履行其应尽的义务而遭受经济损失，因此对义务人的信用有保险利益。例如，出口商担心进口商不讲信用而导致外汇无法收回，可以进口商的信用投保出口信用保险。

2. 因对自己的信用而产生保险利益

义务人对自己的信用有保险利益，因而也可以在权利人的要求下，让保险人为自己的信用提供担保。例如，雇员为了表示对雇主的忠诚，可以投保雇员忠诚保证保险。

四　财产保险的保险利益时效

财产保险合同要求被保险人在保险标的发生保险事故损失而提出索赔时必须具有保险利益。《保险法》第四十九条规定："保险标的转让的，保险标的的受让人承继被保险人的权利和义务。保险标的转让的，被保险人或者受让人应当及时通知保险人，但货物运输保险合同和另有约定的合同除外。因保险标的的转让导致危险程度显著增加的，保险人自收到前款规定的通知之日起三十日内，可以按照合同约定增加保险费或者解除合同。保险人解除合同的，应当将已收取的保险费，按照合同约定扣除自保险责任开始之日起至合同解除之日止应收的部分后，退还投保人。被保险人、受让人未履行本条第二款规定的通知义务的，因转让导致保险标的的危险程度显著增加而发生的保险事故，保险人不承担赔偿保险金的责任。"

第二节　最大诚信原则

一　最大诚信原则的含义

诚信即诚实守信、信守诺言，是民事法律关系的基本原则之一。《民法通则》第四条规定："民事活动应当遵循自愿、公平、等价有偿、诚实信用的原则。"保险法律关系以不确定的风险为标的，且双方对这种风险的具体情况、保单条款及费率等的了解存在明显的信息不对称，又因为保险的射幸性，投保人若采取不诚实的手段投保，势必会给保险人的经营带来极为不利的影响，因而，尤其强调诚实、守信，故而很多著作中称保险的首要原则为"最大诚信原则"。《保险法》第五条规定："保险活动当事人行使权利、履行义务应当遵循诚实信用原则。"

最大诚信原则作为财产保险的一项基本原则，是指保险合同当事人在保险合同订立及履行过程中，应当诚实不欺，依法向对方提供影响对方做出订约及履约决定的全部重要事实，并绝对信守合同订立的约定与承诺。否则，受到损害的一方可以主张合同解除或无效，甚至可以要求对方对因此而受到的损害予以赔偿。

二　最大诚信原则的内容

最大诚信原则的具体内容主要包括告知、保证、弃权与禁止反言。

（一）告知

在财产保险合同中，告知指当事人在保险合同订立前、订立时及在合同有效期内，就重要事实向对方所做的口头或书面的陈述。投保人或被保险人、保险人都应当履行告知义务。

1. 投保人或被保险人的告知

投保人或被保险人必须告知的重要事实是足以影响保险人决定是否承保以及如何承保的。包括保险标的的实际状况、风险程度、投保人或被保险人具有何种保险利益、合同有效期内保险标的的用途及风险的增加、权属关系的转移等事实。

《保险法》第十六条对投保人或被保险人的如实告知义务及不履行的法律后果作出了明确的规定：订立保险合同，保险人就保险标的或者被保险人的有关情况提出询问的，投保人应当如实告知。投保人故意或者因重大过失未履行前款规定的如实告知义务，足以影响保险人决定是否同意承保或者提高保险费率的，保险人有权解除合同。前款规定的合同解除权，自保险人知道有解除事由之日起，超过 30 日不行使而消灭。自合同成立之日起超过 2 年的，保险人不得解除合同；发生保险事故的，保险人应当承担赔偿或者给付保险金的责任。

投保人故意不履行如实告知义务的，保险人对于合同解除前发生的保险事故，不承担赔偿或者给付保险金的责任，并不退还保险费。

投保人因重大过失未履行如实告知义务，对保险事故的发生有严重影响的，保险人对于合同解除前发生的保险事故，不承担赔偿或者给付保险金的责任，但应当退还保险费。

保险人在合同订立时已经知道投保人未如实告知的情况的，保险人不得解除合同；发生保险事故的，保险人应当承担赔偿或者给付保险金的责任。

可见，《保险法》规定的投保人或被保险人履行告知的形式是询问告知，即投保人或被保险人只需如实回答保险人的提问，对询问以外的问题则无告知义务。但采取哪种询问方式，是书面、口头或其他方式，《保险法》并没有作出具体规定。

2. 保险人的告知

保险人须向投保人或被保险人告知足以影响他们决定是否投保及投保条件的重要事实。保险人告知的事实主要是保险合同条款的内容，特别是要对合同中的责任免除条款作明确的说明。《保险法》第十七条规定："订立保险合同，采用保险人提供的格式条款的，保险人向投保人提供的投保单应当附格式条款，保险人应当向投保人说明合同的内容。对保险合同中免除保险人责任的条款，保险人在订立合同时应当在投保单、保险单或者其他保险凭证上作出足以引起投保人注意的提示，并对该条款的内容以书面或者口头形式向投保人作出明确说明；未作提示或者明确说明的，该条款不产生效力。"

（二）保证

在财产保险合同中，保证一般是指投保人或被保险人确认或承诺某一特定事实是否存在、某一特定行为的作为或不作为。《保险法》第五十一条规定："被保险人应当遵守国家有关消防、安全、生产操作、劳动保护等方面的规定，维护保险标的的安全。投保人、被保险人未按照约定履行其对保险标的的安全应尽责任的，保险人有权要求增加保险费或者解除合同。"例如，被保险人保证在保险期间做好保险车辆的维护、保养工作，却没有按时参加年检，即是违背了保证义务。保证在财产保险合同中通常有明确的书面规定，即保证条款。

保证根据其存在的形式可以分为明示保证和默示保证。明示保证是指以书面形式在财产保险投保单或保险单中载明的保证，也就是用条款的形式附加在保险单上。例如投保家庭财产保险时，投保人或被保险人保证在保险期限内在家中不放置危险物品。默示保证是指没有在财产保险合同中用文字载明，但按照法律、惯例，投保人应保证的事项。例如海上保险默示保证通常包括船舶具备适航能力、不绕航，经营业务具有合法性。明示保证和默示保证具有同等的效力。

保证根据性质不同分为确认保证和承诺保证。确认保证是指投保人在投保时对过去和现在某一特定事实存在或不存在的保证。承诺保证是投保人对某一特定事实现在存在或不存在并持续到将来存在或不存在的保证。

保证是保险合同的一部分，因而所有保证内容均为重要事实，投保人和被保险人应当严格遵守。一旦违反了保证，就意味着投保人或被保险人未履行义务而违约，保险人有权据此解除合同。

（三）弃权与禁止反言

弃权是指保险人放弃其在财产保险合同中因投保人和被保险人违反告知义务或不履行保证条款而产生的合同解除权；禁止反言则是指保险人一旦放弃了其拥有的合同解除权，日后不得再向被保险人主张这一权利。《保险法》第十六条规定："投保人故意或者因重大过失未履行前款规定的如实告知义务，足以影响保险人决定是否同意承保或者提高保险费率的，保险人有权解除合同，自保险人知道有解除事由之日起，超过三十日不行使而消灭。"保险人在合同订立时已经知道投保人未如实告知的情况的，保险人不得解除合同；发生保险事故的，保险人应当承担赔偿或者给付保险金的责任。

构成保险人的弃权必须具备两个要件：一是保险人必须知道投保人或被保险人有违反告知义务或保证条款的情形；二是保险人必须有弃权的意思表示，无论是明示还是默示。默示弃权一般可以从保险人的行为中推断，例如，投保人在投保家庭财产保险时隐瞒房屋已出租给他人做印刷厂的重要事实，但保险人在保险期内发现后并未提出解除合同，即可视为保险人放弃因投保人违反如实告知义务而可行使的解约权，若之后发生保险事故，保险人就不能以对方的不诚信为由拒绝承担赔偿责任。

弃权与禁止反言的限定，主要是为了约束保险人的行为，要求保险人为其及其代理人的行为负责，同时，这也极大地维护了被保险人的利益，有利于保险合同双方当事人权利义务关系的平衡。

第三节　近因原则

一　近因原则的含义

（一）近因

近因是指引起保险标的损失的最直接、最有效、起决定作用的原因，而并非时间上、空间上最近的原因。

（二）近因原则

近因原则是指在处理赔案时，若引起保险事故发生、造成保险标的损失的近因属于保险责任，保险人承担赔偿责任；反之，若近因属于除外责任，则保险人不负赔偿责任。只有当保险事故的发生与损失的形成有直接因果关系时，才构成保险人赔付的条件。近因原则被世界各国保险人广泛采用，应用于分析损失的原因和处理保险赔付责任。坚持近因原则能够明确保险人承保的风险与保险标的损失结果之间存在的因果关系，分清风险事故各方的责任。

二　近因原则的应用

运用近因原则判定保险责任，主要有以下情形：

（一）损失由单一原因所致

如果保险标的遭受的损失由单一原因所致，则该原因为近因。若该原因属于保险责任事故，则保险人承担赔偿责任；反之，若该原因属于责任免除范围，则保险人不负赔偿责任。例如某人家中被盗，若该被保险人只投保了家庭财产保险，则保险人不负赔偿责任；若该被保险人投保了家庭财产保险并附加了盗窃险，则保险人负赔偿责任。

（二）损失由多种原因所致

如果保险标的遭受损失由两个或两个以上原因所致，则判定的过程较为复杂，可以区分为以下几种情形。

1. 同时发生多种原因导致损失

如果多种原因同时作用于保险标的,并且无先后之分,对损失结果的形成均有直接、实质的影响效果,则原则上都是近因。如果同时发生的多种原因均属保险责任,则保险人应负责全部损失的赔偿;若同时发生的多种原因均属责任免除,则保险人不负任何赔偿责任;若同时发生的多种原因既有保险责任,又有责任免除,则应加以严格区分,对于能区分保险责任和责任免除的,保险人只负保险责任所致损失的赔偿责任,对不能区分保险责任和责任免除的,则不予赔偿。

2. 连续发生多种原因导致损失

如果多种原因连续发生导致损失,各原因之间有因果关系且没有中断,则按照下列情况分别加以处理:第一,若连续发生导致损失的多种原因均属保险责任,则保险人应负全部损失的赔偿。第二,若连续发生导致损失的多种原因均属责任免除,则保险人不负赔偿责任。第三,若连续发生的原因中含有除外风险或除外责任,前因是保险责任,后因是除外责任,则保险人对全部损失负责赔偿;若前因是除外责任,后因是保险责任,则保险人对所有损失均不负赔偿责任。

3. 间断发生多种原因导致损失

致损原因有多个,但它们是间断发生的,在一连串连续发生的原因中,有一种新的独立的原因介入,使原有的因果关系链断裂,并导致损失,则新介入的独立的原因是近因。若该近因属于保险责任范围内,则保险人负赔偿责任;若近因不属于保险责任,则保险人不负赔偿责任。

第四节 损失补偿原则及其派生原则

一 损失补偿原则的含义

损失补偿原则是指当保险标的发生保险责任范围内的事故时,被保险人有权按照保险合同的约定获得保险赔偿以填补损失,但不能因损失而获得额外的利益。保险事故发生后,被保险人获得的赔偿只能使其恢复到遭受事故损失前的经济状况。坚持损失补偿原则,能够真正发挥保险的经济补偿职能,避免保险变成赌博,防止诱发道德风险。

损失补偿原则主要通过现金赔付、修理、更换和重置等方式来实现。

二　损失补偿原则的限制条件

（一）以实际损失为限

保险人对被保险人的赔偿不能超过保险标的的实际损失，以防止被保险人获得额外利益。保险标的的实际损失一般是根据损失发生时的市价来确定的，这是因为财产的价值经常发生变动，只有以受损时的市价作为依据计算赔款，才能使被保险人恢复到受损前的状况。例如，某企业投保时的厂房市价为 200 万元，而发生保险事故时厂房的市价仅为 180 万元，全额投保时，保险人只能按实际损失赔偿 180 万元。

（二）以保险金额为限

保险人对被保险人的赔偿不能超过保险金额，因为保险金额是保险人承担赔偿或给付保险金责任的最高限额，按照已收取的保险费确定，赔偿如果超过这个限额，就会使保险人处于不平等的地位。即便保险标的可能因通货膨胀而涨价，保险人的赔偿也不能超过保险金额。例如上例中的厂房在发生保险事故时涨价到 250 万元，保险人最高也只能赔偿 200 万元。

（三）以保险利益为限

保险人对被保险人的赔偿不能超过被保险人对受损财产所具有的保险利益，因为保险利益是被保险人索赔的基础。如果保险标的在受损时权益已经全部转让，保险人因被保险人丧失保险利益而不赔；如果保险标的受损时已部分转让，保险人对转让部分财产损失不予赔偿。例如上例中，如果发生保险事故时，被保险人已经把厂房销售给了其他人，则不能获得赔付。

三　损失补偿原则的派生原则

（一）代位求偿原则

1. 代位求偿原则的含义

代位求偿原则一般包括权利代位和物上代位。前者是指因第三者对保险标的造成保险事故的，保险人自向被保险人赔偿保险金之日起，在赔偿金额范围内，取代被保险人的地位获得向第三者进行追偿的权利。后者指保险人在按推定全损赔偿被保险人因保险事故遭受的全部损失以后，获得对该标的物的一切权利与义务。

2. 权利代位的实施要求

（1）保险标的所遭受的风险必须属于保险责任范围。如果第三方所造成的保险标的的损失不在保险责任范围内，保险人不承担赔偿责任。

（2）保险事故的发生是由于第三者的责任所造成的，被保险人有权依法向肇事的第三者请求赔偿。

（3）被保险人要求第三者赔偿，且保险人根据财产保险合同的规定已经对被保险人履行了赔偿责任。《保险法》第六十一条规定："保险事故发生后，保险人未赔偿保险金之前，被保险人放弃对第三者请求赔偿的权利的，保险人不承担赔偿保险金的责任。保险人向被保险人赔偿保险金后，被保险人未经保险人同意放弃对第三者请求赔偿权利的，该行为无效。被保险人故意或者因重大过失致使保险人不能行使代位请求赔偿权利的，保险人可以扣减或者要求返还相应的保险金。"

（4）保险人的代位追偿金额仅限于其对被保险人的赔付金额之内。《保险法》第六十条规定："因第三者对保险标的的损害而造成保险事故的，保险人自向被保险人赔偿保险金之日起，在赔偿金额范围内代位行使被保险人对第三者请求赔偿的权利。"如果保险人从第三者处追偿得到的金额超过了实际支付给被保险人的赔偿金额，其超过赔偿金额部分应归被保险人所有。

（5）保险人的追偿不能影响被保险人就未取得保险赔偿的部分向第三者行使索赔权。保险事故发生后，被保险人若先向保险人索赔但获得的赔偿金额小于第三者给他造成的损失时，他仍有权就未取得保险赔偿的部分向第三者请求赔偿，且享有优先权。

此外，《保险法》对代位追偿的对象也有限制，第六十二条规定："除被保险人的家庭成员或者其组成人员故意造成本法第六十条第一款规定的保险事故外，保险人不得对被保险人的家庭成员或者其组成人员行使代位请求赔偿的权利。"因为被保险人的家庭成员或者其组成人员往往与被保险人具有一致的利益，如果保险人在赔偿被保险人后再向这些人追偿，与向被保险人本人追偿没有什么区别，被保险人的损失事实上得不到任何补偿。

3. 物上代位的实施要求

物上代位也叫委付。委付必须具备一定的条件才能成立。

（1）委付必须以保险标的推定全损为条件。因为委付包含着双重内容——全额赔偿和转移保险标的的一切权利义务，所以必须在保险标的推定全损时才能适用。

（2）委付必须就保险标的的全部提出要求。被保险人要求委付必须是针对推定全损的保险标的全部，如推定全损的一艘船舶、一批货物，而不得仅就保险标的的一部分申请委付，对另一部分不适用委付。但如果同一保险单上载有若干种保险标的，其中之一产生委付原因时，则该种保险标的适用委付。

（3）委付必须经保险人承诺方才有效。即委付是否成立和履行，需取决于保险人的意志，保险人既可以接受委付，也可以不接受委付。委付一经保险人接受，不得撤回。

（4）被保险人必须在法定时间内向保险人提出书面的委付申请。即被保险人想进行委付时，必须向保险人发出委付书。

（5）被保险人必须将保险标的的一切权利转移给保险人，并且不得附加条件。这是在推定全损的情况下，被保险人要获得全额赔偿的对价条件。例如，被保险车辆掉入河中，打捞难度大，被保险人若向保险人申请委付，则不得再要求之后打捞出来归其所有。

（二）重复保险的分摊原则

1. 重复保险分摊原则的含义

分摊原则是重复保险条件下适用的原则，没有重复保险，也就无从谈起分摊原则。重复保险是指投保人将同一保险标的、同一保险利益、同一保险事故分别与两个或两个以上的保险人订立保险合同，且其保险金额的总和超过保险价值的保险。在重复保险的情况下，保险标的因发生保险事故造成损失，为了防止被保险人获得双份赔偿，一般需要在保险人之间进行分摊。

因而，重复保险的分摊原则是指在重复保险情况下，当保险事故发生时，投保人的索赔需按照恰当的分摊方法在保险人之间分配赔偿责任，使被保险人既能得到充分的补偿，又不会获得超过其实际损失的额外利益。

2. 分摊方式

（1）比例责任制。比例责任制是指保险人按各自承保的保险金额与所有保险人承保的保险金额之和的比例来计算各自应分摊的赔偿责任。其计算公式为：

某保险人分摊的赔偿责任 = 损失金额 × $\dfrac{\text{某保险人承保的保险金额}}{\text{所有保险人承保的保险金额总和}}$

例如，某企业就一批价值 150 万元的存货，分别向甲、乙两家保险公司投保了企业财产保险，保险金额分别为 50 万元和 150 万元。如果保险标的发生全部损失，按照比例责任分摊方式计算两家公司的赔款分别是：

甲保险公司的赔偿金额 = $150 \times \dfrac{50}{150+50} = 37.5$（万元）

乙保险公司的赔偿金额 = $150 \times \dfrac{150}{150+50} = 112.5$（万元）

如果保险标的发生部分损失，损失金额为 50 万元，则：

甲保险公司的赔偿金额 = $50 \times \dfrac{50}{150+50} = 12.5$（万元）

乙保险公司的赔偿金额 = $50 \times \dfrac{150}{150+50} = 37.5$（万元）

（2）限额责任制。限额责任分摊是指保险人按各自单独承保情况下应承担的赔偿责任限额与所有保险人单独承保情况下应承担的赔偿责任限额之和的比例来计算各自应分摊的赔偿金额。其计算公式为：

各保险人承担的赔款 = 损失金额 × $\dfrac{\text{某保险人独立责任限额}}{\text{所有保险人独立责任总和}}$

如上例中，甲保险公司单独承保的责任限额为 50 万元，而乙保险公司单独承保的责任限额为 150 万元，则按照限额责任分摊方式，计算公式为：

甲保险公司的赔偿金额 = $50 \times \dfrac{50}{150+50} = 37.5$（万元）

乙保险公司的赔偿金额 $= 150 \times \dfrac{150}{150+50} = 112.5$（万元）

如果保险标的发生部分损失，损失金额为 60 万元，则：

甲保险公司的赔偿金额 $= 60 \times \dfrac{50}{150+50} = 15$（万元）

乙保险公司的赔偿金额 $= 60 \times \dfrac{150}{150+50} = 45$（万元）

3. 顺序责任制

顺序责任制是指各保险人按出立保单的顺序来确定赔偿责任。即首先由第一个出立保单的保险人在其保险金额限度内负责赔偿，再由第二个出单的保险人对超出第一个保险人保险金额的损失在自己承保的保额限度内赔偿，以此类推，直至对被保险人的损失全部进行赔偿。如上例中，如果保险标的发生全部损失，先由甲保险公司赔偿 50 万元，余下 100 万元（=150－50）由乙保险公司赔偿。

如果保险标的发生部分损失如 50 万元，则由甲保险公司赔偿 50 万元，乙保险公司不用承担赔偿责任。显然，顺序责任制对保险人来说显失公平，因为出立保险单的顺序并不意味着保险公司享受权利大小的顺序，这样分配责任会导致权利和义务不一致。

比例责任制实际上是按照每个保险人收取保费的比例来承担相应的赔偿义务，能较好地体现当事人双方权利与义务的对等关系，被许多国家的保险公司在理赔实务中所采用。《保险法》第五十六条第二款规定："重复保险的各保险人赔偿保险金的总和不得超过保险价值。除合同另有约定外，各保险人按照其保险金额与保险金额总和的比例承担赔偿保险金的责任。"可见，我国在重复保险的分摊中采用的是比例责任制。

【复习思考题】

1. 财产保险合同的保险利益来源有哪些？
2. 财产保险合同的最大诚信原则的内容包括哪些？
3. 什么是近因？近因原则如何应用？
4. 权利代位和物上代位有什么区别？
5. 什么是重复保险？重复保险的分摊方式有哪几种？

第四章　火灾保险

【开篇案例】[①] 2013年1月6日20时30分许,位于上海市沪南路2000号的上海农产品中心批发市场发生火灾。火灾发生后,消防、公安、急救等部门及时赶到现场救援,约1小时后火势得到控制。火灾已造成6人死亡,十余人受伤。上海农产品中心批发市场是上海市最大的综合型农副产品批发市场,位于沪南路、中环线交叉口。市场设有肉类交易区、蔬菜交易区以及水产、南北干货交易区等。

【内容提要】 火灾是财产物资面临的最基本和最主要的风险,故而早期的财产保险——火灾保险主要承保火灾对于各种财产所造成的损失。尽管随着保险经营技术的进步,承保责任范围已经扩展到各种自然灾害和意外事故对财产造成的损失,但是,"火灾保险"这一名称还是沿用至今。本章介绍了财产保险的重要组成部分之一——火灾保险,其中,阐述了火灾保险的基本概念和特征,介绍了火灾保险的起源和发展,并对主要险种如企业财产保险、家庭财产保险、利润损失保险和机器损坏保险的基本特征、主要内容等进行了介绍和分析。

---

① 360百科:《1·6上海农产品批发市场火灾事故》,https://baike.so.com/doc/7048035 - 7270941.html。

第一节　火灾保险概述

一　火灾保险的概念及特征

（一）火灾保险的概念

火灾保险简称"火险"，是指以存放在固定场所并处于相对静止状态的财产及有关利益为保险标的，由保险人承担被保险财产因保险事故而遭受损失的经济赔偿责任的一种财产损失保险。火灾保险又称普通财产保险，它的产生晚于海上保险，但早于财产保险的其他大部分险种，得名于承保陆上财产的火灾危险，后来逐步发展到承保各种自然灾害与意外事故。作为最基本的承保业务，不仅是保险人立足的基础，也是投保人和被保险人转嫁危险损失的首选险种。

（二）火灾保险的特征

火灾保险是一种传统的、独立的保险业务，相比其他财产保险业务，有如下特征。

1. 保险标的必须是处于相对静止状态的各种财产物资

一般是各类固定资产和流动资产，这些标的相对固定地坐落在或存放在陆地上的某个位置，与处于流动状态的货物、运输工具以及处于生长期的各种农作物、养殖动物（这些由运输保险和农业保险来承保）等相区别。

2. 承保财产的存放地点是固定的，不得随意变动

由于保险标的所处地点不同，风险的大小也不同，火灾保险合同一般都规定保险财产必须存放在合同约定的固定地址范围内，在保险期间不得随意变动；否则，保险人将不负赔偿责任。如果被保险人确实需要变动保险财产的存放地点，需征得保险人的同意，并在原保单上批注或附贴批单。

3. 保险标的范围广泛

与其他财产保险业务相比，火灾保险的保险标的相当广泛，既有土地、房屋及附属装修材料、机器设备，又有各种各样的原材料、在产品及产成品，还有各种消费资料等。

二　火灾保险的责任范围

我国火灾保险一般分为火灾保险基本险和火灾保险综合险，综合险较基本险责任范围更广。

（一）火灾保险承保的基本风险

1. 火灾

火灾是指在时间和空间上失去控制的燃烧所造成的灾害。构成保险责任的火灾不是指仅有燃烧现象的情况，而是必须同时具备三个条件：有燃烧现象，即必须有热、光和火焰；必须是偶然、意外产生的燃烧；燃烧失去控制并有蔓延扩大的趋势。因而，有意识或有目的的行为所产生的燃烧现象不属于火灾责任范围。由于烘、烤、烙、烫等造成财产的焦糊变质，也不属于火灾保险责任的范围。但是，如果发生燃烧并失去了控制而蔓延扩大，就构成了火灾责任。

2. 爆炸

爆炸是指在物理原因和化学原因的作用下，物质结构的温度和压力急剧升高所形成的能量释放现象对物质所造成的破坏。爆炸有物理性爆炸和化学性爆炸两种形式：物理性爆炸，是指由于液体变为蒸汽或气体膨胀，压力急剧增加并且大大超过容器所能承受的极限而产生的爆炸，如锅炉、气体压缩机、液化气罐爆炸等；化学性爆炸，是指由于物体在瞬间分解或燃烧引起分解反应，放出大量的热和气体，并以很大的压力向周围扩散的现象，如火药、粉尘、各种化学物品的爆炸等。由于产品质量低劣、使用损耗或物体本身的瑕疵以及由于容器内部承受"负压"（内压比外压小）造成的损失，不属于爆炸责任范围。

3. 雷击

雷击是指由于雷击闪电造成的灾害。雷击的破坏形式分为直接雷击和感应雷击两种情况：直接雷击，指雷电在放电过程中直接击中保险标的，造成损失；感应雷击，指由于雷电在放电过程中所形成的静电感应或电磁感应使屋内的绝缘金属物体产生高电位放出火花引起的火灾损失，或对于使用过程中的电器设备所造成的破坏。

4. 空中飞行物体坠落

空中飞行物体坠落是指在空中飞行的物体如飞机、飞机部件、陨石等或在空中运行的物体如吊车、行车等发生的坠落，对于陆地上的保险标的所造成的损失。在施工过程中，因人工开凿或爆炸而致石方、石块、土方飞射、塌下而造成保险标的的损失，保险人也先给予赔偿，然后向负有责任的第三者追偿。建筑物倒塌、倒落、倾倒造成保险标的的损失，视同空中运行物体坠落责任。如果涉及第三方责任，可以先赔后追。但是，对于建筑物本身的损失，无论是否属于保险标的，都不负赔偿责任。

（二）火灾保险承保的其他风险

1. 暴雨

暴雨是指每小时降雨量超过16毫米，或者连续12小时总降雨量超过30毫米，或者连续24小时总降雨量超过50毫米的雨水。

2. 洪水

洪水是指由于江河泛滥、山洪暴发、潮水上岸及倒灌致使保险标的遭受泡损、淹没、冲散、冲毁等损失。有规律性的涨潮、自动喷淋设施漏水、常年平均水位线以下的渗水、水管漏水等所造成的保险标的损失，不属于保险责任。对于堆放于露天、简易篷罩下的保险标的所遭受的洪水损失，除非合同双方当事人另有约定，否则也不属于洪水责任的范围。

3. 台风

台风是指中心附近最大平均风力12级或以上，即风速在32.6米/秒以上的热带气旋，是否构成台风应以当地气象站的认定为准。

4. 暴风

暴风是指风速在17.2米/秒以上、风力等级超过8级的大风。

5. 龙卷风

龙卷风是指平均最大风速为79—103米/秒，极端最大风速超过100米/秒的范围、时间短的猛烈旋风。

6. 雹灾

雹灾是指由于冰雹降落造成的灾害。冰雹是指从强烈对流的积雨云中降落到地面的冰块或冰球，直径大于5毫米，核心坚硬的固体降水。

7. 暴雪

暴雪是指连续12小时的降雪量大于或等于10毫米的降雪现象。

8. 冰凌

冰凌是指春季江河解冻期冰块飘浮遇阻，堆积成坝，堵塞江道，造成水位急剧上升，以致江水溢出江道，漫延成灾。陆上有些地区，如山谷风口因酷寒致使雨雪在物体上结成冰块，成下垂形状，越结越厚，重量增加，由于下垂的拉力致使物体毁坏，也属冰凌责任。

9. 泥石流

泥石流是指由于雨水、冰雪融化等水源激发的、含有大量泥沙石块的特殊洪流。

10. 崩塌

崩塌是指石崖、土崖、岩石受自然风化、雨蚀造成崩溃下塌，以及大量积雪在重力作用下从高处突然崩塌滚落。

11. 突发性滑坡

突发性滑坡是指斜坡上不稳的岩土体或人为堆积物在重力作用下突然整体向下滑动的现象。

12. 地面突然下陷

地面突然下陷是指地壳因为自然变异，地层收缩而发生突然塌陷。对于因海潮、河流、大雨侵蚀或在建筑房屋前没有掌握地层情况，地下有孔穴、矿穴，以致地面突然塌陷，也属地面突然下陷。但未按建筑施工要求导致建筑地基下陷、裂缝、倒塌等，不再一一列举。

(三) 火灾保险的责任免除

对于下列原因所导致的保险标的损失不予赔偿：

1. 战争、敌对行为、军事行动、武装冲突、罢工、暴动

这些政治风险所造成的危害范围很广，其损失程度难以预测，财产保险的损失概率不包含这些因素。

2. 核辐射、核爆炸、核污染及其他放射性污染

核风险具有很强的破坏作用，其破坏范围和损失程度难以估计，财产保险费率厘定时无法考虑这些因素。

3. 被保险人及其代表的故意或纵容行为

法律上的故意行为是指明知自己的行为会发生损害的结果，还放任或希望这种结果发生的各种行为。但需要注意的是，被保险人的疏忽行为、违反操作安全规程所致保险责任范围的损失，是不包括在除外责任

中的。

4. 保险财产本身缺陷、保管不善导致的损失及自然磨损和正常损耗

本身缺陷、保管不善导致的损毁是指保险标的的变质、霉烂、受潮、自然磨损、自然损耗、自燃、烘焙所造成的损失。

三　火灾保险的费率与保险期间

（一）费率

火灾保险的费率由以下因素决定。

1. 建筑物的用途

建筑物的用途即建筑物的使用目的，或占用性质。不同类别、不同风险性质的财产存放于同一建筑等级的建筑物中，风险程度会有很大的差别。厘定费率时必须考虑建筑物的占用性质，根据占用性质及其相应的风险状况实行分类级差费率。

2. 建筑物的构造

建筑物的构造主要指建筑物的材料及建筑物的大小和形式等。建筑结构不同，强度、刚度、稳定性和耐久性会有很大的差异，遭遇风险的频率和风险发生后的损毁程度也会有区别，例如钢筋水泥结构的建筑物要比砖木结构的建筑更能抵御灾害。建筑结构有钢骨结构、砖石结构和木结构三种。建筑等级分为三等：一等建筑的屋架、内外墙、地坪、楼坪、扶梯用钢骨水泥、砖石或钢铁构造，屋顶用水泥、瓦片、砖石、铁皮、石棉、沥青、油毛毡等构造；二等建筑的屋架、地坪、楼坪、扶梯用木料构造，四周外墙主要用水泥、砖石或其他不易燃烧的材料构造，屋顶用砖石、铁皮、石棉、沥青构造；凡次于二等建筑的各种建筑统归为三等建筑。

3. 防护

防护包括消防设备和人员的培训等。建筑物内的消防设施如火灾自动报警系统、室内消火栓、室外消火栓等，能够有效保护建筑消防安全及人员疏散安全。而企业工作人员、家庭成员等掌握一定的消防常识及灭火、疏散和逃生等技能，也能有效预防风险的发生及风险发生时保护财产、人员安全。

4. 地理位置

保险标的所处的地理位置不同，风险及其损失的情况也会不同。例如江河沿岸遭遇洪水的可能性较大，内陆城市不会受台风袭击，我国南方城市砖木结构的建筑较易发生火灾等。另外，建筑物周边的环境也会影响费率，例如有的建筑连成一片，在建筑物之间没有适当的防火墙，有的建筑所在的街道拥挤，有的建筑物处于地势低洼地，甚至低于洪水警戒线，这些对发生灾害事故时抢险救灾往往产生不利影响，在厘定费率时必须加以考虑。

此外，保险责任范围大小不同，保险费率也就不同。综合险的费率比基本险要高，如果在主险基础上增加附加险，扩大了保险责任范围，那么保险费率也随之提高。

（二）保险期间

我国火灾保险的保险期间均为保险合同生效之日的零时起至保险期满日的24时止。

第二节　企业财产保险

企业财产保险是火灾保险的一个具体险种，承保企业、事业单位以及机关团体的财产物资及有关利益，在财产保险业务体系中占有重要地位。国外通常直接使用"团体火灾保险"这一名称，强调保险客户的法人资格。

一　企业财产保险的承保标的范围

（一）可保财产

可保财产是投保人可以直接向保险人投保的财产。一般有以下三种分类：

第一种，从承保财产的所有权关系看，可保财产包括：属于被保险人所有或与其他人共有且由被保险人负责的财产；由被保险人经营管理或替他人保管的财产；具有其他法律上承认的与被保险人有经济利害关系的财产。

第二种，从承保财产的项目类别看，可保财产包括：房屋、建筑物及附属装修设备；机器及附属设备；工具、仪器及生产用具；管理用具及低值易耗品；原材料、半成品、在产品及库存商品；特种储备商品；作为商品或资产存放在固定地点的交通运输工具；通信设备和器材；账外财产或已摊销的财产等。

第三种，从会计科目看，可保财产包括固定资产、流动资产、专项资产、投资资产和账外财产。

（二）特保财产

特保财产必须经过保险双方当事人的特别约定，并在保险单上载明才能承保。主要包括以下三类：

1. 价值不易确定或市场价格变动较大的财产

如金银、珠宝、钻石、玉器、首饰、古币古玩、邮票、艺术品、稀有金属等。保险人在承保时，双方当事人必须事先约定数量、明确单价，并有账册可查，以避免日后就保险金额发生纠纷。

2. 价值高、风险较特别的财产

如堤坝、铁路、桥梁、涵洞、码头等，虽不易发生火灾，但较易受暴风雨、洪水、地震等风险事故的影响。考虑到这些财产价值较大，保险人在承保前对其安全状况一定要进行实地查勘，还应要求被保险人提供工程验收时的有关技术资料，在符合工程质量要求的情况下，方可承保，并在保单上特别注明，逐项填写保险金额。

3. 风险比较大，须提高费率的财产

如矿井、矿坑内的设备和物资等。保险人承保此类财产，主要是为了满足某些行业的特殊需要。承保时，保险双方必须特别约定并在保险单及明细表上载明，并根据风险状况加收保费。

上述各项财产的保险估价难度较大，一般都是通过定值保险方式承保。

（三）不保财产

不保财产是保险人不予承保的财产。下列财产不在企业财产保险的承保范围内：

1. 不能用货币衡量价值的财产或收益

如土地、矿藏、原始森林、水产资源等国有资源，这些财产难以用货币来衡量其价值；文件、账册、图表、技术资料、电脑资料、枪支弹药等，缺乏价值确定依据。

2. 不是实际的物资、无法确定价值的财产

如货币、票证、有价证券等，容易引发道德风险。

3. 承保后与有关法律、法规及政策相抵触的财产

如违章建筑、危险建筑、非法占用的财产等。

4. 由其他险种承保的财产

如未经收割和收割后尚未入库的农作物，属于农业保险中种植业保险的承保范围；牲畜、家禽类和其他饲养动物，属于农业保险中养殖业保险的承保范围；运输过程中的物资，属于货物运输保险的承保范围；领取执照并正常运行的运输工具，属于运输工具保险的承保范围。

二　企业财产保险的险种

在国内火灾保险市场上，企业财产保险的险种主要包括财产保险基本险、财产保险综合险、利润损失保险、机器损坏保险及其附加险种。

（一）财产保险基本险

财产保险基本险的承保责任范围包括火灾、雷击、爆炸、飞行物体及其他空中运行物体坠落。此外，保险人对因前述责任导致的下列特别损失也承担赔偿责任：被保险人拥有财产所有权的自用的供电、供水、供气设备因保险事故遭受损坏，引起停水、停电、停气以致造成保险标的的直接损失；在发生保险事故时，为抢救保险标的或防止灾害蔓延，采取合理且必要的措施而造成保险标的的损失；保险事故发生后，被保险人为防止或减少保险标的损失所支付的必要的、合理的费用。

（二）财产保险综合险

财产保险综合险的保险责任是在基本险的责任范围基础上，再增加12项风险：暴雨、洪水、台风、暴风、龙卷风、雪灾、雹灾、冰凌、泥石流、崖崩、突发性滑坡、地面下陷下沉等。

财产保险基本险和综合险的责任免除项目包括战争及类似战争行为，如战争、军事行动、敌对行为和武装冲突、罢工和暴动等；被保险人及其代表的故意或纵容行为；核反应、核辐射、核污染；保险标的本身缺陷、保管不善导致的损毁；保险标的遭受保险事故引起的各种间接损失；堆放在露天或罩棚下的保险标的及罩棚由于暴风、暴雨造成的损

失；地震所造成的一切损失；行政执法行为所致财产损失；其他不属于保险责任范围内的损失和费用。

(三) 利润损失保险

利润损失保险又称营业中断险，承保物质财产遭受火灾保险责任范围内的损毁后，被保险人在一段时期内停产停业或经营受到影响而损失的预期利润及必要的费用支出。利润损失保险是企业财产保险或机器损坏保险的附加险，被保险人具备有效的企业财产保险或机器损坏保险是投保利润损失保险的必要条件。利润损失保险是对传统的财产保险不予承保的间接损失提供保障。

1. 保险责任与除外责任

利润损失保险的保险责任与主险相同，除外责任除与主险相同的之外，不承保的利润损失还包括：(1) 由于计划不周、决策失误或经营管理不善造成的利润损失。(2) 由于企业违反政府有关法令或违规经营造成的利润损失。(3) 由于合同责任造成的利润损失。(4) 由于市价下跌、产品质量低劣、产品积压滞销造成的利润损失。

2. 赔偿期

赔偿期是指企业在保险有效期内遭受保险责任范围内的损失后，从企业利润损失开始形成到企业恢复正常生产经营所需要的具体时间。即企业财产保险受损后为恢复生产或营业达到原有水平所需的一段时期，通常按照一个固定的时间长度来确定，保险人只赔偿被保险人在赔偿期内遭受的损失。

赔偿期与保险期限是两个不同的概念。保险期限是保险人对企业因发生财产直接损失导致的利润损失承担责任的起讫日期，即保险人的责任自起保日开始至期满日终止；而赔偿期则是保险人对企业在保险期限内遭受灾害事故后到恢复正常生产经营水平这段时间的利润损失负责的期限。因此，赔偿期的起点必须在火灾保险单或企业财产保险单列明的保险期限之内，但终点可以超出保险单列明的保险期限。

确定赔偿期的依据是企业财产发生可能最大损失后，为恢复生产经营达到受灾前水平所需要的最长时间。赔偿期一般以月为计算单位，从受灾日起计算，可以是 3 个月、6 个月，或者 1 年等。企业在投保时与保险人商定合理的赔偿期，保险人承保后，赔偿期则不能再更改。例如，A 企业于 2010 年 1 月 1 日投保企业财产保险并附加利润损失保险，保险期限一年，自 2010 年 1 月 1 日零点起至 2010 年 12 月 31 日 24 点止，A 企业与保险公司约定的赔偿期是 6 个月。A 企业在 2010 年 9 月 10 日发生火灾，导致企业营业中断，直到 2011 年 3 月 10 日才恢复营业。保险公司按保险单约定要赔偿该企业 6 个月的利润损失。该赔偿期开始于保险期内，但终止于保险期限之外。

3. 保险金额

利润损失保险所保障的是投保企业预期的利润损失，保险金额通常以企业本年度预期的毛利润为基础来确定。本年度预期毛利润的计算应参照企业上年度的毛利润，并结合考虑本年度业务的发展趋势和通货膨胀因素等估计得出，具体计算公式如下：

本年度预期毛利润 = 上年度营业额 × (1 + 营业额增长率 + 通货膨胀率) × 毛利润率

毛利润率 = (上年度毛利润/上年度营业额) × 100%

如果利润损失保险的保险金额超过预期毛利润，超过部分为超额保险，保险公司不负责赔偿。

此外，保险金额与赔偿期也存在密切关系。一般来说，赔偿期在 12 个月或以内，保险金额可按本年度预期毛利润金额确定；如果赔偿期超过 12 个月，保险金额按比例增加。

4. 赔偿处理

利润损失保险承保的主要是营业额减少导致毛利润损失和营业费用增加导致毛利润损失两部分。

(1) 营业额减少所致毛利润损失的计算。企业遭受保险责任范围内的事故造成财产的直接损失后，会出现营业额或销售额下降甚至可能降为零的局面。如果企业在损失发生后，还能够有一定的营业额或销售额，则这种在赔偿期实现的营业额或销售额与按照上一个会计年度的营业额或销售额计算出来的预期营业额或销售额之间的差额所形成的毛利润损失则是需要保险人按照保险合同予以赔偿的。计算公式如下：

营业额减少所形成的毛利润损失 = (预期营业额 − 赔偿期实现的营业额) × 毛利润率

例如，A 企业 2010 年 1 月 1 日投保企业财产保险附加利润损失保险，2009 年的毛利润率为 30%。A 企业在 2010 年 7 月 1 日发生火灾，有 6 个月的赔偿期，2009 年 7 月 1 日至 12 月 31 日的标准营业额为 80 万元，赔偿期的营业额为 20 万元，则营业额减少导致的毛利润损失为：

(800000 - 200000) × 30% = 180000(元)

假设本年度营业额比上年度增长 10%，则毛利润损失为：

(800000 × 110% - 200000) × 30% = 204000(元)

(2) 营业费用增加所致毛利润损失的计算。企业发生财产的直接损失后，被保险人出于恢复生产或解决临时性营业或销售的需要，可能会发生因临时租用营业用房或其他与减少企业间接损失有关的费用开支，由于这部分费用是企业为了减少营业中断所造成的损失而形成的支出，保险人可以将其视为被保险人毛利润的损失，承担赔偿损失的责任。

接上例，假设在赔偿期内，企业临时租用房屋 6 个月，付房租 18000 元，则毛利润损失总计：180000 + 18000 = 198000 元，保险人应赔偿 198000 元。

但这项费用以不超过其在赔偿期挽回的营业额所形成的利润为限，通常称为经济限度。即经济限度 ≤ 营业额挽回带来毛利润增加额。

仍以上例说明，如果因租房挽回的营业额为 80000 元，则按毛利润率 30% 计算，挽回毛利润是 24000 元，因 18000 元低于经济限度的 24000 元，所以发生的房租费用可计入赔偿。

(3) 免赔额。利润损失保险通常规定由投保企业自行承担一部分损失的免赔额。免赔额有两种计算方式：按货币量计算和按时间计算。前者规定具体免赔数额的绝对免赔额，如每次事故免赔 2000 元；后者规定免赔天数，如每次事故免赔 10 天，即对事故发生后前 10 天的利润损失不予赔偿。

(四) 机器损坏保险

机器损坏保险是从企业财产保险演变而来的，以各类已安装完毕并投入运行的机器设备为保险标的，承保被保险机器设备在保险期限内工作、闲置或检修保养时，因人为的、意外的或物理性原因造成的物质损失的一种保险。机器损坏保险既可以单独投保，也可作为财产保险基本险或综合险的附加险投保。

1. 保险标的

机器损坏保险的保险标的包括各类机器、工厂设备、机械装置，如发电机组（锅炉、滑轮发电组）、电力输送设备（变压器和高低压设备）、生产机器附属设备（机器工具、造纸机、织布机、抽水机）。要求一个工厂、一个车间全部投保。各个机器不能分别保险，要求所有机器不分易损一律都投保。

同整个工厂比较，一些使用期限很短的部件，可以除外不保，如各种模具、打桩锤子、玻璃、电线、传送传动带、缆绳、金属线、链条、毛毡用品、橡胶轮胎等高度易损件，以及一切操作中的媒介物（如润滑剂、燃料、催化剂等）。

2. 保险责任范围

保险人对下列原因引起的被保险机器及其附属设备的损失负赔偿责任：设计、制造或安装错误，铸造和原材料缺陷；工人和技术人员操作错误、缺乏经验、技术不善、疏忽、过失、恶意行为；离心力引起的断裂；电气短路或其他电气原因；物理性爆炸等。

值得注意的是，客户投保机器损坏保险的目的不仅在于保险，还在于获取保险人的防损服务，因而，保险人提供的防损技术服务是该险种的重要内容，防损费用甚至可能超过赔款。

3. 保险费率

费率的主要影响因素有机器的类型和用途。当然，被保险人的管理水平和技术水平、防损和安全措施、近年内的损失和修理费用情况、免赔额的高低等，对费率也有重要影响。由于机器损坏的频率较高，保险费率一般都较高。

4. 停工退费规定

如果机器损坏保险承保的锅炉、汽轮机、蒸汽机、发电机或柴油机连续停工超过3个月时（包括修理，但不包括由于发生保险责任范围内损失后的修理），则停工期间的保险费按下列比例退还给被保险人：

连续停工3—5个月退还保险费的15%；

连续停工6—8个月退还保险费的25%；

连续停工9—11个月退还保险费的35%；

连续停工12个月退还保险费的50%。

但停工退费的规定不适用于季节性的工厂使用的机器。

(五) 附加险

1. 盗窃险

承保因盗窃行为所致保险财产的丢失、损毁或污损等直接损失。在企业财产保险中，盗窃风险一般不属于保险责任范围，盗窃险也不可单独投保。构成保险责任必须具备两个条件：一是保险财产必须置放在保险单所载明的，符合仓储及公安部门有关规定的放置场所内；二是盗窃行为必须是外来的且有明显的盗窃痕迹，并经公安部门认定的。另外，还要求遭遇盗窃事故的企业在事故发生后应立即向当地公安部门如实报案，并在24小时内通知保险人，否则保险人有权拒绝赔偿。

2. 露堆财产保险

堆放在露天或罩棚下的保险财产，由于暴风、暴雨造成的损失，在企业财产保险中属于除外责任。但符合仓储及有关部门的规定，并采取相应的安全防护措施的，可在投保企业财产保险的基础上附加露堆财产保险，承保堆放在露天或罩棚下的保险财产以及罩棚本身因遭受暴风、暴雨所致的损失。

3. 橱窗玻璃意外保险

商业企业的橱窗玻璃可以在投保企业财产保险的基础上特约加保意外破碎责任。该附加险承保企业的橱窗玻璃因碰撞、外来恶意行为所致的玻璃破碎以及因玻璃破碎而引起的橱窗内陈列商品的非盗窃损失。橱窗玻璃包括大门玻璃、柜台玻璃、样品橱窗玻璃等。在投保时，投保人应在保单上分别列明玻璃块数、每块玻璃的价值等。

4. 水暖管爆裂保险

承保由于上下水管道、暖气管道发生意外破裂，致使保险单列明的保险标的遭受水淹、浸湿所引起的损失。

5. 地震保险

地震属于巨灾风险，为了满足那些处在有可能发生地震灾害地区的企业对这一风险保障的需要，在企业财产保险上可以加保破坏性地震保险。该附加险承保因破坏性地震震动或地震引起的海啸、火灾、爆炸及滑坡所造成的保险财产损失。按我国国家地震部门规定的测定标准，破坏性地震是指里氏震级为7级及其以上且烈度达6度以上的地震。

三　企业财产保险的保险金额与保险价值

企业财产保险的保险金额一般分项确定，主要分为固定资产和流动资产两大类，其中固定资产还要进一步细分，每项固定资产仅适用该项固定资产的保险金额。

（一）固定资产的保险金额与保险价值

固定资产是指可供长期使用，并在使用过程中保持原有物质形态的劳动资料和消费资料。固定资产保险金额的确定有以下三种方法。

1. 按账面原值确定保险金额

这种方法按照会计簿上记载的建造或购置固定资产的原始价值或更新重置的完全价值，即账面原值确定保险金额。在固定资产登记入账时间较短、市场价值变化不大的情况下，用这种方式能比较准确地反映固定资产的实际价值。

2. 按账面原值加成确定保险金额

这种方法是投保人和保险人事先协商，在固定资产账面原值的基础上再增加一定成数（百分比）来确定保险金额，使其趋近于固定资产的重置价值。主要用于固定资产市场价值变化较大的企业，以抵御通货膨胀对于固定资产的实际价值可能造成的贬值影响。其中的加成分为统一加成和分类加成，一般的计算公式为：

保险金额＝账面原值×(1＋加成比例)

3. 按重置价值确定保险金额

这种方式按照重置价值即企业重新购置或重新建造某项固定资产所需支付的全部费用来确定保险金额。保险金额事实上超过了固定资产的实际价值，保障程度高，可以使被保险人的损失得到足额的补偿，但费用增加了，也极有可能诱发道德风险。

不管以何种方式确定保险金额，固定资产的保险价值是以出险时的重置价值来确定的。

（二）流动资产的保险金额与保险价值

流动资产是在经营过程中，经常改变其存在状态的资产项目。一般包括物化流动资产和货币形态的流动资产，前者表现为原材料、在产品、半成品、产成品和库存商品等，后者表现为现金、银行存款等。保险人通常只承保物化流动资产，因而在承保时要区分流动资产的结构和形态。考虑到流动资产经常处于变动之中，任何一个时点的数量均不一定等于出险时的物化流动资产，保险金额的确定通常采用以下两种方法：

1. 按最近 12 个月的平均账面余额确定

从承保当月向后倒推 12 个月的企业每个月的流动资产会计账面登记的余额的平均数。这种方法可实现保险金额与物化流动资产在时间分布上的相对接近。

2. 按流动资产最近账面余额确定

最近账面余额指承保当月上一个月的企业流动资产会计账面登记的余额，以此作为承保企业流动资产的保险金额。

此外，账外财产和代保管财产可由投保人或被保险人自行估价或按重置价值确定保额。

不管以何种方式确定保险金额，流动资产的保险价值一般是按出险时的账面余额确定的。

四　企业财产保险的保险期间与费率

（一）保险期间

企业财产保险的保险期间通常为一年，适用年费率。

（二）保险费率

1. 基本责任保险费率

企业财产保险的保险费率采用行业费率，按保险金额每千元表示，分为工业类、仓储类和普通类三大类，每类又按占用性质及风险大小等确定不同的费率档次。

（1）工业类（1—6 级）。工业险费率按照工业企业使用的原材料、主要产品分为 6 个级别：1 级工业险适用于钢铁、机器制造、耐火材料、水泥、砖石制品等工业；2 级工业险适用于一般机械零件、修配行业；3 级工业险适用于一般物资为主要原料的棉纺织、食品、轻工、电信、电器、仪表、日常生活用品等工业；4 级工业险适用于以竹、木、皮毛等一般可燃物资为主要原料进行生产的基础工业，棉、塑料、化纤、化学、医药制造等加工业，以油脂为原料的工业和文具、纸制品工业；5级工业险适用于以一般危险品及部分特别危险品为主要原料进行复合生产、制氧、挥发性试剂以及染料制造等工业；6级工业险适用于特别危险品。1级工业危险程度最低、费率最低，6级工业危险程度最高、费率最高。

（2）仓储类（7—10级）。仓储险费率按照仓储商品和物资的性质及危险程度分为4个级别：一般物资、危险品、特别危险品和金属材料、粮食专储。

（3）普通类（11—13级）。工业和仓储业以外的其他行业均适用普通险费率，分为3级：社会团体、机关、事业单位，费率最低；综合商业、饮食服务业、商贸、写字楼展览馆、体育场所、交通运输业、牧场农场、林场、科研院所、住宅、邮政、电信、供电高压线路、输电设备；石油化工商店、石油液化气供应站、日用杂品商店、废旧物资收购站、修理行、文化娱乐场所、加油站，费率最高。

企业财产保险年费率分为基本险和综合险两种，综合险年费率高于基本险。此外，综合险年费率又分为两种：一种适用于华东、中南、西南地区；另一种适用于东北、华北、西北地区，除13级外，前者的费率均高于后者。

2. 附加保险费率

附加保险费率一般是在主险费率的基础上增加一定比例，例如附加露堆、罩棚暴风、暴雨责任按仓储费率加收20%，附加城乡商业、供销系统盗窃风险按全部流动资产投保加收0.2%—0.5%。

3. 短期费率表

若保险期间不足一年，则在年费率基础上按短期费率计算应交的保费。一般适用于两种情况：一是企业投保期限不足一年的火灾保险业务，二是投保企业中途退保。保险人在年费率基础上，按短期费率收费或退费。短期费率有两种计算方法：第一种是按月计收，第1—8个月每月月费率为年费率的10%，第9—12个月每月月费率为年费率的5%，不足一个月的按一个月计算。第二种是按日计收，即按实际投保天数计算保费。以应交保费乘以退保天数占全年的比例计算退保保费，然后以实交保费扣除退保保费。

即：应交保费＝全年应交保费×(1－退保天数/全年天数)

＝全年应交保费×(实际投保天数/全年天数)

五　企业财产保险的赔偿处理

(一) 固定资产的赔款计算

1. 全部损失

固定资产发生全部损失时，首先必须确定固定资产出险时的重置价值，然后分两种情况确定赔款：

(1) 保险金额≥出险时重置价值，赔款金额以不超过出险时重置价值为限。赔偿金额＝重置价值－应扣残值。

(2) 保险金额＜出险时重置价值，赔款金额以不超过保险金额为限。赔偿金额＝保险金额－应扣残值。

2. 部分损失

在部分损失情况下，按照固定资产的账面原值确定保险金额的承保方式下投保的财产，如果保险金额≥出险时重置价值，按实际损失确定赔款，即赔偿金额＝损失金额－应扣残值；如果保险金额＜出险时重置价值，按保险金额与损失程度或修复费用与重置价值的比例计算赔偿金额，即赔偿金额＝保险金额×受损财产损失程度。

按照固定资产原值加成或按照重置价值确定保险金额的承保方式下投保的财产，按实际损失计算赔款，以不超过重置价值为限。

(二) 流动资产的赔款计算

1. 全部损失

当流动资产发生全部损失时，首先查账确定出险时流动资产当月的账面余额，并按两种情况分别确定赔款：

(1) 保险金额≥出险时账面余额，赔款以出险时账面余额为限。

(2) 保险金额＜出险时账面余额，赔款以保险金额为限。

2. 部分损失

当流动资产发生部分损失时，也分两种情况分别确定赔款：

(1) 保险金额≥出险时账面余额，赔款按实际损失计算。

(2) 保险金额＜出险时账面余额，根据实际损失或恢复原状所需修复费用，按保险金额占出险时账面余额的比例计算赔偿金额。

$$\text{赔偿金额} = \frac{\text{保险金额}}{\text{出险时账面价值}} \times \text{实际受损或受损财产恢复原状所需修复费用}$$

（三）账外财产或代保管财产的赔款计算

1. 全部损失

当账外财产或代保管财产发生全部损失时，按两种情况确定赔款：

（1）受损财产的保险金额≥出险时的重置价值或账面余额，赔款以不超过出险时的实际损失为限。

（2）受损财产的保险金额＜出险时的重置价值或账面余额，赔款以不超过保险金额为限。

2. 部分损失

当账外财产或代保管财产发生部分损失时，也是按两种情况确定赔款：

（1）受损财产的保险金额≥出险时的重量价值或账面余额，赔款按实际损失计算。

（2）受损财产的保险金额＜出险时的重置价值或账面余额，赔款按保险金额与出险时的重置价值或账面余额的比例计算。

（四）施救费用的赔偿处理

保险财产发生保险责任范围内的损失时，保险人可以承担被保险人为了减少保险财产损失而支付的合理的施救、保护、整理费用，即施救费用。施救费用的赔付必须与保险财产的损失赔偿金额分别计算，最高限额为保险单列明的保险财产的有效保险金额。

保险人计算应承担的被保险人的施救费用的方法因承保方式的不同而有所区别。在足额保险或超额保险的情况下，保险人在保险财产的保险金额限度内根据被保险人实际支付的施救费用计算应承担的赔偿金额；在不足额保险的情况下，保险人按保险金额与重置价值或出险时账面余额的比例计算应承担的赔偿金额，即赔款 = $\frac{\text{保险金额}}{\text{财产实际价值}} \times$ 实际支付的合理施救费用。

例如，A 企业就固定资产投保企业财产保险，保险金额 100 万元，在保险期内发生火灾，损失 60 万元，发生合理的施救费用 12 万元。出险时固定资产的实际价值120万元,保险人的赔款应该是多少?

保险人的损失赔款 $= 60 \times \dfrac{100}{120} = 50$（万元）

保险人的施救费用赔款 $= 12 \times \dfrac{100}{120} = 10$（万元）

(五) 残值的处理

残值是指保险财产遭受损失后残余部分,应当充分利用。如果残值经协议作价折归被保险人,保险人必须在计算赔款时予以扣除;如果保险财产的残值由保险人回收处理,则保险人就不应该在计算赔款时扣减残值。

第三节　家庭财产保险

家庭财产保险以城乡居民的住宅及存放在固定场所的物质财产为保险标的,属于火灾保险的范畴,有普通家庭财产保险、家庭财产两全保险、家庭财产长效还本保险、投资保障型家庭财产保险等形式。

一　普通家庭财产保险

(一) 承保标的范围

1. 可保财产

(1) 房屋及其室内附属设施。附属设施包括固定装置的水暖、气暖、卫生、供水、管道煤气及供电设备、厨房配套的设备等。

(2) 室内装修。

(3) 室内家庭财产。包括衣服、床上用品、家具、用具、家用电器、文化娱乐用品及其他生活用品。

(4) 存放于院内室内的农机具、农用工具、生产资料、粮食及农副产品。

2. 特保财产

(1) 代他人保管的财产或与他人共有的财产,如租借私房、借人的公物,个体经营户代客修补和加工的原料、物品等。

(2) 实际价值很难确定,必须由专业鉴定部门或人员才能确定价值的财产。如金银、珠宝、玉器、首饰、古玩、古书、字画等私人藏品。这些财产实际价值难以确定，风险较大，对保险人来说，承保有一定难度，所以被保险人必须经与保险人特别约定才能投保，而且要在保险单中注明。

3. 不保财产

（1）损失发生后无法确定具体价值的财产。如货币、票证、电脑资料、邮票、文件、账册、图表、技术资料、家畜、花、树、鱼、宠物等。

（2）日常生活所必需的日用消费品。如食品、粮食、烟酒、药品、化妆品等。

（3）法律规定不容许个人收藏、保管或拥有的财产，如枪支弹药、爆炸品、毒品等。

（4）违章建筑、危险房屋以及其他正处于危急状态的财产，政府有关部门征用、占用的房屋。

（5）保险人从风险管理的需要出发，声明不予承保的财产。

（二）保险责任范围

1. 保险责任

家庭财产保险的基本责任范围与企业财产保险综合险的保险责任范围相似，主要包括：①火灾、爆炸、雷电、龙卷风、洪水、海啸、地面突然塌陷、崖崩、泥石流、突发性滑坡、雪灾、雹灾等。②空中运行物体坠落以及外界建筑物或其他固定物体的倒塌。所谓"外界"，是指位于保险财产坐落或置放地点附近的，不属于被保险人所有和使用的建筑物和其他固定物体。由于它们的倒塌砸坏保险房屋和其他保险财产，家庭财产保险予以承保。③因施救所致的损失和费用。

2. 除外责任

（1）战争、军事行动或暴力行为。

（2）核反应、核辐射和核污染。

（3）被保险人及其家庭成员、寄居人员、雇用人员的违法犯罪、故意行为，或勾结纵容他人盗窃或被外来人员顺手偷摸，或窗外钩物所致的损失。

（4）家用电器因使用过度、超电压、超负荷、短路、弧花、漏电、自身发热等造成的本身的损毁。

（5）保险财产本身缺陷、保管不善、变质、霉烂、受潮、自然磨损等造成的损失。

（6）地震所造成的一切损失。

（7）保险财产本身缺陷、保管不善、变质、霉烂、受潮、自然磨损等造成的损失。

（8）间接损失，是指保险财产遭遇保险事故引起的各种间接损失。

（9）其他不属于保险责任范围内的损失。

（三）保险金额

保险金额由被保险人根据投保标的的实际价值自行估价确定。一般来说，保险财产中的房屋、室内装修及附属设施的保险金额，由被保险人根据财产的购置价或市场价自行确定；室内财产的保险金额由被保险人根据当时的实际价值自行确定，不能分项的财产则按照各大类财产在保险金额中所占的比例确定，即室内财产中的家用电器及文体娱乐用品占40%，衣物及床上用品占30%，家具及其他生活用具占30%。

家庭财产保险之所以由被保险人自行确定保险金额，是因为家庭财产基本上无账目可查，而且财产的品种、质量、规格、新旧程度不一，价值确定相当困难。在实务操作中，被保险人通常被要求按保险单上规定的保险财产项目如房屋、室内装修及附属设施、室内家庭财产损失、代保管财产等分别列明保险金额，再相加得出总的保险金额。分项越细，保险金额越接近财产的实际价值，这样有利于保险人控制风险和处理索赔案件。

（四）保险期限与费率

普通家庭财产保险的保险期限一般为1年，从保险人与被保险人约定起保之日的零时起，到保险期满之日的24时止。期满后，投保人可以续保，但需另办手续。家庭财产两全保险、家庭财产长效还本保险等通常为多年期保险业务，被保险人可以选择2年期、3年期、5年期甚至8年期。

家庭财产保险的保险费率应该按照投保财产坐落地点的实际危险程度确定，可分为城市、乡镇和农村三类危险等级，每个等级又可以根据财产的实际坐落地点和周围环境划分若干档次，以体现保险费率制定时应遵循的合理负担的原则。我国目前开办的家庭财产保险业务实行的是区域范围内的统一费率,在具体的保险人业务区域内,实行无差别费率,费率的标准为2‰—5‰。

(五) 赔偿处理

在我国的家庭财产保险实务中,对于赔案的处理一般采用第一危险赔偿方式。所谓第一危险赔偿方式,是指保险人将被保险人的财产的价值视为两个部分,投保的一部分为保险金额部分,也是保险人应当负责的第一部分;超过的另一部分为第二部分,应当由被保险人自己负责。当发生保险责任范围内的损失时,根据保险财产的实际损失和损失当时的实际价值,并且按照其使用年限折旧来计算赔款,最高赔偿金额以保险单规定的保险金额为限,而不用考虑是否足额保险。而在其他财产保险业务中,如果被保险人是不足额投保,则无论全损还是部分损失,只能按照保险金额占财产实际价值的比例分摊损失。显然,采用第一危险赔偿方式,有利于被保险人。

二 家庭财产保险的其他形式

(一) 家庭财产两全保险

家庭财产两全保险,是一种兼具经济补偿和到期还本双重性质的长期型家庭财产保险,是在普通家庭财产保险基础上衍生的一个险种。该险种将每千元单位保险金额的保险费设计为储金的方式,不管在保险期内是否发生过保险事故损失,是否得到过赔款,被保险人都既可以在家庭财产遭受保险责任范围内的灾害事故而造成损失时获得保险人的经济补偿,又可以在保险期满时从保险人处领回原先缴纳的保险储金。而保险人不再单独收取保险费,保险费来源于储金运用所产生的利息收入。家庭财产两全保险的保险期限有 3 年期和 5 年期的,相对来说保险期限较长、手续简化,既给被保险人带来方便,也节省了保险人的费用开支。

(二) 家庭财产长效还本保险

家庭财产长效还本保险是在家庭财产两全保险的基础上衍生的一个险种,也具有经济补偿和到期还本的双重性质。与家庭财产两全保险有期限不同的是,家庭财产长效还本保险具有长期续转性,只要被保险人不要求退保，保险储金自动续转，保险责任持续不终止，保险期限的结束只有一个条件：保险单生效满一年。投保人只要在保险单生效一年后的任何时间宣布终止保险合同，保险人即退还其以保险费形式交付的储金。家庭财产长效还本保险减少了被保险人每年续保和保险人收取保险费的工作量，降低了保险业务成本，为保险人提供了一种可以进行长期投资的资金来源，也避免了投保人每年续保的麻烦。

（三）投资保障型家庭财产保险

投资保障型家庭财产保险兼具保障性和投资性双重性质，被保险人投保后，既能获得保险保障，也能收回保障本金并确保获得高于银行同期存款利率的投资回报。例如，我国保险市场上的金牛第三代投资保障型家庭财产保险、华泰居益理财型家庭财产保险、平安理财宝家庭投资型保险等。

三　家庭财产保险的附加险

（一）附加盗窃险

附加盗窃险是以被保险人因盗窃风险所造成的财产损失为承保责任的一个附加险种。保险责任一般是：存放于保险单所载明地址室内的保险标的，由于遭受外来的有明显痕迹的盗窃行为所致的损失，取得公安部门的证明且经过3个月等待期仍未能破案的，保险人负责赔偿。被保险人及其家庭成员、服务人员、寄居人员盗窃或纵容他人盗窃或被外来人员顺手偷摸，或窗外钩物所致的损失，保险人均不负赔偿责任。赔款后破案追回的被保险财产，归保险人所有。

（二）附加家用电器用电安全险

该险种承保家用电器由于供电线路因遭受自然灾害或意外事故、供电部门或施工失误及供电线路发生其他意外事故致使电压异常而引起的直接损毁。

（三）附加家庭第三者责任保险

该险种以全体家庭成员为被保险人，以被保险人在其所居住的住所、使用、安装或存放其所有或租借的财产时，由于过失和疏忽造成第三者的人身伤亡或财产的直接损毁。

此外，还可以附加水暖管爆裂损失险、附加宠物责任险、附加自行车盗窃险等。

【复习思考题】
1. 火灾保险的特征有哪些?
2. 企业的固定资产和流动资产如何确定保险金额?
3. 企业财产保险的费率是如何确定的?
4. 利润损失保险的赔偿期和保险期限一样吗?
5. 机器损坏保险的停工退费规定是什么?
6. 家庭财产两全保险有何特点?

第五章　货物运输保险

【开篇案例】①　某贸易公司与某保险公司于1998年8月3日签订了海上货物运输保险合同，约定：被保险人为某贸易公司，保险标的物为布料，保险金额为48.1万美元，险别为一切险和战争险，航程为青岛至莫斯科。该批货物于1998年8月12日装船，承运人为贸易公司签发了青岛至莫斯科的全程提单。提单载明：托运人贸易公司，收货人为与贸易公司签订贸易合同的买方达卡公司。货物由青岛船运至俄罗斯东方港，再由东方港改由铁路运输，10月初运抵目的地。而后，买方持铁路运单要求提货。因买方是单证上的收货人，承运人便在未收回全程正本提单的情况下放货，买方办理完清关手续后将货物提走。贸易公司见买方迟迟没有支付货款，于是派人持正本提单至莫斯科提货，并在提不着货物后向保险公司索赔。保险公司则认为：本案货物已经运抵目的地并被收货人提走，去向是明确的，不存在"提货不着"的问题。因此，保险公司不负保险赔偿责任。

海事法院经审理认为：双方签订的海上货物运输保险合同中约定的"提货不着"，不仅包括因承运人"交货不能"所致的"提货不着"，还包括其他原因所致的"提货不着"。由于提单是物权凭证，贸易公司作为本案中货物海运正本全程提单的持有人、海上货物运输保险合同的被保险人，持有提单却"提货不着"。根据有利于被保险人和受益人的解释原则，应当认为，只要被保险的货物"整件提货不着"，保险公司就要承担责任。据此，海事法院判决：被告保险公司向原告贸易公司赔

---

①　《货运保险案例分析》，慧择网，http://xuexi.huize.com/study/detal-293943.html。

偿损失 39.2 万美元及其利息。

【内容提要】 无论是对外贸易还是对内贸易，商品的流通都离不开运输。在运输过程中，货物遭受自然灾害或意外事故的损失总是难以避免的。货物运输保险为运输中的货物提供风险保障，已经成为交易中不可缺少的组成部分。本章阐述了货物运输保险的概念和基本特征及分类，介绍了海上货物运输保险和国内货物运输保险的具体内容。

第一节 货物运输保险概述

一 货物运输保险的概念

货物运输保险是以运输过程中的货物为保险标的，承保货物在运输过程中因遭受自然灾害和意外事故所造成的损失的保险。作为财产损失保险的主要险别之一，可以归入运输保险类别。

货物在运输过程中，难免因为自然灾害或运输工具发生碰撞、倾覆、出轨、搁浅、沉没等突发事件及装货、卸货、转载时因装卸工人操作不慎等造成货物损失，给货主带来直接经济损失。《合同法》第三百一十一条规定："承运人对运输过程中货物的毁损、灭失承担损害赔偿责任，但承运人证明货物的毁损、灭失是因不可抗力、货物本身的自然性质或者合理损耗以及托运人、收货人的过错造成的，不承担损害赔偿责任。"可见，承运人承担的保障责任也是有限的，不负责赔偿货物因自然灾害等不可抗力及自身性质引起的变质、自燃、减量、破裂等损失。鉴于此，为使运输中的货物能够得到全面的风险保障，开展货物运输保险十分必要。

在我国，货物运输保险是历史最久的保险业务之一。1980 年我国恢复国内保险业务时，国内货物运输保险在财产保险业务中所占的比重还不到 1%，但此后一直保持着很高的增长率。其重要意义体现在：运输中的货物因意外灾害事故遭受的损失能够及时得到补偿，稳定了企业及货主的生产和经营；避免了收货方、发货方之间许多不必要的纠纷，有利于维护货物交易双方的正常贸易关系；保险人协助运输部门加强对运输货物的包装、堆存、运输等各个环节的安全管理，及时提出改进意见，发挥防灾防损的重要作用。

二 货物运输保险的特征

货物运输保险承保的是运输过程中的各种货物，因而既有火灾保险的特点，又有运输保险的独特性。相比火灾保险，货物运输保险有以下基本特征。

（一）保险标的的流动性

火灾保险的保险标的存放地点相对固定且处于相对静止状态；而货物运输保险的保险标的为了实现从一地到另一地的位移，通常处于流动或运行状态，不受一个固定地点的限制。其发生损失往往不在保险合同签订地，而是在异地，出险查勘一般由当地的保险代理人进行。

（二）保险责任起讫时间的灵活性

火灾保险的责任期限一般是定期的，通常为1年期。而货物运输保险的保险责任起讫时间是以约定的运输途程为标准，即遵循"仓至仓"条款，从被保险货物离开起运地的仓库或储存所开始，直至运抵目的地收货人的仓库或储存所为止。因此，货物运输保险一般不受具体时间的约束，具有一定的灵活性。需要注意的是，保险合同中一般会载明，当被保险货物到达目的地港湾时，不允许货物长期被搁置目的地港站。

（三）保险责任范围的广泛性

火灾保险承保的主要风险是火灾及有关自然灾害或意外事故，而货物运输保险的保险责任范围广泛得多。除了火灾保险承担的风险责任外，货物运输保险还承担运输工具在运输过程中发生意外事故所致的货物损失以及根据国际惯例对海上发生的共同海损的分摊部分等。除主险外，货物运输的附加险特别发达，几乎包括了所有外来原因如破碎、渗漏、雨淋、腐烂、变质、包装破裂、遭受盗窃以及整件货物提货不着等导致的损失。

（四）被保险人的多变性

火灾保险的承保对象通常是不变的，如果发生变化，需经保险人同意并签发批单，才可以保持保险合同的效力。而货物运输保险则不同，由于经营贸易的需要，按照惯例，货物运输保险单可经保险人空白背书同意保险权益随物权单据即货运提单的转让而随之转移。《保险法》第四十九条第二款规定："保险标的转让的，被保险人或者受让人应当及时通知保险人，但货物运输保险合同和另有约定的合同除外。"《中华人民共和国海商法》第二百二十九条规定："海上货物运输保险合同可以由被保险人背书或者以其他方式转让，合同的权利、义务随之转移。"因此，投保方如果发生货权转移，无须征得保险人同意，只要在保险单背书，即可转让给他人。有时保险单几经辗转，难以确定被保险人，直到最后持有保险单的收货人出现为止。

（五）保险标的的他制性

火灾保险的被保险财产大多数情况下是在被保险人的直接照看和控制下。而货物运输保险的保险标的货物一般是交承运人运送，货物一经起运，保险责任即开始，此时的被保险财产与被保险人相互分离，被保险人无法看管或控制其财产。因此，被保险财产一旦在运输过程中发生损失，被保险人既不能立即获悉，也不能采取有效措施进行施救或保护。反而承运方对货物运输保险的影响很大，任何赔案的处理也离不开承运方的配合与协助，这其中有许多赔案甚至与承运方有直接的责任关系，需要用代位追偿的手段来维护双方的正当权益。

（六）保险价值的定值性

火灾保险通常采用不定值保险方式承保，即在保险合同上不约定保险标的的实际价值，只列明保险金额作为赔偿的最高限额，当保险标的发生损失时，根据当时的保险价值来核定损失。货物运输保险则相反，通常采用定值保险方式承保，即保险金额一般由双方按事先约定的保险价值来确定。这是由货物的流动性决定的。因为货物在运输过程中，在不同地点可能出现价格差异，当损失发生时，根据约定的价值按受损程度计算赔款，有利于克服不同的市场价格及不稳定因素给估价带来的困难。

三 货物运输保险的分类

（一）按运输工具分类

按运输工具分类包括水路货物运输保险、铁路货物运输保险、公路货物运输保险、航空货物运输保险和其他货物运输保险。其中，水路、铁路运输的货物通常单批货物数量大，而采用汽车及陆地其他运输工具运输的货物往往批次大，采用航空运输方式的货物一般价值比较高。各种运输工具因运行方式和运行区域不同，面临的货物损失风险也不同。

（二）按运输方式分类

按运输方式分类包括：直运货物运输保险，以直达运输的货物为保险标的的保险，即货物从起运地到目的地只使用一种交通工具；联运货物运输保险，以多种运输工具运送的货物为保险标的的保险，联运指使用同一张运输单据，用两种或两种以上不同的主要运输工具运输货物的运输；集装箱运输保险，以集装箱运送的货物为保险标的的保险。集装箱运输将零散货物集中在大型标准化货箱内，减少甚至避免了沿途货物的装卸和转运，做到装运单位化，提高了货物运输的效率，加速船舶周转，减少了货物残损、短少。

（三）按保险人承担责任的方式分类

按保险人承担责任的方式分类包括：基本险、综合险和附加险。基本险和综合险可以单独承保，但是附加险只能依附于基本险或综合险。

此外，按照适用范围，货物运输保险可以划分为国内货物运输保险和涉外货物运输保险。

在我国保险业务工作中，通常将货物运输保险分为海上货物运输保险和国内货物运输保险。

第二节　海上货物运输保险

海上货物运输保险是指对以海轮运输的货物，在海上航行中遭遇自然灾害和意外事故所造成的损失承担赔偿保险金责任的保险。我国现行的条款是中国人民保险公司于 1981 年 1 月 1 日修订的海洋运输货物保险条款。根据目前实行的条款，海上货物运输保险有基本险、附加险和专门险三类险别。基本险主要承保自然灾害和意外事故等造成的货物损失，可以单独投保，分为平安险、水渍险和一切险三种；附加险承保由其他外来原因造成的损失，不能单独投保；专门险一般为海洋运输冷藏货物保险和海洋运输散装桐油保险。

具体来说，我国海上货物运输保险的险种如图 5-1 所示（保险责任和除外责任等在后文中介绍)。

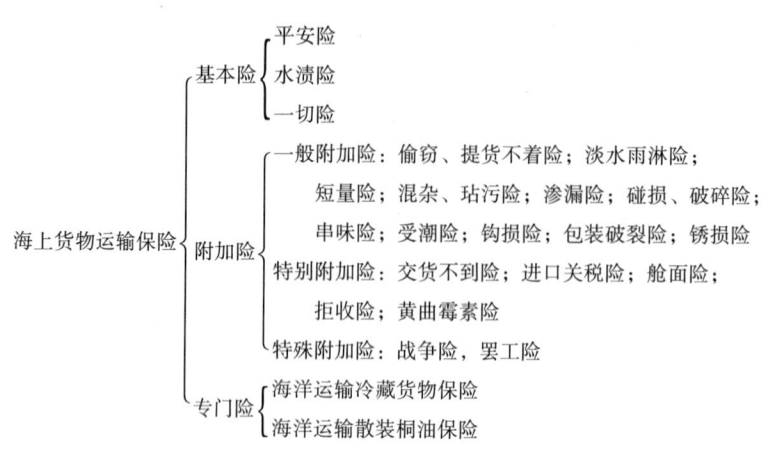

```
海上货物运输保险 ┬ 基本险 ┬ 平安险
                │         ├ 水渍险
                │         └ 一切险
                ├ 附加险 ┬ 一般附加险：偷窃、提货不着险；淡水雨淋险；
                │        │             短量险；混杂、玷污险；渗漏险；碰损、破碎险；
                │        │             串味险；受潮险；钩损险；包装破裂险；锈损险
                │        ├ 特别附加险：交货不到险；进口关税险；舱面险；
                │        │             拒收险；黄曲霉素险
                │        └ 特殊附加险：战争险，罢工险
                └ 专门险 ┬ 海洋运输冷藏货物保险
                         └ 海洋运输散装桐油保险
```

图 5-1 我国海上货物运输保险险种体系

一 海上货物运输保险的保险责任和责任免除

（一）基本险的保险责任

海上货物运输保险的基本险包括平安险、水渍险、一切险三种。

1. 平安险

平安险（Free from Particular Average，FPA）是我国保险界长期沿用的名称，而非保障货物平安顺利到达目的地。它的英文原意是"单独海损不负赔偿责任"。根据国际保险界的解释，单独海损即是部分损失，因而，过去常常被理解为保险人仅对货物的全部损失和共同海损承担责任。随着国际贸易的不断发展，为了适应市场的需要，经过不断修订和补充，平安险的承保责任范围已远远超过了仅赔偿全部损失和共同海损，保险人对意外事故造成的单独海损也负责赔偿。因此，目前的平安险应该理解为海上货物运输保险中保险责任范围最小，因自然灾害所造成的被保险货物的部分损失不赔的险种。

平安险的责任范围包括：

（1）被保险货物在运输途中由于恶劣气候、雷电、海啸、地震、洪水等自然灾害造成整批货物的全部损失或推定全损。当被保险人要求赔偿推定全损时，须将受损货物及其权利委付给保险公司。被保险货物

用驳船运往或运离海轮时，每一驳船所装的货物应被视作一个整批。

（2）由于运输工具遭受搁浅、触礁、沉没、互撞、与流冰或其他物体碰撞以及失火、爆炸等意外事故造成的货物的全部或部分损失。

（3）在运输工具已经发生搁浅、触礁、沉没、焚毁等意外事故的情况下，货物在此前后又在海上遭受恶劣天气、雷电、海啸等自然灾害所造成的部分损失。

（4）在装卸或运输时，由于一件或数件整件货物落海造成的全部或部分损失。

（5）被保险人对遭受承保责任范围内危险的货物采取抢救、防止或减少货物损失等措施而支付的合理费用，但以不超过该批被救货物的保险金额为限。

（6）运输工具遭受海难后，在避难港由于卸货所引起的损失以及在中途港、避难港由于卸货、存仓以及运送货物所产生的特别费用。

（7）共同海损的牺牲、分摊和救助费用。

（8）运输合同订有"船舶互撞责任"条款，根据该条款规定应由货方偿还船方的损失。船舶互撞责任条款指本船货主如向对方船取得货物损失的全部赔偿，致使对方船向本船承运人提出索赔，则货主应当将这部分偿还给本船承运人。即对货主偿还本船承运人的损失负责。

2. 水渍险

水渍险（With Particular Average，WA 或 WPA）也是我国保险界的一种习惯称谓，并不是被保险货物受到水渍损失，保险人都负责赔偿。其英文原意为"负单独海损责任"，即负责单独海损的赔偿，但不是仅负责单独海损的赔偿。水渍险的保险责任范围除了包括平安险的各项责任外，还负责被保险货物由于恶劣天气、雷电、海啸、地震、洪水等自然灾害所造成的部分损失。也就是说，对于被保险货物在运输途中遭受自然灾害和由于运输工具遭受意外事故时所发生的全部损失和部分损失，保险人均负责赔偿。即：

水渍险＝平安险＋自然灾害所造成的被保险货物的部分损失

3. 一切险

一切险（All Risk，A. R.）是海上货物运输保险中承保责任范围最广泛的险别。一切险承保的责任范围除包括水渍险的各项责任外，还负责被保险货物在运输过程中由于外来原因所致的全部或部分损失。外来原因主要指：偷窃、提货不着、淡水雨淋、短量、混杂、玷污、破碎、渗漏、碰损、串味、受潮受热、钩损、包装破裂、锈损等。即：

一切险 = 水渍险 + 11 种一般附加险

= 平安险 + 自然灾害所造成的被保险货物的部分损失 +
11 种一般附加险

但是，一切险承保的责任范围并非一切风险造成的损失，它仅承保水渍险的保险责任以及 11 种一般附加险的保险责任。货物本身缺陷、发货人的过失、自然损耗、运输延迟等原因造成的损失，保险人并不负责赔偿。此外，它也不保特殊的外来风险如交货不到、拒收等，这些需要单项逐一加保，保险人才能负责赔偿。

（二）附加险的保险责任

附加险主要承保由于外来原因所致的损失，不能单独承保，只能在投保了基本险之后加保。外来原因在性质上有一般外来原因和特殊外来原因之分，所以附加险相对应分为一般附加险、特别附加险和特殊附加险。

1. 一般附加险

一般附加险又叫作普通附加险，承保货物在运输途中由于一般外来原因所致损失的保险，即包括在一切险责任范围内的各种附加险。主要有以下 11 种。

（1）偷窃、提货不着险。承保被保险货物在保险有效期内，由于偷窃行为所致的损失或整件提货不着。"偷"指货物整件被偷走；"窃"指整件货物中的一部分被窃取，偷窃不包括使用暴力手段的公开掠夺。"提货不着"指在运输途中货物被遗失，致使未能运达目的地交付给收货人。根据我国保险业偷窃、提货不着责任条款规定，为了便于确定责任，对于偷窃行为所致的损失，被保险人必须在及时提货之日起 10 日内向保险人或保险单载明的保险理赔代理人申请检验；遇有整件提货不着，必须向责任方、港方、海关或有关当局取得整件提货不着的证明，保险人才予赔付。同时，保险人有权在支付的赔款限额内，收回被保险人向船东或其他责任方追偿到的货物损失赔偿款。

（2）淡水雨淋险。被保险货物在运输途中直接由于淡水、雨淋以及冰雪融化造成的全部或部分损失，包括船上淡水舱、水管漏水以及船舱内水汽凝聚而成的舱汗所致的损失，由保险人负责赔偿。淡水与海水是相对而言的。平安险与水渍险只负责海水所致的货物损失，该附加险是在此基础上的扩展。被保险人应当及时提货，在提货后10日内申请检验，索赔时应注意货物包装外部应有雨水或淡水痕迹或其他适当证明，否则保险公司不承担责任。

（3）短量险。承保被保险货物在运输过程中发生的数量短少和重量短缺的损失。在实务中，凡有包装货物的短少，必须有外包装发生破裂等异常现象，如破口、破袋、扯缝等，以鉴别是否为外来原因造成的；散装货物数量的短缺，则通常以装船重量和卸船重量之间的差额作为计算损失的依据，但不包括正常的途耗。

（4）混杂、玷污险。承保被保险货物在运输途中由于混进杂质或与其他物质接触而被玷污造成的损失。例如矿砂、矿石等混进了泥土、草屑等，使质量受到影响；布匹、纸张、食物、服装、地毯等，被油漆、颜料污染而引起的经济损失。

（5）渗漏险。承保运输过程中流质、半流质的液体物质和油类物质由于容器损坏而引起的渗漏损失，以及用液体装存的保险标的因为液体渗漏而使之发生腐烂、变质等造成的损失。

（6）碰损、破碎险。承保被保险货物在运输途中，因受到震动、颠簸、挤压等造成的破碎和碰撞损失。其中，破损主要指金属或木质等货物，如大理石、钢精器皿、搪瓷，在运输途中，因为前述原因所致的货物本身的凹瘪、脱瓷、脱漆、划痕等损失；破碎主要指易碎性物质因装卸粗鲁、运输工具的震颠等造成货物本身的碎裂、断碎等损失。本险种作为附加险主要承保一切外来原因引起的碰损、破碎损失，不同于平安险、水渍险所负责的因自然灾害或运输工具遭遇意外事故所引起的破碎或碰撞损失。

（7）串味险。承保被保险货物在运输过程中因受其他带有异味物品的影响而发生串味所致的损失。例如食品、粮食、茶叶、药材、香料等在运输途中受到堆储在同一货舱的樟脑、皮革等异味的影响使保险标的品质受到损失，或因装载在未清洗干净的船舱里，受到船舱中遗留的异味的影响使品质受到损失。但如果这种损失与船方的配载不当有直接关系，则应由船方负责，保险人在赔偿货方损失后应向船方追偿。

（8）受潮受热险。主要承保被保险货物在运输过程中，由于气候突然变化或船上通风设备失灵，使船舱内的水汽凝结而引起货物受潮或发热而造成的霉烂、变质或溶化的损失。袋装、捆装以及易于吸收水分的货物容易遭受此类损失，如豆类极易因船舱水汽过大而受潮，发霉变质。

（9）钩损险。承保被保险货物在运输、装卸过程中因使用手钩、吊钩等钩类工具造成的损失以及对包装进行修补或更换所支付的合理费用。主要适用于袋装、捆装货物如捆装棉布、卷筒纸、袋装粮食等因使用手钩而被钩破、外漏等。

（10）包装破裂险。承保被保险货物在运输过程中因搬运或装卸不慎致包装破裂所造成的损失，以及为继续安全运输对包装进行修补或更换包装所支付的合理费用。主要适用于袋装、箱装、桶装、篓装的块、粒、粉状货物，因搬运或装卸不当致使包装破裂而引起的货物的短少、玷污、受潮等损失。

（11）锈损险。承保被保险货物在运输过程中因生锈而造成的损失。这种生锈并非装运时就存在，而必须是在保险期内发生的。但对于必然会生锈的裸装金属板、块、条等，保险人一般不予承保。

2. 特别附加险

该险种承保由于国家政策法令以及行政措施所造成的货物损失，不属于货物一切险所承保的 11 种外来风险责任。我国保险业务中的特别附加险有以下 6 种。

（1）交货不到险。承保被保险货物从装上海轮时开始，在 6 个月内不能运到原定目的地交货，无论何种原因，保险人都按全部损失赔付。交货不到险与一般附加险的提货不着险不同，前者往往是由于被保险货物遭禁运被迫在中途卸货造成的，而后者是承运人由于运输上的原因造成整件货物提货不着。保险人要求被保险人首先保证获得进口货物所需的所有许可证件，以免因无证不准进口而交货不到。赔付后被保险人应将货物的全部收益转移给保险人。对于运输险及战争险应该负责的损失，不在本保险责任之内。

（2）进口关税险。承保被保险货物受损而被保险人仍须按完好价值完缴进口关税所造成的损失。进口关税是按照进口时货物的完好价值来征收的,税率通常比较高。当货物在进入某个国家之前,若在中途遭受损失,价值则随之降低。对于这种情况,有些国家规定可对损坏残缺部分,按其价值实行退、免税;有些国家则规定必须由纳税人证明货物是在进口前发生的损失才能退、免税,对进口后发生的损失不能退、免税;也有些国家规定进口货物无论何时发生损失、损失程度如何,仍需按完好价值完税。进口关税险就是承保上述情况引起的关税损失。进口关税险的保险金额应根据进口关税的税率来确定,在保险单上应将货物的保险金额与附加的进口关税险的保险金额分别列明。

(3) 舱面险。承保的是装载于海轮舱面上的货物由于保险单承保的责任造成的损失。海上运输的货物一般都是装在舱内的。保险人制订货物运输保险的责任范围和保险费率也是以舱内运输作为考虑基础的。对于装载于舱面的货物,保险人不提供任何保险。但在保险实务中,有些货物由于体积大、有毒性或者有污染性,根据航运习惯必须装载于舱面。为了解决这类货物的损失补偿问题,特别附加了舱面险。由于装载于舱面的货物暴露面大、极易受损,因此保险人通常是在平安险基础上附加舱面险。舱面险的责任除了按基本险别条款负责外,还负责货物被抛弃或被风浪冲击落水的损失。

(4) 拒收险。承保被保险货物在进口港由于各种原因被进口国政府或有关当局拒绝进口或没收所产生的损失。投保时,被保险人必须保证持有进口所需的一切特许进口证明或进口限额,并且保证保险标的的质量、包装和商品检验必须符合产地国和进口国的有关规定。否则,货物遭到拒绝进口即为必然之事。当货物起运后,无论进口国宣布实行何种禁运或禁止,保险人只负责赔偿将保险标的运回出口国或转运到其他目的地而增加的运费,且以这批货物的保险价值为限。保险标的在起运前进口国即已宣布禁运或禁止的,保险人不负赔偿责任。一般情况下,保险标的被进口国当局拒绝进口或没收后,被保险人经保险人要求有责任处理被拒绝进口的货物或者申请仲裁。

(5) 黄曲霉素险。承保被保险货物因含有黄曲霉素超过进口国对该菌素的限制标准,遭受拒绝进口,或被当局没收或强制改变用途而造成的损失。黄曲霉素是花生中含有的带有毒性的菌素,各国卫生当局对这种毒素的含量都有严格的限制标准。进口货物中这一毒素的含量超过进口国的规定标准，就会被拒绝进口。该险种主要承保由此而产生的损失，实际上是拒收险的一个特例。另外，被保险人对被拒绝进口或强制改变用途的货物有义务进行妥善处理，如有争议应申请仲裁。

（6）出口货物到香港（包括九龙在内）或澳门存仓火险责任扩展条款。承保内地出口到香港或澳门的货物，卸离运输工具后，直接存放于保险单载明的过户银行所指定的仓库，在存仓期内遭受的火灾损失。这实质上是一种扩展存仓火险责任的保险。保险期从货物运入过户银行指定的仓库时开始，直至过户银行收回押款解除货物权益或者运输责任终止时起满30天为止。该险种主要保障过户银行的利益，因为我国出口到港澳（包括九龙）的货物按照惯例都采用通过银行办理押汇的形式，在货主未向银行归还之前，货物的权益属于银行。在此期间即使货物到达目的地港，收货人也无法提货。若货物在存仓期间发生火灾，保险人负责赔偿过户银行的损失。

3. 特殊附加险

特殊附加险与特别附加险的区别是，这种风险的构成涉及军事、政治和社会方面的原因。主要包括战争险和罢工险。

（1）战争险。承保战争或类似战争行为等引起的被保险货物的直接损失。保险责任包括直接由于战争、类似战争行为和敌对行为、海盗行为所致的损失；由于上述原因所引起的捕获、拘留、禁制、扣押的损失；各种常规武器，包括水雷、鱼雷、炸弹所致的损失；由于上述责任引起的共同海损的牺牲、分摊和救助费用。但保险人对于下列损失或费用不负责赔偿：由于敌对行为使用原子或热核制造的武器所致的损失和费用；根据执政者、当权者或其他武装集团的扣押、拘留引起的承保航程的丧失或挫折而提出的任何索赔。战争险的责任起讫与基本险的责任起讫不同，它不采用仓至仓条款。战争险的承保期限仅限于水上危险或运输工具上的危险：

第一，如果货物不卸离海轮或驳船，则保险责任最长延至货物到目的港之当日午夜起算满15天为止。

第二，如在中途港转船，则不论货物在当地卸载与否，保险责任以海轮到达该港或卸货地点的当日午夜起算满15天为止，待再装上续运的海轮时，保险人仍继续负责。

第三，如果运输合同在保险单所载明目的地以外的地点终止时，该地即视为本保险目的地，仍照前述第一款的规定终止责任，如需运往原目的地或其他目的地时，在被保险人于续运前通知保险人并加缴保险费的情况下，可自装上续运的海轮时重新有效。

第四，如运输发生绕道，改变航程或承运人运用运输合同赋予的权限所作的任何航海上的改变，在被保险人及时将获知情况通知保险人，在必要时加缴保险费的情况下，该保险仍继续有效。

（2）罢工险。承保被保险货物由于罢工者或被迫停工工人及参加工潮、暴动、民众斗争的人员的行动所造成的损失。在罢工险项下，保险人对于任何人的恶意行为造成的损失，以及上述行动或行为引起的共同海损牺牲、分摊和救助费用均承担赔偿责任。但对于间接损失保险人不负责赔偿：例如在罢工期间，货物未能及时卸离海轮或堆在码头上而遭雨淋的损失；上述原因而引起的动力或燃料缺乏而使冷藏机停止工作所致的冷藏货物的损失等。

（三）基本险的责任免除

海上货物运输保险的基本险项下，保险人不予负责的损失或费用主要包括以下几类：

（1）被保险人的故意行为或过失所造成的损失。

（2）属于发货人责任所引起的损失。

对于发货人不履行贸易合同规定的，如发货人不按照有关规定的标准或不按照保证货物运输安全的要求进行包装货物，以致货物在运输途中受损，保险人不负赔偿责任，损失由发货人承担。

（3）保险责任开始前，被保险货物已存在的品质不良或数量短差所造成的损失。

（4）被保险货物的自然损耗、本质缺陷、特性以及市价跌落、运输延迟所引起的损失和费用。

自然损耗即途耗，是货物在运输过程中发生的一种非意外性的必然损失，如货物在运输途中由于蒸发、磨损等原因所致的损失。

本质缺陷是指货物内在的、原有的缺陷，这种缺陷是货物本身特有的潜在的缺陷，它必然会造成货物的损毁。

市价跌落是指货物在运输途中价格下降。商品的价格上涨或下降属于经济生活的正常现象,并非意外事故。

运输延迟属于承运人的责任,由此引起的损失和费用应由承运人负责赔偿。

(5) 战争险条款和罢工险条款规定的责任范围和除外责任。

战争、军事行动、核爆炸、工潮暴动、民众斗争等行为会给被保险货物造成更大的损失,所以对于未投保战争险和罢工险的标的,保险人除上述4条外将特殊附加险的承保责任和除外责任作为该险别的除外责任;若被保险人投保了战争险和罢工险,则保险人除上述4条外,只将战争险和罢工险的除外责任作为该险别的除外责任。

(四) 专门险的保险责任

1. 海洋运输冷藏货物保险的保险责任

该险种分为冷藏险和冷藏一切险两种,承保需要冷藏运输的鲜货及需要保持冷藏温度的货物,如冷冻鸡、鸭、鱼、肉和蔬菜水果等。

(1) 冷藏险的责任范围。除负责由于冷藏机器停止工作达连续24小时以上所造成的腐败或物品损失外,其他保险责任与水渍险基本相同。

(2) 冷藏一切险的责任范围。除包括上列冷藏险的各项责任外,还负责被保险货物在运输途中由于外来原因所致的腐败或损失。

2. 海洋运输散装桐油保险的承保责任

海洋运输散装桐油保险承保不论任何原因引起的桐油短少、渗漏、玷污、变质等损失。桐油易受污染和变质,因而保险公司在承保时必须进行严格检验,被保险人在起运港必须取得下列检验保证书:船上油仓在装油前必须清洁并经在场的商品检验局代表检验出具合格证书;桐油装船后的容量或重量和温度必须由商品检验局详细检验并出具证书;装船桐油的品质还须由商品检验局抽样化验并出具合格证书,证明在装运时确无玷污、变质或"培他"(Bate,桐油损失专门名词)迹象。被保险人如不按照执行,保险公司不负责桐油品质上的损失。

二 海上货物运输保险的保险期限

基本险的保险期限以"仓至仓"条款为基本依据,即保险期限自货物运离保险单所载明的起运港（地）发货人的仓库开始，到货物运达保险单载明目的港（地）收发人的仓库为止。根据我国海洋货物运输保险的规定，责任的起讫期限分为正常运输与非正常运输两种情况。

（一）在正常运输情况下保险责任的起讫期限

正常运输是指被保险货物自保险单载明起运地发货人仓库首次运输时开始，使用正常的运输工具如汽车、火车、内河船舶、海轮等，按照正常的航线、航程行驶并停靠港口，正常的延迟和正常的转船等。

在正常运输情况下，保险责任的起讫以"仓至仓"条款为依据。即保险责任自被保险货物运离保险单所载明的起运港（地）、发货人的仓库或储存处所时开始生效，包括正常运输过程中的海上、陆上、内河和驳船运输在内，直至该项货物到达保险单所载明目的地收货人的最后仓库或储存处所为止。如未抵达上述仓库或储存处所，则以被保险货物在最后卸载港全部卸离海轮后满 60 天为止。在保险经营实务中，有的货物目的地就是卸货港，有的则在内陆，"仓至仓"条款也应该按照不同的情况加以区别：

第一种，保险单所载明的卸货港就是目的地，则被保险人提货后运到他自己的仓库，保险责任即行终止。如果被保险人提货后并非运往自己仓库，而是将货物进行分配、分派或者是分散转运，保险责任从这个时候起即行终止。

第二种，保险单所载明的目的地不是在卸货港，而是在内陆某地，则被保险人提取后运到内陆某地，当货物进入内陆目的地收货人的仓库时，保险责任即行终止。

第三种，保险单所载明的目的地是在内陆某地，如果货物运往内陆目的地后，并未直接运往收货人仓库，而是在中途先行存放于某一仓库，然后又分批分别陆续运往几个内陆目的地，其中包括保险单原载目的地，则保险责任在货物到达分配地时终止，即先行存入的某一仓库视为收货人的最后仓库，保险责任在货物到达该仓库时终止，包括运往原目的地的那部分货物。

这三种情况都要受到保险责任自货物卸离海轮后满 60 天终止这一规定的限制。即在上述三种情况下的保险责任终止前，如果被保险货物卸离海轮后已满 60 天，则保险责任终止。

"仓至仓"条款规定了保险人承担责任的空间范围，即规定了保险承担责任的起讫地点，从保险单所载明的起运港（地）发货人的仓库或储存处所运输时开始，直到保险单所载明的目的地收货人仓库或储存处所时为止。

（二）在非正常运输情况下保险责任的起讫期限

非正常运输主要是指被保险货物在运输过程中，被保险人在无法控制的情况下，没有按照正常的航程、航线行驶并停靠港口，而是在途中被迫卸货、重装或转载，以及由此而发生运输延迟、绕道或运输合同终止等非正常情况。按照国际运输惯例，提单中一般都订有自有条款，规定在迫不得已的情况下，承运人有自由变更航程、绕道及终止运输合同的权利，且由此发生的运输延迟、被迫卸货、重装等情况，致使货物遭受损失，承运人不负任何责任。在非正常运输情况下，如果被保险人能及时将获知的情况通知保险人，并在必要的情况下加缴保险费，则原保险继续有效。在保险实务中，保险责任终止于下列两种情况：

第一种，被保险货物如在非保险单所载明的目的地出售，保险责任至交货时为止，但不论任何情况，均以被保险货物在卸载港全部卸离海轮满60天为止。

第二种，被保险货物如在上述60天期限内继续运往保险单所载明的原目的地或其他目的地时，保险责任仍按"仓至仓"条款的内容执行。

三 海上货物运输保险被保险人的义务

在海上货物运输保险中，如果被保险人未恪尽职责履行下述义务而影响保险人利益，保险人有权拒绝赔偿被保险人的损失。

（一）及时提货

当被保险货物运抵保险单所载明的目的港（地）、卸离海轮后，被保险人应及时提货。一方面，能否及时提货关系到保险人的责任期限，货物存放在卸货港码头仓库或海关仓库时间越长，发生损失的可能性越大。另一方面，被保险人在提货时，若发现被保险货物已遭受损失，应立即向保险单上所载明的检验、理赔代理人申请检验。若发现被保险货物整件短少或有明显残损痕迹，应立即向承运人、受托人或海关、港务当局索取货损货差证明；以书面方式向上述有关责任方提出索赔，必要时取得延长时效的确认。

(二) 在货物遭受保险责任范围内的损失时应采取合理施救措施

被保险货物遭受保险责任范围内的损失时，被保险人应迅速采取合理的抢救措施，以防止或减少货物的损失。被保险人采取此项措施，并不视同为放弃委付，而是保险人用以鼓励被保险人积极防损和减少损失。同样，也不将保险人采取的施救措施视为接受委付的表示。此义务的履行旨在防止损失的扩大，是确保双方利益的积极步骤。

(三) 对于运输项目的变更或错误履行"立即通知"义务

如果遇到航程变更或发现保险单所载明的货物、船名或航程有遗漏或错误时，被保险人在获悉这种情况后应立即通知保险人，如有必要还应加缴一定的保险费，这样保险单才能继续有效。

(四) 在货物受损后，提供详尽的单证

被保险货物遭受损失后，被保险人向保险人索赔时，必须提供齐备的单证，以供保险人审核损失的详细情况及致损原因，确定是否给予赔偿及赔偿金额。被保险人应提供的单证主要包括：保险单、货运提单、货物发票、装箱单、磅码单、货损货差证明、检验报告及索赔清单。如果货损涉及第三者责任，还须提供向责任方追偿的有关函电及其他必要的单证或文件。

(五) 合理执行"船舶互撞责任"条款的规定

"船舶互撞责任"条款规定碰撞船舶对载货的损失负有连带责任，这些责任最终要转嫁给有关的保险人。发生船舶碰撞事故后，两船之间的责任大小、应对被撞的对方船舶负责船货损失的多少等问题，都直接和保险人的利益有关。因此，被保险人获知船舶互撞的实际责任后，须及时通知保险人，以有助于保险人保护自身利益。

四 海上货物运输保险的保险金额

保险金额一般采用定值保险的方式确定，即以约定的保险价值作为保险金额。保险价值一般是被保险货物在保险责任开始时起运地的货物发票价值或者非贸易商品在起运地的实际价值以及运费与保险费的总和。在国际贸易中，运费和保险是由买方还是卖方负责办理，主要根据不同的价格条件决定。我国保险实务中通常采用的三种价格条件是离岸价格、成本加运费，成本加保险费和运费。

（一）离岸价格条件的保险

离岸价格也称作船上交货价格（Free on Board，FOB），是货物已交到船上的交货价。它要求卖方在合同规定的装运港和装运期内，按港口惯例将货物装至买方指定的船上，并及时向买方发出装船通知。自货物装上买方指定的海轮时起，卖方就已经履行了合同的责任，风险即由卖方转移到买方。因而以此条件成交的合同，买方为投保人，以发货人的卖出价作为保险金额，一旦出险，保险人按投保人在起运地的买入价即离岸价作为保险货物的实际价值负责赔偿。

（二）成本加运费价格条件的保险

成本加运费（Cost and Freight，CFR）价格条件下，要求卖方租船订舱并及时将货物装上运往目的港的船上，并负责运费及装船前的各项费用和风险，装船后及时向买方发出装船通知（包括船名、货量、包装、预定开船日期等），由买方负责装船后的一切费用和风险，办理有关保险并支付保险费。买方在货物装船后取得航运公司的清洁清单，方可认为卖方已履行合同交货义务。

（三）到岸价格条件的保险

到岸价格条件即成本加保险费、运费（Cost，Insurance and Freight，CIF），要求卖方负责租船订舱，并按时在装运港将货物装上运往目的港的船上，交付运费和办理货物运输保险、缴纳保费，并将保险单随同货运单据送交买方。通常以货物起运地的销售价（发货人的卖出价）加上到达目的地的各种运杂费（如包装费、运费等），再加上保险价，一起作为保险金额。

国际商会的《国际贸易术语解释通则》规定，卖方必须向信誉卓著的保险人投保基本险，保险金额应包括CIF价另加10%的加成，以保证货主在货物发生损失时，不仅货物本身的损失能够得到补偿，而且已经支付的运费、保险费、开征费、来往函电费用、融资利息及合理的利润也能够得到补偿；对盗窃、渗漏、破碎、破裂、淡水雨淋或其他特别险，由买卖双方约定是否需要加保；卖方不负责战争险，如买方要求投保这一险别，卖方可以代为投保，该保险费由买方负担。

故而，CIF 价格条件下，保险金额的计算公式为：

保险金额 = CIF 价格 × (1 + 加成率)

例如，某出口商品的 CIF 价格为 10000 美元，加成 10% 投保，则

保险金额 = 10000 × (1 + 10%) = 11000(美元)

在将 CFR 价格改为 CIF 价格条件下，由于海上货物运输保险的保险金额是以 CIF 价格为基础计算的，因此，买方投保时需要先将 CFR 价格换算为 CIF 价格，然后再加成计算保险金额。CFR 价格换算成 CIF 价格的计算方式为：

$$CIF = \frac{CFR}{1 - (1 + 加成率) \times 保险费率}$$

例如，某出口商品的 CFR 价格为每件 1000 美元，加成 10% 投保，保险费率为 0.8%，则该批货物的 CIF 价格为：

$$CIF 价格 = \frac{1000}{1 - (1 + 10\%) \times 0.8\%} = 1008.9(美元)$$

如果货物按 CFR 价格成交，买方要按 CIF 价格加成 10% 办理保险。可用下列公式直接用 CFR 价格计算保险金额。

$$保险金额 = \frac{CFR}{1 - (1 + 加成率) \times 保险费率} \times (1 + 加成率)$$

按上例，该批货物的保险金额为：

$$保险金额 = \frac{1000}{1 - (1 + 10\%) \times 0.8\%} \times (1 + 10\%) = 1109.8(美元)$$

同样，以 FOB 价格成交的货物，其投保金额也以 CIF 价格加成 10% 为计算基础，因此在计算保险金额时也要先将 FOB 价格换算成 CIF 价格，换算方法同 CFR 价格换算 CIF 价格的方法。

五 海上货物运输保险的保险费率和保险费

保险费的多少，取决于保险金额的大小和保险费率的高低。保险金额一般根据保险标的的价值确定，相对来说较为简单和稳定；而影响海上货物输运保险费率的因素很多，其确定也较为复杂。

（一）影响海上运输货物保险费率的因素

海上运输风险的多样性，使海上货物运输保险费率确定的因素不仅多而且不稳定。影响因素主要有以下几个方面。

1. 货物的种类、性质、特点和包装

不同种类的货物在运输过程中即便遭遇同一种自然灾害和意外事故，发生损失的可能性和损失的程度也全然不同，因而，货物的种类、性质和特点是确定保险费率的首要因素。例如，船舶在航行期间，遭到暴风雨袭击，引起船舶颠簸、货物挤压、海水进入舱内等情况，海水浸泡会对织物造成重大损失，而颠簸、挤压会造成钢精器皿、搪瓷制品的瘪、脱瓷等重大损失。此外，货物的包装与配载对危险发生的可能性也有很大影响。包装的好坏直接关系到货物的破损及碰损的程度，例如集装箱货物的风险程度就相对较低。因此，需根据各种风险对货物可能造成的损失程度以及货物本身特点和包装，确定相应的保险费率。

2. 运输工具、运输线路和港口情况

运输工具的新旧程度（船龄）、抗灾能力、设备状况等条件对运输中的货物损失影响很大；运输路线的自然条件、气候条件、航线长短及区域范围等状况对保险标的遭受损失的可能性也有极大的关系；由于世界各地的港口在装卸设备、吞吐能力、安装设施、治安状况、管理水平等方面差异极大，也会使保险标的在各港口装卸时发生货损货差的情况有所不同。因此，在确定保险费率时必须综合考虑上述因素。

3. 运输方式

不同的运输方式下，保险标的发生损失的可能性及损失程度也不同。例如，海上运输的风险大于陆上运输的风险，海陆联运的风险则更大。除此之外，直达运输、转船运输或扩展内陆运输的危险程度也存在着相当大的差异。因此，确定保险费率时应区别对待，实行差别费率。

4. 保险责任范围和保险条件

保险责任范围和保险条件是决定费率高低的主要因素，即承保责任范围与保险费率成正比例关系。承保范围越广，保险费率越高，反之就越低。在海上货物运输保险中，一切险的费率最高，平安险的费率最低。此外，附加的保险条件越多，保险人承担的风险就越多，费率相应也越高，如不计免赔率的保险条件，超过一定加成比例的保险条件，其保险费率就必须相应提高。

5. 被保险人和船东的信誉以及过去 3 年（或 5 年）的损失记录

海上货物运输保险的风险发生通常与人的因素较为密切，而保险人又很难在货物运输过程中发挥检查、监督和防损等职能，因而对被保险人及船舶经营人和管理人的商业信誉和素质的考察并在保险费率中加以体现显得尤为重要。例如，船舶管理人缺乏航海经验及对船舶维护不够等，均可造成重大损失。保险人在确定费率时，要考虑被保险人和船东的资信、以往或近期的损失记录、船长的航海记录、学时与经验、船员的素质等。

6. 其他因素

除以上几点外，还有一些因素也会影响保险人的经营活动：国内外保险市场的供求状况，市场上同业竞争的状况，国内外政治形势的变动，战争、罢工发生的情况等因素。例如，由于海上货物运输保险保障范围、保障风险和保障对象都涉及国际贸易、航运、金融、保险等市场行情的变化，保险人在厘定保险费率时，不能单纯以本国市场的情况和数据为依据，还要结合国际市场的有关情况，使保险费率水平能适应国际市场的行情，以增强自身在国际市场上的竞争能力。另外，保险费率要为国际再保险人所接受，才能顺利分散所承保的风险。

（二）我国海上货物运输保险费率的组成

我国海上货物运输保险费率一般由基本险费率、附加险费率和逾龄船加费费率构成。其中，基本险费率区分一般货物和指明货物。

1. 一般货物的基本险费率

一般货物是指凡未被列入"指明货物"中的货物。一般货物费率适用于所有货物，按不同的运输方式分为海运、陆运、空运和邮包四种。海运的一般货物费率按险别分为平安险、水渍险和一切险三类，附加险除费率表另有规定外，一般按基本险费率的最高一档计算；陆运、空运和邮包的一般货物费率按险别各分为陆运险或空运险或邮包险和一切险两类。此外，用同一险别承保的货物运往不同洲、国家和港口的费率也有所不同。

2. 指明货物基本险费率

指明货物的基本险费率仅适用于特别指明的货物，这些货物损失率通常高于一般货物，因而其费率比一般货物较高。按不同外贸商品分类，指明货物可分为8类：粮油食品及土畜产类、轻工品类、纺织品类、五金矿产类、工艺品类、机械设备类、化工品类和危险品类。需要按指明货物计收保费的应在指明货物加费费率表上的货物栏内写明，并在备注栏内注明扣除免赔率或加赔条款等有关规定。凡是指明货物费率表中所列举的货物，在计算保险费率时应先算出一般货物的费率，然后再加上规定的加费率。

3. 附加险的加费规定

海上货物运输战争险、罢工险需要同时加保时，只须按战争险费率计收保险费；如果仅仅加保罢工险，也按战争险收费；其他一般附加险的费率除了费率表另有规定外，都按一切险费率计收。如果投保舱面险，其费率按平安险或水渍险的费率另外计收，其他特殊附加险费率根据具体加保的险别计收保险费。

4. 逾龄运输工具的加费规定

一般来说，船龄在 15 年以上的船舶视为老船，即逾龄船舶。保险人对于这类船舶载运的货物需要加费承保，加费标准按老船加费费率表的规定办理。

因而，确定海上运输货物保险的费率的程序是，首先，按货物的运输方式、运往目的地和承保险别，在"一般货物费率"表中查出应收的费率；其次，阐明所保货物是否属于"指明货物"所列范围；再次，确定是否加保附加险；最后，确定其承保条件是否涉及逾龄运输工具的加费费率。计算公式如下：

保险费率 = 一般货物基本险费率 + 指明货物基本险费率 + 附加险费率 + 逾龄运输工具加费费率

（三）海上货物运输保险费的计算

海上货物运输保险的保险金额是依据国际贸易的价格条件决定的，因此国际贸易价格条件和保险费率确定之后，保险费的计算主要有以下三种。

1. CIF 价格条件下保险费的计算

保险费 = CIF × (1 + 加成率) × 保险费率

例如，某出口商品的 CIF 价为 500000 美元，保险费率为 1%，加成 10% 投保，则应交保险费为：

保险费 = 500000 × (1 + 10%) × 1% = 55000（美元）

2. CFR 价格改为 CIF 价格的保险费的计算

保险费的计算公式为：

$$保险费 = \frac{CFR}{1-(1+加成率) \times 保险费率} \times (1+加成率) \times 保险费率$$

例如，某出口商品的 CFR 价为 300000 美元，保险费率为 1%，加成 10% 投保，则应交保险费为：

$$保险费 = \frac{300000}{1-(1+10\%) \times 1\%} \times (1+10\%) \times 1\% = 3336.7(美元)$$

3. FOB 价格改为 CIF 价格的保险费的计算

保险费的计算公式为：

$$保险费 = \frac{FOB}{1-(1+加成率) \times 保险费率} \times (1+加成率) \times 保险费率$$

例如，某出口商品的 FOB 价为 200000 美元，保险费率为 1%，加成 10% 投保，则应交保险费为：

$$保险费 = \frac{200000}{1-(1+10\%) \times 1\%} \times (1+10\%) \times 1\% = 2224.5(美元)$$

六 海上货物运输保险的索赔与理赔

（一）海上货物运输保险的索赔期限

海上货物运输保险索赔的期限是从被保险货物在最后卸载港全部卸离海轮之日起不超过 2 年。

货损涉及第三者责任时，应该注意向第三者索赔的时效。否则，如果因被保险人疏忽或其他原因逾期而丧失向有关方索赔权益的，应当由被保险人自己承担责任。

（二）海上货物运输保险的理赔计算

保险人计算赔偿金额是在确定保险标的损失属于保险责任范围后进行的。赔款计算的方法因赔案情况不同而有所区别，一般分为全部损失、部分损失、费用损失和残值计算等。

1. 全部损失赔偿金额的计算

海上货物运输保险几乎都采用定值保险的方式确定保险金额，因而不论是实际全损还是推定全损，赔偿金额都是该被保险货物的全部保险金额。但下列三种情况例外：第一种，在发生部分全损的情况下，该损失的赔偿金额应是全损部分的保险金额,而不是全部的保险金额。例如,某批货物投保海上货物运输保险,共 50 件,保险金额 10 万元,其中 25 件在卸货时连同驳船一同沉没,无法打捞。此时,赔偿金额应该是 5 万元而非 10 万元。第二种,在货物尚未全部装运的情况下,其全损的赔偿金额不是全部保险金额,而是已经装运部分的保险金额。例如,被保险货物 5000 袋大豆,总保险金额 15 万元,用驳船分五次运至海轮上,每次驳船装 1000 袋。其中,第一次驳船在驳运过程中触礁而沉没,驳船上所载大豆全部损失,保险人只承担 3 万元的赔偿责任。第三种,发生全损时,构成保险金额的部分费用尚未支出,以致无须支出时,赔偿金额应将无须支出的费用扣除,而非全部保险金额。例如,某批被保险货物按 CFR 价格条件出口,保险金额为 50 万元,其中包括运费 10 万元,保险费 0.5 万元,预期利润 20%,运费约定在装船后支付。然而,货物在装船之前,因火灾全部灭失,那么保险人就不会赔偿被保险人 50 万元,而只会赔偿 38 万元。即:

$$50 - 10 \times (1 + 20\%) = 38(万元)$$

2. 部分损失赔偿金额的计算

货物遭受部分损失时,其赔偿金额的计算因货物种类、损失性质的不同而采用各种不同的计算方法。

(1) 货物数量部分损失的计算方法。根据货物运抵目的地时数量灭失或短少的情况计算,赔偿金额就是灭失或短少部分的保险金额。计算公式如下:

$$赔偿金额 = 保险金额 \times \frac{受损货物的件数(或数量)}{承保货物的总件数(或总重量)}$$

例如,500 台洗衣机的保险金额为 100 万元,在运输途中被盗 20 台,保险人应予赔偿的金额是:

$$赔偿金额 = 100 \times \frac{20}{500} = 4(万元)$$

(2) 货物质量损失的计算方法。在货物呈现损坏状态运抵目的地的情况下,可通过检验人与保险人联合审定受损货物的原因与程度,并与被保险人商定货物的损害率,以损害率乘以损坏部分货物的保险金额,即为保险人应予赔偿的金额。

计算公式如下：

$$赔偿金额 = 保险金额 \times \frac{货物完好价值 - 货物受损后的价值}{货物完好价值}$$

例如，出口大豆 10000 吨，投保海上运输货物水渍险，附加受潮受热险，保险金额为 250 万元。其中有 500 吨在航行中因受潮，到达目的地以后，估计每吨处理过的大豆只能卖得 150 元，保险赔款计算如下：

$$赔偿金额 = 500 \times \frac{2500000}{10000} \times \frac{500 \times (250 - 150)}{500 \times 250} = 50000(元)$$

（3）扣除免赔率的计算方法。根据免赔率计算免赔量，再根据损失量扣除免赔量，然后根据保险金额与赔偿重量占保险总重量的比重的乘积计算赔偿金额。计算公式如下：

免赔重量 = 已损货物件数 × 每件货物原装重量 × 免赔率

赔偿重量 = 损失重量 − 免赔重量

$$赔偿金额 = 保险金额 \times \frac{赔偿重量}{保险重量}$$

例如，被保险货物原油 1000 桶，每桶净重 60 千克，其中 200 桶发生渗漏，短重 4000 千克。保单规定的免赔率为 4%，保险金额为 100000 美元，赔偿金额计算如下：

免赔重量 = 200 × 60 × 4% = 480（千克）

赔偿重量 = 4000 − 480 = 3520（千克）

$$赔偿金额 = 100000 \times \frac{3520}{1000 \times 60} = 5866.7（美元）$$

国际保险市场上对水渍险有免赔率的规定，而我国对水渍险没有免赔率的规定，但对易于发生破碎、短量、渗漏等损失的货物一般在指明货物费率中列有免赔率。

（4）加成投保的计算方法。为了保证国际贸易的预期利润收入，出口货物保险一般按货物发票价值另加一定的成数投保。加成投保的货物发生损失时，其赔偿金额计算公式如下：

$$赔偿金额 = 保险金额 \times \frac{按发票价值计算的损失额}{发票价值}$$

例如，被保险货物纺织品 50 箱，发票金额为 50000 美元，保险金额为 52000 美元，运输途中损失 5 箱，按发票价值计算的损失金额为

5000美元，赔偿金额为：

$$赔偿金额 = 52000 \times \frac{5000}{50000} = 5200（美元）$$

3. 费用损失赔偿金额的计算

（1）施救费用损失的赔偿金额计算。施救费用是被保险人或其他代理人、受雇人、受让人实际支出的金额。只要施救费用的支出是合理的，并且它所用来防止或减少的损失是保险人所承保的危险，保险人均予以赔偿，但独立于货物损失的保险金额之外按单独的一个保险金额计算，最高以保险金额为限。如果保险金额低于保险价值，保险人按比例赔偿施救费用，对被保险人实际支出的费用不予考虑。

（2）特别费用损失的赔偿金额计算。特别费用是指运输工具在海上遭遇海难后，在中途港或避难港卸货、仓存、重装及续运货物所产生的费用。在赔偿时受下列两种限制：一是已经损失的特别费用必须是保险单承保危险而产生的从属费用，赔偿时与作为货物自身损失的单独海损一起计算；二是特别费用损失的金额与货物损失的金额合计超过保险金额时，赔偿金额须以保险金额为限。

（3）救助费用损失的赔偿金额计算。救助费用是被保险人支付给自愿对遭受保险事故的货物采取救助行为并取得成效的第三者的报酬。保险人对救助费用的赔偿金额要按下列情况区别对待：第一种，救助行为不涉及他人财物时，其赔偿金额以被救助的货物价值或保险金额为限；第二种，救助行为涉及他人财物，货物与载货船舶一同被救，赔偿金额按各关系方被救助的财物价值比例计算。保险人对救助费用的赔偿额与对被保险货物本身损失的赔偿额合计以一个保险金额计算。

（4）额外费用损失的赔偿额计算。额外费用损失赔偿金额是被保险人在索赔中实际支出的金额。只要索赔成立，保险人支付赔偿的同时也应负担赔偿与索赔有关额外费用；反之则不用。额外费用不能加在保险标的的损失金额内，以达到或超过规定的免赔额（率）而要求索赔。

4. 受损货物残值的确定

在海上货物运输保险赔偿中，残值处理是比较经常的事。所谓残值是指经保险人赔偿后的受损物资，其残余尚有一定的价值，包括全部损失赔偿后被保险货物的残存部分及其包装，或部分损失赔偿后经配置或修理换下的被保险货物的部件等。在估算货物残值时应考虑的因素包括货物的性质、目的地的完好价值、受损程度、损余状态、市场需求情况以及过去处理同类货物的经验等。对受损货物的残值进行确定的方式主要有：由保险人与被保险人协商确定；由保险人指定的检验代理人根据当地、当时的市场价格确定受损货物的残值；委托公估拍卖行来确定受损货物的残值。

【知识点】 伦敦保险协会海上货物运输保险条款

在国际海运保险业务中，英国是一个具有悠久历史和比较发达的国家。它所制定的保险规章制度，特别是保险单和保险条款对世界各国影响很大。目前，世界上大多数国家在海上保险业务中直接采用英国伦敦保险协会所制定的"协会货物条款"（Institute Cargo Clause, ICC）。

"协会货物条款"最早制定于1912年，后来经过多次修改，最近一次的修改是在1981年完成的，从1983年4月1日起实施。伦敦保险协会新修订的保险条款一共有6种：

(1) 协会货物条款(A)[Institute Cargo Clause A, ICC(A)]；
(2) 协会货物条款(B)[Institute Cargo Clause B, ICC(B)]；
(3) 协会货物条款(C)[Institute Cargo Clause C, ICC(C)]；
(4) 协会战争险条款(货物)(Institute War Clause – Cargo)；
(5) 协会罢工险条款(货物)(Institute Strikes Clause – Cargo)；
(6) 恶意损坏条款(Malicious Damage Clause)。

以上6种保险条款中，前3种即协会货物条款（A）（B）（C）是主险或基本险，后3种则为附加险。

第三节 国内货物运输保险

国内货物运输保险承保以国内水路、铁路、公路和航空运输方式运输的货物，在运输过程中因遭受保险责任范围内的自然灾害或意外事故所造成的损失，是财产保险的主要险种之一。

国内货物运输保险主要有以下分类：按运输方式分为直运货物运输保险、联运货物运输保险、集装箱货物运输保险；按运输工具的不同分为水上货物运输保险、陆上货物运输保险、航空货物运输保险和特种货物运输保险（如排筏保险、港内外驳运输保险、市内陆上运输保险等）。

一　国内水路、陆路货物运输保险

国内水路、陆路货物运输保险承保以国内水路、陆路方式运输的各类货物（不包括铁路运输的包裹及快件商品），在运输过程中发生灾害事故所造成的损失。

（一）保险责任与除外责任

根据保险责任范围的不同，分为基本险和综合险两个险别。

1. 基本险的保险责任

基本险的保险责任范围包括火灾、爆炸、雷电、冰雹、暴风、暴雨、洪水、地震、海啸、地陷、崖崩、滑坡、泥石流13种自然灾害造成的货物损失；因运输工具发生碰撞、搁浅、触礁、倾覆、沉没、出轨和隧道、码头坍塌等所造成的损失；在装货、卸货或转载时，被机械或人力起提、转移、放落、搬动等操作行动中发生意外事故所造成的损失，但不包括因货物包装质量问题或装卸人员违反操作规程所造成的损失；按国家规定或一般惯例应分摊的共同海损（仅限于水路货运）的费用；在发生上述火灾时，被保险人紧急抢救被保险货物的过程中因纷乱而造成货物的损失；因施救或保护货物所支付的直接、合理的费用。

2. 综合险的保险责任

综合险的保险责任是在基本险的基础上，再加上以下原因造成的货物损失：货物因受震动、碰撞、挤压而造成破碎、弯曲、凹瘪、折断、开裂或包装破裂导致散失的损失；液体货物因受震动、碰撞、挤压致使所使用容器损坏或渗漏的损失，或用液体保藏的货物因液体渗漏而造成保藏货物腐烂变质的损失；遭受盗窃或承运人责任造成的整件货物提货不着的损失；符合安全运输规定而遭受雨淋所致的损失。

3. 责任免除

由于下列原因造成的被保险货物的损失，保险人均不负赔偿责任：战争或军事行动；核事件或核爆炸；被保险货物本身的缺陷或自然损耗；被保险人的故意行为或过失造成的损失；其他不属于保险责任范围内的损失。

（二）保险期限

责任起讫采用"仓至仓"条款，保险责任的开始必须具备两个条件：一是签发保险凭证，二是货物运离起运地发货人的最后一个仓库或储存处所。两个条件必须同时具备，缺一不可。保险责任的终止，在实务中可能有以下几种情况：被保险货物运到目的地车站、码头后，收货人未能及时前来提货，那么从被保险人或收货人接到《到货通知单》（以邮戳日期为准）之日起算满 15 天，保险责任即行终止；被保险货物运到目的地车站、码头后，被保险人或收货人前来提货，但仅提走一部分，保险人对余下未提的那部分货物也只负 15 天的责任；被保险货物运到目的地车站、码头的 15 天内，被保险人或收货人不是将货物提取放入自己的仓库或储存处所，而是就地直接发送至其他单位或再转运至其他单位，则保险责任在这时终止。

（三）保险价值与保险金额

1. 保险价值

由于保险标的的流动性、出险地点的不确定性以及货物在运输途中不同地点价格的差异性，国内货物运输保险一般采用定值保险的方式承保。被保险货物的保险价值可按照以下三种标准中的任何一种确定。

（1）货价。即货物本身的价值，又称起运地的成本价，是指货物在起运地的购进价格，如出厂价、购进成本价。它可凭购货发票或调拨单上所列的价格计算。无单证标明价格的，可由保险双方按起运地货物的实际价值商定货价。

（2）货价加运杂费。又叫目的地成本价，是指货物运抵目的地的实际成本，也就是货物在起运地的购进价或调拨价，加上运杂费、包装费、搬运费等。如果这些费用的实际金额计算有困难，可在购进价的基础上酌情加一个估计的比例。

（3）目的地市价。是指货物到达目的地的销售价，也就是货物在目的地的实际成本，再加上合法利润在内。

2. 保险金额

保险金额是按双方约定的保险价值来确定的，一般先由被保险人提出并填入投保单，经保险人或其代理人同意即可作为正式的保险金额，一旦发生损失，根据其约定的保险价值按损失程度计赔，而与货物的价格变动无关。

在保险实务中，国内水路、陆路货物运输保险的保险金额是按货价加运杂费、保险费计算确定的。

（四）保险费率的决定因素

1. 货物的性质

货物的性质不同往往决定了其受损的程度和机会也会有所不同。例如，保险人承保易燃易爆、易腐、易碎物品的风险很大，这些货物发生损失的可能性明显要大于一般货物，因此，费率较高。我国国内水路、陆路货物运输保险的费率规章将货物按性质分为五大类：一般货物、一般易损货物、易损货物、特别易损货物和易燃易爆危险品。类别越高，风险程度越大，费率相应也越高。

2. 运输方式

运输方式不同，货物在运输中所面临的风险也不一样，保险费率就应该有所区别。货物的运输方式主要有直运、联运和集装箱运输三种。直运所使用的运输工具只有一种，即使中途需要转运，所用的运输工具也保持不变，风险相对较小因而费率较联运的低；联运要在中途变更运输工具，增加了卸载、重载等中间环节，使运输过程中的风险程度增加，所以要加收一定比例的保费，一般是按联运所使用的运输工具中费率最高的一种运输工具再加收 0.5‰ 来确定的；集装箱运输方式可减少货物的残损短少，风险相对较小，因此，保险费率通常按费率表规定的费率减收 50% 来确定。

3. 运输工具

运输工具不同，货物在运输过程中所面临的风险也不相同，因此费率也有差异。例如火车的出险概率小于汽车，因而费率比汽车低；即使同一种运输工具，载重量不同，费率也有所差异，如船舶吨位小的费率要高于吨位大的。对于水运，因船舶航行区域不同，费率也是不同的，江河的费率比沿海要低。

4. 运输途程

运输途程的长短关系到运输所需时间的多少，一般来说，货物在运输途中的时间越长，受损的机会也越大，因而费率要比短途的高。此外，运输途中的风险还有地域上的差别，运输区域的自然条件、气候条件、地形地貌等也会对费率产生影响。例如货物运输途经区域常有山体滑坡、泥石流发生，则风险就大得多，费率也要高一些。

5. 保险险别

综合险的责任范围是在基本险基础上扩展的，因此，综合险的费率高于基本险。

(五) 赔偿处理

1. 足额投保的赔款计算

货物发生保险责任范围内的损失时，投保人按货价确定保险金额的，保险人根据实际损失，按起运地货价计算赔款；投保人按货价加运杂费（目的地成本价），即起运地发货票或调拨单金额加运杂费确定保险金额的，保险人根据实际损失，按发货票或调拨单金额加运杂费后计算赔偿。但两者的最高赔偿金额以保险金额为限。

2. 不足额保险的赔款计算

不足额保险是指投保的金额低于发货票或调拨单价格，或低于起运地实际价值，保险人对货损的赔偿，按保险金额与起运地货物实际价值的比例计算赔偿。

3. 施救费用的赔偿

保险人对施救费用的赔偿与其他财产保险一样，也是在另一个保额中赔偿并以一个保险金额为限。对于不足额保险，施救费用则也是按比例赔偿。

4. 残值处理

如果被保险货物受损后还有残值，通常把残值折价归被保险人，并从赔款中扣除。

5. 代位求偿

当货物遭受保险责任范围的损失是由承运人或第三者责任造成的，被保险人有权向责任方提出索赔，也可以向保险人要求赔偿。但在向保险人索赔时，应在获得赔款后签发权益转让书，把向责任方要求赔偿的权利全部转让给保险人，同时还有义务协助保险人做好追偿工作。

二　国内航空货物运输保险

国内航空货物运输保险是以国内航空运输过程中的各类货物为保险

标的，当保险标的在运输过程中因保险责任造成损失时，由保险公司提供经济补偿的一种保险。

凡是可以向我国民航部门托运货物的单位和个人，都可以将其空运货物（鲜、活物品和动物除外）向保险公司投保国内航空货物运输保险。金银、首饰、珠宝、稀有贵金属以及每公斤价值在 1800 元以上的贵重物品，经特别约定后，也可以投保国内航空货物运输保险。

国内航空货物运输保险没有基本险和综合险的险别之分，从责任范围看，类似于国内水陆路货物运输保险的综合险。

（一）保险责任与除外责任

1. 保险责任

国内航空货物运输保险的保险责任可归纳为 5 项：意外事故、自然灾害、货物相互碰撞挤压的损失、货物遭受盗窃或提货不着的损失和合理的施救、保护费用。

（1）意外事故。国内航空货物运输保险承保的意外事故主要有碰撞、倾覆、坠落、失踪、在危难中的卸载和抛弃等。

碰撞是指载运被保险货物的飞机在飞行时与其他静止或运动中的物体相接，或者降落在机场跑道待飞时受到其他运动物体的碰撞。被保险货物因飞机遇受碰撞而造成的损失，属于碰撞责任。

倾覆是指载运被保险货物的飞机在起飞、降落时意外失去平衡，在跑道、滑走道上向一侧翻滚，机翼接触地面、造成机身损毁。被保险货物因飞机倾覆而造成的损失，属于倾覆责任。

坠落是指载运被保险货物的飞机在飞行中发生意外事故失去控制，坠落于地面（或海上）的事故。被保险货物因飞机坠落而造成的损失，属于坠落责任。

失踪是指载运被保险货物的飞机离开机场，在飞往目的地的途中，与地面失去联系，又没有得到降落的消息，超过 3 个月仍下落不明，经过航管部门鉴定，先推定完全灭失按全损赔付。被保险货物因飞机失踪而遭受的损失，属于失踪责任。

卸载是指载运被保险货物的飞机因在运输途中遭受危难事故，不得不降落地面，为使飞机尽快恢复正常飞行状态而将机上所载运货物全部或部分卸离飞机的行为。保险人对货物在危难中因卸载行为所遭受的损失负责赔偿。

抛弃是指载运被保险货物的飞机在飞行中遭遇恶劣气候或其他危难事故，机身严重失去平衡，飞机处于危难境地，为了减轻装载，不得已将机上的货物抛出机外的行为。这种抛弃行为类似于海上保险中的共同海损性质，但处理方式不同，航空货运险直接负责抛弃行为造成的被保险货物的损失，而不是由受益的机方和货方分摊的。

（2）自然灾害。被保险货物遭受火灾、爆炸、雷电、冰雹、暴风、暴雨、洪水、海啸、地震、地陷、崖崩 11 种自然灾害所造成的损失由保险人负责赔偿。

（3）被保险货物相互碰撞挤压的损失。因被保险货物受震动、相互挤压、碰撞而造成破碎、弯曲、折断、开裂等损伤，或液体货物包装容器损坏发生渗漏而造成的损失，或用液体保藏的货物因液体渗漏而致使保藏货物腐烂的损失，由保险人负责赔偿。

（4）被保险货物遭受偷盗或提货不着而导致的损失，在地面装货、卸货时和地面运输过程中，因遭受属不可抗力的意外事故及雨淋造成被保险货物的损失，由保险人负责赔偿。

（5）合理的施救、保护费用，保险人也承担赔偿责任，但以一个保险金额为限。

2. 除外责任

被保险货物在保险期限内由于以下原因造成损失的，不论是否在运输或存放过程中，保险人均不负赔偿责任：战争或军事行动；由于被保险货物本身的缺陷或自然损耗、市价跌落、运输延迟以及由于包装不善或属于托运人不遵守货物运输规则所造成的损失；在保险责任开始前，被保险货物已存在的品质不良或数量短差所造成的损失；托运人或被保险人的违法行为、故意行为或过失；由于行政执法行为所致的损失；其他不属于保险责任范围内的损失。

（二）保险期限

保险责任自被保险货物经承运人收讫并签发航空货运单注明保险时起，至空运抵目的地收货人当地的仓库或储存处所时终止。被保险货物空运至目的地后，如果收货人未及时提货，则保险责任的终止期最多以承运人向收货人发出到货通知以后的 15 天为限。

飞机在飞行途中，因机件损坏或发生其他故障而被迫降落，以及由于货物严重挤压，被保险货物须改用其他运输工具运往原目的地时，保险人对被保险货物所负的责任不予改变，但被保险人应向保险人办理批改手续。如果被保险货物在飞机被迫降的地点出售或分配，保险责任的终止期以承运人向收货人发出通知以后的 15 天为限。

（三）保险费率

航空货物运输保险从被保险货物的特性出发，将货物分为一般货物、易损货物和特别易损货物三类，同时规定了三个不同档次的费率。实务中，为了便于操作，每个档次的费率除了用文字说明其划分标准和适用范围外，还辅以具体的物品名称，以便有关人员在必要时可以此类比。

（四）保险金额与赔偿处理

与国内水陆路货物运输保险基本相同，在此不再详述。

【复习思考题】

1. 货物运输保险的特征有哪些？
2. 比较海上货物运输保险中平安险、水渍险和一切险的保险责任。
3. 什么叫"仓至仓"条款？
4. 简述共同海损与单独海损的联系与区别。
5. 海上货物运输保险的附加险有哪些？
6. 国内水路、陆路货物运输保险的保险责任范围包括哪些？
7. 国内航空货物运输保险的保险责任范围包括哪些？

第六章　运输工具保险

【开篇案例】①2012年2月26日,被告A驾驶轿车将车停在一心桥南街路口,车上乘客(被告B)因开关车门,与原告C驾驶的电动自行车相撞,造成两车受损、原告C受伤的交通事故。该事故经成都市公安局交警第三分局作出道路交通事故认定书,认定被告A和B共同承担事故的全部责任。被告A的车辆在保险公司购买了交强险和30万元的商业第三者责任险(含不计免赔),本次交通事故发生在保险期限内。现原告C就此次交通事故造成的损失向成都市锦江区人民法院提起诉讼,要求两被告及其车辆承保的保险公司对其进行赔偿。本案争议的焦点在于:驾驶员和车上人员共同对此次交通事故承担全部责任,保险公司对于超出交强险的部分,应该如何赔偿?原告C认为,既然肇事车辆已经购买了交强险和商业第三者责任险,保险标的是车辆而非人,该车上人员无论是司机还是乘客,只要侵权,那么保险公司都应按照车上人员应该承担的责任进行赔偿。保险公司认为应该只承担车主(本车驾驶员)A应该承担的责任,对于车上人员B应该承担的责任,不应由保险公司负责赔偿。

判决要点:针对双方的争议焦点,法院认为,商业第三者责任险第一条约定,在保险期内,被保险人或其允许的合法驾驶人在使用保险车辆过程中发生意外事故,致使第三者遭受人身伤亡和财产的直接损毁,依法应由被保险人承担经济赔偿责任,保险人对于超过交强险各分项赔

---

① 郑书宏:《机动车交通事故和保险理赔案例精选》,四川大学出版社2014年版,第108页。

偿限额以上的部分，按照合同约定进行赔偿。根据该条规定可知，保险公司承担的是被保险人应承担的赔偿责任。

本案中，商业第三者责任险的被保险人是 A，因此保险公司只应承担 A 应承担的部分。事故责任认定 A 与 B 共同承担事故全部责任，未明确各自的责任份额。法院根据双方的过错程度，确定两者各承担 50% 的事故责任，据此，保险公司对于超出交强险限额部分的赔偿，在商业险范围内承担 50% 的赔偿责任。

律师点评：首先，保险公司参与本次侵权纠纷案件，是基于与被保险人的合同关系。对于应当由被保险人承担的赔偿责任，扣除交强险部分后，在满足保险合同约定的条件下，保险公司应当承担。

其次，商业险条款中也明确约定，在保险期间内，被保险人或其允许的合法驾驶人在使用保险车辆过程中发生意外事故，致使第三者遭受人身伤亡和财产的直接损毁，依法应当由被保险人承担的赔偿责任，由保险公司进行赔偿。此处并没有约定保险公司对于车上人员侵权造成的相关赔偿负有承担责任。本案中，根据交警部门的责任认定，车主（驾驶员）与乘客共同承担本次事故的全部责任，也即其承担的是连带赔偿责任。

因此，对外两人不分份额、不分先后次序均对原告承担全部的赔偿责任；对内就需划分两人的过错程度，按比例来分担责任。对于超出交强险部分的损失，按照车主与乘客的责任比例进行赔偿，车主应当承担的赔偿责任，由保险公司承担。保险公司也仅对此部分有赔偿责任。

最后，即便法院基于保护伤者利益的考量，判决由车主承担全部的连带责任，即由保险公司承担全部的赔偿责任，那么，保险公司对原告赔偿后，即享有了对应当承担连带责任的乘客 B 的追偿权，有权要求乘客 B 按照责任比例对应赔偿份额予以返还。但本案中，法院最后支持了保险公司的主张，作出了公正合理的判决，也免去了保险公司追偿的困难和执行的风险。

【内容提要】运输工具保险是随着运输业的发展而产生并不断发展起来的一种财产保险业务，在业务体系中占有非常重要的地位，特别是机动车辆保险，已成为很多国家非寿险业务的第一大险种。本章阐述了运输工具保险的概念和基本特征，介绍了机动车辆保险、船舶保险和飞机保险的具体内容。

第一节　运输工具保险概述

一　运输工具保险的概念

运输工具保险是以各种运输工具本身（如汽车、船舶、飞机、火车等）及其有关利益、责任为保险标的的保险。保险人承保被保险人由于运输工具在保险期间遭受自然灾害和意外事故造成的各种损失和费用以及对第三者造成的直接财产损失和人身伤害依法应负的赔偿责任。一般按运输工具种类的不同分为机动车辆保险、船舶保险和飞机保险等。

国际上最早出现的运输工具保险是船舶保险，世界上的第一张保险单就是签发于 1347 年 10 月 23 日的热那亚保单，承保船舶航程保险。19 世纪末，汽车出现并走向大众化、普及化，促生了汽车保险并逐渐使之成为整个财产保险业务中举足轻重的业务来源。而 20 世纪初飞机的诞生与航空事业在全球的迅速发展，更促使财产保险由海上保险阶段发展到陆上保险阶段后，进入了航空保险的新领域。

二　运输工具保险的特点

（一）保险标的的流动性

运输工具保险所承保的标的——运输工具通常处于流动状态中，不受固定地点的限制，因此，常会发生保险事故的发生地和投保地不一致的情形。如船舶碰撞多发生在异地水域，飞机出事往往远离机场或在异地机场，这势必会增加财产保险人经营的难度。

（二）承保风险的多样性

由于涉及的空间范围大，运输工具保险承保的风险极具多样化，包括陆地上的各种风险、内河及海洋中的各种风险以及各种空中风险。如船舶保险既承保狂风巨浪、海啸、搁浅、碰撞、沉没等海上固有的风险，还要承保战争、罢工、抢劫、偷窃等外来风险；既要承保船舶在行驶过程中的风险，还要承保船舶在停泊时的风险。例如在飞机保险中，保险标的有四种状态：飞行、滑行、地面、停航，每个状态下因为外部环境的不同，保险标的面临的风险也具有很大的差异性。

(三) 承保范围的广泛性

运输工具保险既对运输工具在遭遇自然灾害和意外事故后造成的运输工具本身的损失和发生的各种费用提供保障，也对意外事故引发的被保险人对第三者应负的民事损害赔偿责任提供保障。可见，运输工具保险是一种综合性的保险，不仅涉及财产损失保险，还涉及责任保险，给被保险人提供范围广泛的保障，因而能够很好地满足被保险人转移相关风险的要求。

(四) 定损理赔的复杂性

由于前述的保险标的的流动性，运输工具可能遭遇的风险事故既多且广，造成损失的原因既有各种非人为因素，又有各种人为因素；不仅会发生一种原因致损的情况，也经常会发生几种原因共同致损的情况。并且在很多时候，车辆、船舶受损都是由于碰撞事故所致，涉及保险双方之外的第三方，这些因素都会增加运输工具保险定损的难度。总之，保险标的致损因素错综复杂，对保险理赔人员来说，分析致损原因、确定赔偿责任，是一项相当复杂细致的工作。

第二节 机动车辆保险

机动车辆保险是以机动车辆本身及机动车辆的第三者责任为保险标的的一种运输工具保险，在国外被称为汽车保险。我国的机动车辆保险是以各种汽车、电车、电瓶车、摩托车、拖拉机、专用机械车和特种车等通过各种能源驱动运行的机动车辆为保险标的的保险。

一 机动车辆保险的发展概况

(一) 机动车辆保险的起源和在国外的发展

随着汽车的出现和普及，因交通事故而导致的意外伤害和财产损失随之增加，保险人开始关注汽车保险。第一张汽车保险单是英国"法律意外保险公司"于1895年签发的第三者责任险，保费为10—100英镑。20世纪初期，汽车保险业在欧美国家得到了迅速发展。1903年，英国创立了"汽车通用保险公司"，并逐步发展成为一家大型的专业化汽车保险公司。1906年，成立于1901年的汽车联盟也建立了自己的

"汽车联盟保险公司"。到 1913 年，已有 20 多个国家开办汽车保险业务，汽车保险的费率和承保办法也基本实现了标准化。

1927 年是汽车保险发展史上的一个重要里程碑。美国马萨诸塞州制定的举世闻名的强制汽车（责任）保险法的颁布与实施，标示着汽车第三者责任保险开始由自愿保险方式向法定强制保险方式转变。1930 年美国通过《公路交通安全法》，规定自 1931 年 1 月 1 日起全美各州对机动车辆实行第三者责任强制保险。新西兰于 1928 年、英国于 1931 年、德国于 1939 年、法国于 1959 年相继实行机动车辆保险第三者责任强制保险。

自 20 世纪 50 年代以来，随着欧、美、日等地区和国家汽车制造业的迅速扩张，机动车辆保险也得到了广泛的发展，并逐渐成为各国财产保险中最重要的业务险种。到 20 世纪 70 年代末期，汽车保险已占整个财产保险业务的 50% 以上。

（二）机动车辆保险在我国的发展

在我国，中国人民保险公司在 20 世纪 50 年代初就开办了汽车保险业务，但不久就在各种"对肇事者予以经济补偿会导致交通事故增加"的质疑声中停办。直至 20 世纪 70 年代中期，为了满足各国驻华使领馆等外国人拥有的汽车投保的需要，开始办理以涉外业务为主的汽车保险业务。1980 年，我国全面恢复国内保险业务，中国人民保险公司也逐步全面恢复了汽车保险业务，并于 1983 年将其改名为"机动车辆保险"，以具有更广泛的适应性。此后，机动车辆保险得到了迅速发展。

20 世纪 80 年代中期，车损险成为主险，盗抢险、自燃险、玻璃破碎险等陆续从主险责任中分离出来成为附加险。到 90 年代初，中国人民保险公司的车险条款、费率基本形成体系。1995 年，《保险法》生效后，车险被列入由金融监管部门同意制定的主要险种目录，当时的保险监管机关——中国人民银行以人保车险条款为蓝本制定了全国统一的车险条款和费率，并颁行使用，即所谓的"统颁条款"。

20 世纪 90 年代末期，中国保险监督管理委员会成立后，于 2000 年初再次修订了"统颁条款"，并提价约 20% 后统一颁行使用，此即为业界所称的 2000 版车险条款费率。

2003 年 3 月 31 日，为适应车险改革的需求，新车险登上舞台。各公司费率初步实现费率个性化，根据不同客户的不同风险程度核收保费，充分体现费率厘定的公平原则。同时，各保险公司新条款初步实现了产品多样化，按照不同客户群体提供个性化保险产品。

自2004年5月1日起，《中华人民共和国道路交通安全法》（以下简称《道路交通安全法》）正式实施，其中一项重要内容就是将第三者责任保险列入了法律强制保险的范围，即机动车辆所有者或管理者必须购买第三者责任强制保险。

自2006年7月1日起，《机动车交通事故责任强制保险条例》正式实施，这是我国首次以法律明文规定的方式实施强制性保险，旨在保障机动车交通事故受害人依法得到赔偿，保证道路交通安全。

在2006版行业产品的基础上，中国人保、平安、太平洋三家公司在中国保险行业协会的牵头下，联合制定了2007版车险行业条款，分A款、B款和C三款，于2007年4月正式启用。2007版机动车商业保险行业基本条款扩大了覆盖范围，除原有的机动车损失保险、机动车第三者责任保险外，又将机动车车上人员责任险、机动车辆全车盗抢险、玻璃单独破碎险、车身划痕损失保险、车损免赔额险、不计免赔率险六个险种也纳入了车险行业基本条款的范围。

2015年3月，中国保监会印发了《深化商业车险条款费率管理制度改革试点工作方案》，并从当年4月1日开始，确定在黑龙江等6个保监局所辖地区试点。保险公司在商业车险创新型条款、附加费用率、"核保系数"和"渠道系数"有了一定的自主权。

二　机动车辆保险的分类

各国开办的机动车辆保险品种繁多，分类也各不相同。一般来说，各国比较通行的分类方法有两种，即按车辆使用性质和责任范围分类，而且通常把两种方法结合起来使用。我国的机动车辆保险在2006年3月1日《机动车交通事故责任强制保险条例》出台之前，通常分为基本险（包括机动车辆损失保险和第三者责任保险）和附加险。随着交强险的实施，这一划分方法的局限性凸显，国内业务更多开始采用机动车辆交通事故责任强制保险（以下简称"交强险"）和机动车辆商业保险的划分方法。其中，机动车辆商业保险又可以分为机动车辆损失保险、第三者责任保险、其他基本险和附加险。

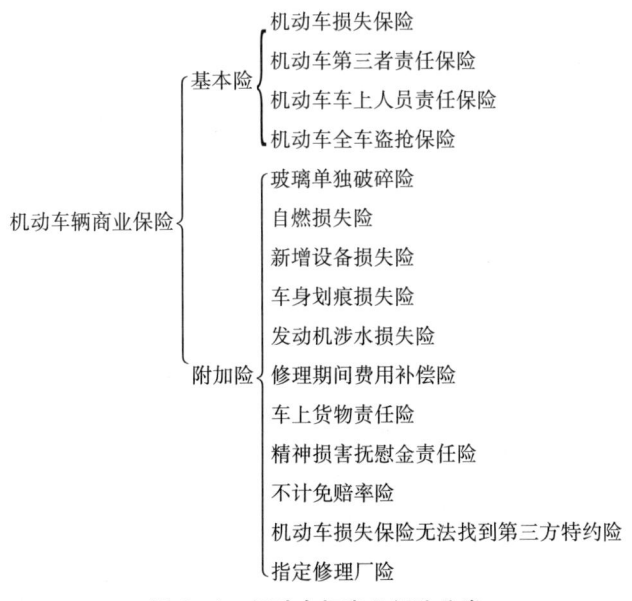

三 机动车辆商业保险

机动车辆商业保险是指保险双方当事人自愿签订保险合同，由投保人缴纳保险费，保险人承保各种机动车辆因遭受自然灾害或意外事故造成的车辆本身及相关利益的损失和采取施救保护措施所支付的合理费用以及被保险人对第三者人身伤害、财产损失依法应负的民事损害赔偿责任的一种保险。

2015年3月20日，中国保险行业协会发布《中国保险行业协会机动车商业保险示范条款（2014版）》（以下简称《示范条款》），为各保险公司提供了商业车险条款行业范本。以下的介绍主要以《示范条款》为依据。

机动车辆商业保险按是否可以单独投保可以分为基本险（也称主险）和附加险，投保人可以选择投保全部险种，也可以选择投保其中部分险种。附加险不能独立投保，与主险条款相抵触之处，以附加险条款为准，附加险条款未尽之处，以主险条款为准。保险人按照承保险种分别承担保险责任。如图6-1所示。

机动车辆商业保险
- 基本险
  - 机动车损失保险
  - 机动车第三者责任保险
  - 机动车车上人员责任保险
  - 机动车全车盗抢保险
- 附加险
  - 玻璃单独破碎险
  - 自燃损失险
  - 新增设备损失险
  - 车身划痕损失险
  - 发动机涉水损失险
  - 修理期间费用补偿险
  - 车上货物责任险
  - 精神损害抚慰金责任险
  - 不计免赔率险
  - 机动车损失保险无法找到第三方特约险
  - 指定修理厂险

图6-1 机动车辆商业保险分类

(一) 机动车损失保险

机动车损失保险以机动车辆本身为保险标的，保险人主要承保因意外事故或自然灾害给机动车辆造成的损失，以及被保险人支出的施救和保护费用。被保险机动车是指在中华人民共和国境内（不含港、澳、台地区）行驶，以动力装置驱动或者牵引，上道路行驶的供人员乘用或者用于运送物品以及进行专项作业的轮式车辆（含挂车）、履带式车辆和其他运载工具，但不包括摩托车、拖拉机、特种车。

1. 保险责任

（1）保险期间内，被保险人或其允许的驾驶人在使用被保险机动车过程中，因下列原因造成被保险机动车的直接损失，且不属于免除保险人责任的范围，保险人依照本保险合同的约定负责赔偿：

①碰撞、倾覆、坠落；②火灾、爆炸；③外界物体坠落、倒塌；④雷击、暴风、暴雨、洪水、龙卷风、冰雹、台风、热带风暴；⑤地陷、崖崩、滑坡、泥石流、雪崩、冰陷、暴雪、冰凌、沙尘暴；⑥受到被保险机动车所载货物、车上人员意外撞击；⑦载运被保险机动车的渡船遭受自然灾害（只限于驾驶人随船的情形）。

（2）发生保险事故时，被保险人或其允许的驾驶人为防止或者减少被保险机动车的损失所支付的必要的、合理的施救费用，由保险人承担；施救费用数额在被保险机动车损失赔偿金额以外另行计算，最高不超过保险金额的数额。

2. 责任免除

（1）在上述保险责任范围内，下列情况下，不论任何原因造成被保险机动车的任何损失和费用，保险人均不负责赔偿：

①事故发生后，被保险人或其允许的驾驶人故意破坏、伪造现场、毁灭证据。②驾驶人有下列情形之一的：第一，事故发生后，在未依法采取措施的情况下驾驶被保险机动车或者遗弃被保险机动车离开事故现场；第二，饮酒、吸食或注射毒品、服用国家管制的精神药品或者麻醉药品；第三，无驾驶证，驾驶证被依法扣留、暂扣、吊销、注销期间；第四，驾驶与驾驶证载明的准驾车型不相符合的机动车；第五，实习期内驾驶公共汽车、营运客车或者执行任务的警车、载有危险物品的机动车或牵引挂车的机动车；第六，驾驶出租机动车或营业性机动车无交通

运输管理部门核发的许可证书或其他必备证书；第七，学习驾驶时无合法教练员随车指导；第八，非被保险人允许的驾驶人。③被保险机动车有下列情形之一的：第一，发生保险事故时被保险机动车行驶证、号牌被注销的，或未按规定检验或检验不合格；第二，被扣押、收缴、没收、政府征用期间；第三，在竞赛、测试期间，在营业性场所维修、保养、改装期间；第四，被保险人或其允许的驾驶人故意或重大过失，导致被保险机动车被利用从事犯罪行为。

（2）下列原因导致的被保险机动车的损失和费用，保险人不负责赔偿：

①地震及其次生灾害；②战争、军事冲突、恐怖活动、暴乱、污染（含放射性污染）、核反应、核辐射；③人工直接供油、高温烘烤、自燃、不明原因火灾；④违反安全装载规定；⑤被保险机动车被转让、改装、加装或改变使用性质等，被保险人、受让人未及时通知保险人，且因转让、改装、加装或改变使用性质等导致被保险机动车危险程度显著增加；⑥被保险人或其允许的驾驶人的故意行为。

（3）下列损失和费用，保险人不负责赔偿：

①因市场价格变动造成的贬值、修理后因价值降低引起的减值损失；②自然磨损、朽蚀、腐蚀、故障、本身质量缺陷；③遭受保险责任范围内的损失后，未经必要修理并检验合格继续使用，致使损失扩大的部分；④投保人、被保险人或其允许的驾驶人知道保险事故发生后，故意或者因重大过失未及时通知，致使保险事故的性质、原因、损失程度等难以确定的，保险人对无法确定的部分，不承担赔偿责任，但保险人通过其他途径已经及时知道或者应当及时知道保险事故发生的除外；⑤因被保险人违反本条款第十六条约定，导致无法确定的损失；⑥被保险机动车全车被盗窃、被抢劫、被抢夺、下落不明，以及在此期间受到的损坏，或被盗窃、被抢劫、被抢夺未遂受到的损坏，或车上零部件、附属设备丢失；⑦车轮单独损坏，玻璃单独破碎，无明显碰撞痕迹的车身划痕，以及新增设备的损失；⑧发动机进水后导致的发动机损坏。

（4）保险人在依据本保险合同约定计算赔款的基础上，按照下列免赔率免赔：

①被保险机动车一方负次要事故责任的，实行5%的事故责任免赔

率；负同等事故责任的，实行10%的事故责任免赔率；负主要事故责任的，实行15%的事故责任免赔率；负全部事故责任或单方肇事事故的，实行20%的事故责任免赔率；②被保险机动车的损失应当由第三方负责赔偿，无法找到第三方的，实行30%的绝对免赔率；③违反安全装载规定但不是事故发生的直接原因的，增加10%的绝对免赔率；④对于投保人与保险人在投保时协商确定绝对免赔额的，本保险在实行免赔率的基础上增加每次事故绝对免赔额。

3. 保险金额

保险金额按投保时被保险机动车的实际价值确定。投保时被保险机动车的实际价值由投保人与保险人根据投保时的新车购置价减去折旧金额后的价格协商确定或其他市场公允价值协商确定。

4. 赔偿处理

（1）发生保险事故时，被保险人或其允许的驾驶人应当及时采取合理的、必要的施救和保护措施，防止或者减少损失，并在保险事故发生后48小时内通知保险人。被保险人或其允许的驾驶人根据有关法律法规规定选择自行协商方式处理交通事故的，应当立即通知保险人。

（2）被保险人或其允许的驾驶人根据有关法律法规规定选择自行协商方式处理交通事故的，应当协助保险人勘验事故各方车辆、核实事故责任，并依照《道路交通事故处理程序规定》签订记录交通事故情况的协议书。

（3）被保险人索赔时，应当向保险人提供与确认保险事故的性质、原因、损失程度等有关的证明和资料。

被保险人应当提供保险单、损失清单、有关费用单据、被保险机动车行驶证和发生事故时驾驶人的驾驶证。

属于道路交通事故的，被保险人应当提供公安机关交通管理部门或法院等机构出具的事故证明、有关的法律文书（判决书、调解书、裁定书、裁决书等）及其他证明。被保险人或其允许的驾驶人根据有关法律法规规定选择自行协商方式处理交通事故的，被保险人应当提供依照《道路交通事故处理程序规定》签订记录交通事故情况的协议书。

（4）因保险事故损坏的被保险机动车，应当尽量修复。修理前被保险人应当会同保险人检验，协商确定修理项目、方式和费用。对未协商确定的，保险人可以重新核定。

（5）被保险机动车遭受损失后的残余部分由保险人、被保险人协商处理。如折归被保险人的，由双方协商确定其价值并在赔款中扣除。

（6）因第三方对被保险机动车的损害而造成保险事故，被保险人向第三方索赔的，保险人应积极协助；被保险人也可以直接向本保险人索赔，保险人在保险金额内先行赔付被保险人，并在赔偿金额内代位行使被保险人对第三方请求赔偿的权利。

被保险人已经从第三方取得损害赔偿的，保险人进行赔偿时，相应扣减被保险人从第三方已取得的赔偿金额。

保险人未赔偿之前，被保险人放弃对第三方请求赔偿权利的，保险人不承担赔偿责任。

被保险人故意或者因重大过失致使保险人不能行使代位请求赔偿权利的，保险人可以扣减或者要求返还相应的赔款。

保险人向被保险人先行赔付的，保险人向第三方行使代位请求赔偿权利时，被保险人应当向保险人提供必要的文件和所知道的有关情况。

5. 赔款计算

（1）全部损失。

赔款 =（保险金额 - 被保险人已从第三方获得的赔偿金额）×（1 - 事故责任免赔率）×（1 - 绝对免赔率之和）- 绝对免赔额

（2）部分损失。

保险人按实际修复费用在保险金额内计算赔偿：

赔款 =（实际修复费用 - 被保险人已从第三方获得的赔偿金额）×（1 - 事故责任免赔率）×（1 - 绝对免赔率之和）- 绝对免赔额

（3）施救费。

施救的财产中，含有本保险合同未保险的财产，应按保险合同保险财产的实际价值占总施救财产的实际价值比例分摊施救费用。

（二）机动车第三者责任保险

机动车第三者责任保险以被保险人对第三者的民事损害赔偿责任为保险标的，被保险人允许的合格驾驶人员在使用保险车辆过程中发生意外事故，致使第三者遭受人身伤亡或者财产的直接损毁，依法应当由被保险人支付的赔偿金额，由保险人依照保险合同的规定给予赔偿。但因事故产生的善后工作，由被保险人负责处理。机动车第三者责任保险的第三者是指因被保险机动车发生意外事故遭受人身伤亡或者财产损失的人，但不包括投保人、被保险人、保险人和保险事故发生时被保险机动车车上人员。

1. 保险责任

（1）保险期间内，被保险人或其允许的驾驶人在使用被保险机动车过程中发生意外事故，致使第三者遭受人身伤亡或财产直接损毁，依法应当对第三者承担的损害赔偿责任，且不属于免除保险人责任的范围，保险人依照保险合同的约定，对于超过机动车交通事故责任强制保险各分项赔偿限额的部分负责赔偿。

（2）保险人依据被保险机动车一方在事故中所负的事故责任比例，承担相应的赔偿责任。

被保险人或被保险机动车一方根据有关法律法规规定选择自行协商或由公安机关交通管理部门处理事故未确定事故责任比例的，按照下列规定确定事故责任比例：

被保险机动车一方负主要事故责任的，事故责任比例为70%；

被保险机动车一方负同等事故责任的，事故责任比例为50%；

被保险机动车一方负次要事故责任的，事故责任比例为30%。

涉及司法或仲裁程序的，以法院或仲裁机构最终生效的法律文书为准。

2. 责任免除

（1）在上述保险责任范围内，下列情况下，无论任何原因造成的人身伤亡、财产损失和费用，保险人均不负责赔偿：

①事故发生后，被保险人或其允许的驾驶人故意破坏、伪造现场、毁灭证据。②驾驶人有下列情形之一的：第一，事故发生后，在未依法采取措施的情况下驾驶被保险机动车或者遗弃被保险机动车离开事故现场；第二，饮酒、吸食或注射毒品、服用国家管制的精神药品或者麻醉药品；第三，无驾驶证，驾驶证被依法扣留、暂扣、吊销、注销期间；第四，驾驶与驾驶证载明的准驾车型不相符合的机动车；第五，实习期内驾驶公共汽车、营运客车或者执行任务的警车、载有危险物品的机动车或牵引挂车的机动车；第六，驾驶出租机动车或营业性机动车无交通

运输管理部门核发的许可证书或其他必备证书；第七，学习驾驶时无合法教练员随车指导；第八，非被保险人允许的驾驶人。③被保险机动车有下列情形之一的：第一，发生保险事故时被保险机动车行驶证、号牌被注销的，或未按规定检验或检验不合格；第二，被扣押、收缴、没收、政府征用期间；第三，在竞赛、测试期间，在营业性场所维修、保养、改装期间；第四，全车被盗窃、被抢劫、被抢夺、下落不明期间。

（2）下列原因导致的人身伤亡、财产损失和费用，保险人不负责赔偿：

①地震及其次生灾害、战争、军事冲突、恐怖活动、暴乱、污染（含放射性污染）、核反应、核辐射；②第三者、被保险人或其允许的驾驶人的故意行为、犯罪行为，第三者与被保险人或其他致害人恶意串通的行为；③被保险机动车被转让、改装、加装或改变使用性质等，被保险人、受让人未及时通知保险人，且因转让、改装、加装或改变使用性质等导致被保险机动车危险程度显著增加。

（3）下列人身伤亡、财产损失和费用，保险人不负责赔偿：

①被保险机动车发生意外事故，致使任何单位或个人停业、停驶、停电、停水、停气、停产、通信或网络中断、电压变化、数据丢失造成的损失以及其他各种间接损失；②第三者财产因市场价格变动造成的贬值，修理后因价值降低引起的减值损失；③被保险人及其家庭成员、被保险人允许的驾驶人及其家庭成员所有、承租、使用、管理、运输或代管的财产的损失，以及本车上财产的损失；④被保险人、被保险人允许的驾驶人、本车车上人员的人身伤亡；⑤停车费、保管费、扣车费、罚款、罚金或惩罚性赔款；⑥超出《道路交通事故受伤人员临床诊疗指南》和国家基本医疗保险同类医疗费用标准的费用部分；⑦律师费，未经保险人事先书面同意的诉讼费、仲裁费；⑧投保人、被保险人或其允许的驾驶人知道保险事故发生后，故意或者因重大过失未及时通知，致使保险事故的性质、原因、损失程度等难以确定的，保险人对无法确定的部分，不承担赔偿责任，但保险人通过其他途径已经及时知道或者应当及时知道保险事故发生的除外；⑨因被保险人违反本条款第三十四条约定，导致无法确定的损失；⑩精神损害抚慰金；⑪应当由机动车交通事故责任强制保险赔偿的损失和费用。

保险事故发生时，被保险机动车未投保机动车交通事故责任强制保险或机动车交通事故责任强制保险合同已经失效的，对于机动车交通事故责任强制保险责任限额以内的损失和费用，保险人不负责赔偿。

（4）保险人在依据保险合同约定计算赔款的基础上，在保险单载明的责任限额内，按照下列方式免赔：

①被保险机动车一方负次要事故责任的，实行5%的事故责任免赔率；负同等事故责任的，实行10%的事故责任免赔率；负主要事故责任的，实行15%的事故责任免赔率；负全部事故责任的，实行20%的事故责任免赔率；②违反安全装载规定的，实行10%的绝对免赔率。

3. 责任限额

每次事故的责任限额，由投保人和保险人在签订本保险合同时协商确定。主车和挂车连接使用时视为一体，发生保险事故时，由主车保险人和挂车保险人按照保险单上载明的机动车第三者责任保险责任限额的比例，在各自的责任限额内承担赔偿责任，但赔偿金额总和以主车的责任限额为限。

4. 赔款计算

（1）当（依合同约定核定的第三者损失金额－机动车交通事故责任强制保险的分项赔偿限额）×事故责任比例等于或高于每次事故赔偿限额时：

赔款＝每次事故赔偿限额×(1－事故责任免赔率)×(1－绝对免赔率之和)

（2）当（依合同约定核定的第三者损失金额－机动车交通事故责任强制保险的分项赔偿限额）×事故责任比例低于每次事故赔偿限额时：

赔款＝(依合同约定核定的第三者损失金额－机动车交通事故责任强制保险的分项赔偿限额)×事故责任比例×(1－事故责任免赔率)×(1－绝对免赔率之和)

（三）机动车车上人员责任保险

机动车车上人员责任保险以被保险人对车上人员的民事损害赔偿责任为保险标的，指被保险人允许的合格驾驶员在使用保险车辆过程中发生保险事故，致使车内乘客人身伤亡，依法应由被保险人承担的赔偿责任，保险公司按照保险合同进行赔偿。

1. 保险责任

（1）保险期间内，被保险人或其允许的驾驶人在使用被保险机动车过程中发生意外事故，致使车上人员遭受人身伤亡，且不属于免除保险人责任的范围，依法应当对车上人员承担的损害赔偿责任，保险人依照本保险合同的约定负责赔偿。

（2）保险人依据被保险机动车一方在事故中所负的事故责任比例，承担相应的赔偿责任。

被保险人或被保险机动车一方根据有关法律法规规定选择自行协商或由公安机关交通管理部门处理事故未确定事故责任比例的，按照下列规定确定事故责任比例：

被保险机动车一方负主要事故责任的，事故责任比例为70%；

被保险机动车一方负同等事故责任的，事故责任比例为50%；

被保险机动车一方负次要事故责任的，事故责任比例为30%。

涉及司法或仲裁程序的，以法院或仲裁机构最终生效的法律文书为准。

2. 责任免除

（1）在上述保险责任范围内，下列情况下，无论任何原因造成的人身伤亡，保险人均不负责赔偿：

①事故发生后，被保险人或其允许的驾驶人故意破坏、伪造现场，毁灭证据。②驾驶人有下列情形之一的：第一，事故发生后，在未依法采取措施的情况下驾驶被保险机动车或者遗弃被保险机动车离开事故现场；第二，饮酒、吸食或注射毒品、服用国家管制的精神药品或者麻醉药品；第三，无驾驶证，驾驶证被依法扣留、暂扣、吊销、注销期间；第四，驾驶与驾驶证载明的准驾车型不相符合的机动车；第五，实习期内驾驶公共汽车、营运客车或者执行任务的警车、载有危险物品的机动车或牵引挂车的机动车；第六，驾驶出租机动车或营业性机动车无交通运输管理部门核发的许可证书或其他必备证书；第七，学习驾驶时无合法教练员随车指导；第八，非被保险人允许的驾驶人。③被保险机动车有下列情形之一的：第一，发生保险事故时被保险机动车行驶证、号牌被注销的，或未按规定检验或检验不合格；第二，被扣押、收缴、没收、政府征用期间；第三，在竞赛、测试期间，在营业性场所维修、保

养、改装期间；第四，全车被盗窃、被抢劫、被抢夺、下落不明期间。

(2) 下列原因导致的人身伤亡，保险人不负责赔偿：

①地震及其次生灾害、战争、军事冲突、恐怖活动、暴乱、污染（含放射性污染）、核反应、核辐射；②被保险机动车被转让、改装、加装或改变使用性质等，被保险人、受让人未及时通知保险人，且因转让、改装、加装或改变使用性质等导致被保险机动车危险程度显著增加；③被保险人或驾驶人的故意行为。

(3) 下列人身伤亡、损失和费用，保险人不负责赔偿：

①被保险人及驾驶人以外的其他车上人员的故意行为造成的自身伤亡；②车上人员因疾病、分娩、自残、斗殴、自杀、犯罪行为造成的自身伤亡；③违法、违章搭乘人员的人身伤亡；④罚款、罚金或惩罚性赔款；⑤超出《道路交通事故受伤人员临床诊疗指南》和国家基本医疗保险同类医疗费用标准的费用部分；⑥律师费，未经保险人事先书面同意的诉讼费、仲裁费；⑦投保人、被保险人或其允许的驾驶人知道保险事故发生后，故意或者因重大过失未及时通知，致使保险事故的性质、原因、损失程度等难以确定的，保险人对无法确定的部分，不承担赔偿责任，但保险人通过其他途径已经及时知道或者应当及时知道保险事故发生的除外；⑧精神损害抚慰金；⑨应当由机动车交通事故责任强制保险赔付的损失和费用。

(4) 保险人在依据本保险合同约定计算赔款的基础上，在保险单载明的责任限额内，按照下列方式免赔：

被保险机动车一方负次要事故责任的，实行5%的事故责任免赔率；负同等事故责任的，实行10%的事故责任免赔率；负主要事故责任的，实行15%的事故责任免赔率；负全部事故责任或单方肇事事故的，实行20%的事故责任免赔率。

3. 责任限额

驾驶人每次事故责任限额和乘客每次事故每人责任限额由投保人和保险人在投保时协商确定。投保乘客座位数按照被保险机动车的核定载客数（驾驶人座位除外）确定。

4. 赔款计算

(1) 对每座的受害人，当（依合同约定核定的每座车上人员人身伤亡损失金额－应由机动车交通事故责任强制保险赔偿的金额)×事故责任比例高于或等于每次事故每座赔偿限额时：

赔款＝每次事故每座赔偿限额×(1－事故责任免赔率)

（2）对每座的受害人，当(依合同约定核定的每座车上人员人身伤亡损失金额－应由机动车交通事故责任强制保险赔偿的金额)×事故责任比例低于每次事故每座赔偿限额时：

赔款＝(依合同约定核定的每座车上人员人身伤亡损失金额－
　　　应由机动车交通事故责任强制保险赔偿的金额)×
　　　事故责任比例×(1－事故责任免赔率)

（四）机动车全车盗抢保险

机动车全车盗抢保险承保全车被盗窃、被抢劫、被抢夺造成的车辆损失以及在被盗窃、被抢劫、被抢夺期间受到损坏或车上零部件、附属设备丢失需要修复的合理费用。

1. 保险责任

保险期间内，被保险机动车的下列损失和费用，且不属于免除保险人责任的范围，保险人依照本保险合同的约定负责赔偿：

（1）被保险机动车被盗窃、抢劫、抢夺，经出险当地县级以上公安刑侦部门立案证明，满60天未查明下落的全车损失；

（2）被保险机动车全车被盗窃、抢劫、抢夺后，受到损坏或车上零部件、附属设备丢失需要修复的合理费用；

（3）被保险机动车在被抢劫、抢夺过程中，受到损坏需要修复的合理费用。

2. 责任免除

（1）在上述保险责任范围内，下列情况下，无论任何原因造成被保险机动车的任何损失和费用，保险人均不负责赔偿：

①被保险人索赔时未能提供出险当地县级以上公安刑侦部门出具的盗抢立案证明；②驾驶人、被保险人、投保人故意破坏现场、伪造现场、毁灭证据；③被保险机动车被扣押、罚没、查封、政府征用期间；④被保险机动车在竞赛、测试期间，在营业性场所维修、保养、改装期间，被运输期间。

（2）下列损失和费用，保险人不负责赔偿：

①地震及其次生灾害导致的损失和费用;②战争、军事冲突、恐怖活动、暴乱导致的损失和费用;③因诈骗引起的任何损失;因投保人、被保险人与他人的民事、经济纠纷导致的任何损失;④被保险人或其允许的驾驶人的故意行为、犯罪行为导致的损失和费用;⑤非全车遭盗窃,仅车上零部件或附属设备被盗窃或损坏;⑥新增设备的损失;⑦遭受保险责任范围内的损失后,未经必要修理并检验合格继续使用,致使损失扩大的部分;⑧被保险机动车被转让、改装、加装或改变使用性质等,被保险人、受让人未及时通知保险人,且因转让、改装、加装或改变使用性质等导致被保险机动车危险程度显著增加而发生保险事故;⑨投保人、被保险人或其允许的驾驶人知道保险事故发生后,故意或者因重大过失未及时通知,致使保险事故的性质、原因、损失程度等难以确定的,保险人对无法确定的部分,不承担赔偿责任,但保险人通过其他途径已经及时知道或者应当及时知道保险事故发生的除外;⑩因保险事故损坏的被保险机动车,应当尽量修复。修理前被保险人应当会同保险人检验,协商确定修理项目、方式和费用。被保险人违反约定,导致无法确定的损失。

(3) 保险人在依据本保险合同约定计算赔款的基础上,按照下列方式免赔:

①发生全车损失的,绝对免赔率为20%;②发生全车损失,被保险人未能提供《机动车登记证书》、机动车来历凭证的,每缺少一项,增加1%的绝对免赔率。

3. 保险金额

保险金额在投保时被保险机动车的实际价值内协商确定。投保时被保险机动车的实际价值由投保人与保险人根据投保时的新车购置价减去折旧金额后的价格协商确定或其他市场公允价值协商确定。

4. 赔款计算

(1) 被保险机动车全车被盗抢的,按以下方法计算赔款:

赔款 = 保险金额 × (1 − 绝对免赔率之和)

(2) 被保险机动车发生保险责任第2、3条列明的损失,保险人按实际修复费用在保险金额内计算赔偿。

(五) 附加险

1. 玻璃单独破碎险

投保了机动车损失保险的机动车，可投保本附加险。保险期间内，被保险机动车风挡玻璃或车窗玻璃的单独破碎，保险人按实际损失金额赔偿，但不包括安装、维修机动车过程中造成的玻璃单独破碎。

投保人与保险人可协商选择按进口或国产玻璃投保。保险人根据协商选择的投保方式承担相应的赔偿责任。

本附加险不适用主险中的各项免赔率、免赔额约定。

2. 自燃损失险

投保了机动车损失保险的机动车，可投保本附加险。

（1）保险责任。

①保险期间内，指在没有外界火源的情况下，由于本车电器、线路、供油系统、供气系统等被保险机动车自身原因或所载货物自身原因起火燃烧造成本车的损失；②发生保险事故时，被保险人为防止或者减少被保险机动车的损失所支付的必要的、合理的施救费用，由保险人承担；施救费用数额在被保险机动车损失赔偿金额以外另行计算，最高不超过本附加险保险金额的数额。

（2）责任免除。

①自燃仅造成电器、线路、油路、供油系统、供气系统的损失；②由于擅自改装、加装电器及设备导致被保险机动车起火造成的损失；③被保险人在使用被保险机动车过程中，因人工直接供油、高温烘烤等违反车辆安全操作规则造成的损失；④本附加险每次赔偿实行20%的绝对免赔率，不适用主险中的各项免赔率、免赔额约定。

（3）保险金额。

保险金额由投保人和保险人在投保时被保险机动车的实际价值内协商确定。

（4）赔偿处理。

全部损失，在保险金额内计算赔偿；部分损失，在保险金额内按实际修理费用计算赔偿。

3. 新增加设备损失险

投保了机动车损失保险的机动车，可投保本附加险。

保险期间内，投保了本附加险的被保险机动车因发生机动车损失保险责任范围内的事故，造成车上新增加设备的直接损毁，保险人在保险单载明的本附加险的保险金额内，按照实际损失计算赔偿。

本附加险每次赔偿的免赔约定以机动车损失保险条款约定为准。

保险金额根据新增加设备投保时的实际价值确定。新增加设备的实际价值是指新增加设备的购置价减去折旧金额后的金额。

4. 车身划痕损失险

投保了机动车损失保险的机动车，可投保本附加险。

保险期间内，投保了本附加险的机动车在被保险人或其允许的驾驶人使用过程中，发生无明显碰撞痕迹的车身划痕损失，保险人按照保险合同约定负责赔偿。

被保险人及其家庭成员、驾驶人及其家庭成员的故意行为造成的损失；因投保人、被保险人与他人的民事、经济纠纷导致的任何损失；车身表面自然老化、损坏、腐蚀造成的任何损失；本附加险每次赔偿实行15%的绝对免赔率，不适用主险中的各项免赔率、免赔额约定。

保险金额为2000元、5000元、10000元或20000元，由投保人和保险人在投保时协商确定。

在保险金额内按实际修理费用计算赔偿。在保险期间内，累计赔款金额达到保险金额，本附加险保险责任终止。

5. 发动机涉水损失险

本附加险仅适用于家庭自用汽车、党政机关、事业团体用车、企业非营业用车，投保了机动车损失保险的机动车，可投保本附加险。

保险期间内，投保了本附加险的被保险机动车在使用过程中，因发动机进水后导致的发动机的直接损毁，保险人负责赔偿。

发生保险事故时，被保险人为防止或者减少被保险机动车的损失所支付的必要的、合理的施救费用，由保险人承担；施救费用数额在被保险机动车损失赔偿金额以外另行计算，最高不超过保险金额的数额。

本附加险每次赔偿均实行15%的绝对免赔率，不适用主险中的各项免赔率、免赔额约定。

发生保险事故时，保险人在保险金额内计算赔偿。

6. 修理期间费用补偿险

投保了机动车损失保险的机动车，可投保本附加险。

保险期间内，投保了本条款的机动车在使用过程中，发生机动车损失保险责任范围内的事故，造成车身损毁，致使被保险机动车停驶，保险人按保险合同约定，在保险金额内向被保险人补偿修理期间费用，作为代步车费用或弥补停驶损失。

下列情况下，保险人不承担修理期间费用补偿：因机动车损失保险责任范围以外的事故而致被保险机动车的损毁或修理；非在保险人认可的修理厂修理时，因车辆修理质量不符合要求造成返修；被保险人或驾驶人拖延车辆送修期间；本附加险每次事故的绝对免赔额为1天的赔偿金额，不适用主险中的各项免赔率、免赔额约定。

本附加险保险金额＝补偿天数×日补偿金额。补偿天数及日补偿金额由投保人与保险人协商确定并在保险合同中载明，保险期间内约定的补偿天数最高不超过90天。

全车损失，按保险单载明的保险金额计算赔偿；部分损失，在保险金额内按约定的日赔偿金额乘以从送修之日起至修复之日止的实际天数计算赔偿，实际天数超过双方约定修理天数的，以双方约定的修理天数为准。

保险期间内，累计赔款金额达到保险单载明的保险金额，本附加险保险责任终止。

7. 车上货物责任险

投保了机动车第三者责任保险的机动车，可投保本附加险。

（1）保险责任。保险期间内，发生意外事故致使被保险机动车所载货物遭受直接损毁，依法应由被保险人承担的损害赔偿责任，保险人负责赔偿。

（2）责任免除。①偷盗、哄抢、自然损耗、本身缺陷、短少、死亡、腐烂、变质、串味、生锈，动物走失、飞失、货物自身起火燃烧或爆炸造成的货物损失；②违法、违章载运造成的损失；③因包装、紧固不善，装载、遮盖不当导致的任何损失；④车上人员携带的私人物品的损失；⑤保险事故导致的货物减值、运输延迟、营业损失及其他各种间接损失；⑥法律、行政法规禁止运输的货物的损失；⑦本附加险每次赔偿实行 20% 的绝对免赔率，不适用主险中的各项免赔率、免赔额约定。

（3）责任限额。责任限额由投保人和保险人在投保时协商确定。

（4）赔偿处理。被保险人索赔时，应提供运单、起运地货物价格证明等相关单据。保险人在责任限额内按起运地价格计算赔偿。

8. 精神损害抚慰金责任险

只有在投保了机动车第三者责任保险或机动车车上人员责任保险的基础上方可投保本附加险。

在投保人仅投保机动车第三者责任保险的基础上附加本附加险时，保险人只负责赔偿第三者的精神损害抚慰金；在投保人仅投保机动车车上人员责任保险的基础上附加本附加险时，保险人只负责赔偿车上人员的精神损害抚慰金。

（1）保险责任。保险期间内，被保险人或其允许的驾驶人在使用被保险机动车的过程中，发生投保的主险约定的保险责任内的事故，造成第三者或车上人员的人身伤亡，受害人据此提出精神损害赔偿请求，保险人依据法院判决及保险合同约定，对应由被保险人或被保险机动车驾驶人支付的精神损害抚慰金，在扣除机动车交通事故责任强制保险应当支付的赔款后，在本保险赔偿限额内负责赔偿。

（2）责任免除。①根据被保险人与他人的合同协议，应由他人承担的精神损害抚慰金；②未发生交通事故，仅因第三者或本车人员的惊恐而引起的损害；③怀孕妇女的流产发生在交通事故发生之日起 30 天以外的；④本附加险每次赔偿实行 20% 的绝对免赔率，不适用主险中的各项免赔率、免赔额约定。

（3）赔偿限额。本保险每次事故赔偿限额由保险人和投保人在投保时协商确定。

（4）赔偿处理。本附加险赔偿金额依据人民法院的判决在保险单所载明的赔偿限额内计算赔偿。

9. 不计免赔率险

投保了任一主险及其他设置了免赔率的附加险后，均可投保本附加险。

保险事故发生后，按照对应投保的险种约定的免赔率计算的、应当由被保险人自行承担的免赔金额部分，保险人负责赔偿。

下列情况下，应当由被保险人自行承担的免赔金额，保险人不负责赔偿：①机动车损失保险中应当由第三方负责赔偿而无法找到第三方的；②因违反安全装载规定而增加的；③发生机动车全车盗抢保险约定的全车损失保险事故时，被保险人未能提供《机动车登记证书》、机动车来历凭证的，每缺少一项而增加的免赔金额；④机动车损失保险中约定的每次事故绝对免赔额；⑤可附加本条款但未选择附加本条款的险种约定的；⑥不可附加本条款的险种约定的。

10. 机动车损失保险无法找到第三方特约险

机动车损失保险无法找到第三方特约险的保险责任是：被保险机动车损失应当由第三方负责赔偿，但因无法找到第三方而增加的由被保险人自行承担的免赔金额，保险人负责赔偿。

投保了机动车损失保险的机动车，可投保本附加险。

11. 指定修理厂险

投保了本附加险后，机动车损失保险事故发生后，被保险人可指定修理厂进行修理。

投保了机动车损失保险的机动车，可投保本附加险。

（六）机动车辆商业保险的通用条款

1. 保险期间

除另有约定外，保险期间为一年，以保险单载明的起讫时间为准。

2. 其他事项

（1）保险人按照保险合同的约定，认为被保险人索赔提供的有关证明和资料不完整的，应当及时一次性通知被保险人补充提供。

（2）保险人收到被保险人的赔偿请求后，应当及时做出核定；情形复杂的，应当在30日内做出核定。保险人应当将核定结果通知被保险人；对属于保险责任的，在与被保险人达成赔偿协议后10日内，履行赔偿义务。保险合同对赔偿期限另有约定的，保险人应当按照约定履行赔偿义务。

保险人未及时履行前款约定义务的，除支付赔款外，应当赔偿被保险人因此受到的损失。

（3）保险人依照前款的约定作出核定后，对不属于保险责任的，应当自作出核定之日起3日内向被保险人发出拒绝赔偿通知书，并说明理由。

（4）保险人自收到赔偿请求和有关证明、资料之日起60日内，对其赔偿数额不能确定的，应当根据已有证明和资料可以确定的数额先予支付；保险人最终确定赔偿数额后，应当支付相应的差额。

（5）在保险期间内，被保险机动车转让他人的，受让人承继被保险人的权利和义务。被保险人或者受让人应当及时通知保险人，并及时办理保险合同变更手续。

因被保险机动车转让导致被保险机动车危险程度发生显著变化的，保险人自收到前款约定的通知之日起30日内，可以相应调整保险费或者解除保险合同。

（6）保险责任开始前，投保人要求解除保险合同的，应当向保险人支付应交保险费金额3%的退保手续费，保险人应当退还保险费。

保险责任开始后，投保人要求解除保险合同的，自通知保险人之日起，保险合同解除。保险人按日收取自保险责任开始之日起至合同解除之日止期间的保险费，并退还剩余部分保险费。

（7）因履行本保险合同发生的争议，由当事人协商解决，协商不成的，由当事人从下列两种合同争议解决方式中选择一种，并在保险合同中载明：

①提交保险单载明的仲裁委员会仲裁；②依法向人民法院起诉。

保险合同适用中华人民共和国（不含港、澳、台地区）法律。

四　机动车交通事故责任强制保险

《道路交通安全法》第十七条规定："国家实行机动车第三者责任强制保险制度，设立道路交通事故社会救助基金。具体办法由国务院规定。"为此，2006年3月28日，国务院令第462号颁布《机动车交通事故责任强制保险条例》（以下简称《条例》），并于2006年7月1日起正式实施，这是我国第一个法定的强制保险。

机动车交通事故责任强制保险（以下简称交强险），是指由保险公司对被保险机动车发生道路交通事故造成本车人员、被保险人以外的受害人的人身伤亡、财产损失，在责任限额内予以赔偿的强制性责任保险。

(一) 我国交强险的特点

交强险的强制实施与商业第三者责任保险的自愿购买使两者有着本质的不同。相比商业第三者责任保险，交强险的特点主要表现在以下几个方面：

1. 强制性

交强险的强制性对保险关系的双方都有约束性：一方面，无交强险的机动车不得上路行驶。在中华人民共和国境内道路上行驶的机动车的所有人或者管理人应当投保交强险，未投保机动车交通事故责任强制保险的机动车不得上道路行驶。机动车所有人、管理人未按照规定投保机动车交通事故责任强制保险的，由公安机关交通管理部门扣留机动车，通知机动车所有人、管理人依照规定投保，处依照规定投保最低责任限额应缴纳的保险费的 2 倍罚款。

另一方面，具有经营机动车交通事故责任强制保险资格的保险公司不能拒绝承保或拖延承保交强险业务，也不能随意解除机动车交通事故责任强制保险合同（投保人未履行如实告知义务的除外）。违反强制性规定的机动车所有人、管理人或保险公司都将受到处罚。

而法律法规对商业三者险没有强制性规定，机动车的所有人或者管理人是否投保、保险人是否承保都属于自愿行为，通过自愿签订合同的方式实施。

2. 实行过错责任和无过错责任并存的赔偿原则

根据《道路交通安全法》第七十六条的规定："机动车发生交通事故造成人身伤亡、财产损失的，由保险公司在机动车第三者责任强制保险责任限额范围内予以赔偿；不足的部分，按照下列规定承担赔偿责任：（一）机动车之间发生交通事故的，由有过错的一方承担赔偿责任；双方都有过错的，按照各自过错的比例分担责任。（二）机动车与非机动车驾驶人、行人之间发生交通事故，非机动车驾驶人、行人没有过错的，由机动车一方承担赔偿责任；有证据证明非机动车驾驶人、行人有过错的，根据过错程度适当减轻机动车一方的赔偿责任；机动车一方没有过错的，承担不超过百分之十的赔偿责任。交通事故的损失是由非机动车驾驶人、行人故意碰撞机动车造成的，机动车一方不承担赔偿责任。"交强险秉承了《道路交通安全法》的立法宗旨，实行过错责任和无过错责任并存的赔偿原则,即一方面赔偿限额的确定分为有过错的和无过错的;另一方面当被保险人在交通事故中有过错时,并不考虑其过错大小,一律在交强险责任限额内按照实际损失进行赔偿。

商业三者险采用的是过失责任原则,只有被保险人对第三者依法负有赔偿责任并且此赔偿责任属于保险责任时,保险公司才负责赔偿,并且不同程度地规定有免赔额、免赔率或责任免除事项。

3. 基本经营原则为不盈不亏

交强险的经营不以营利为目的,而是旨在保护受害人的利益,使受害人得到及时、便捷的补偿,因而其基本的经营原则是不盈不亏。

在费率厘定方面,《条例》第六条规定:"机动车交通事故责任强制保险实行统一的保险条款和基础保险费率。保监会按照机动车交通事故责任强制保险业务总体上不盈利不亏损的原则审批保险费率。保监会在审批保险费率时,可以聘请有关专业机构进行评估,可以举行听证会听取公众意见。"保险公司经营该项业务必须符合保险监管机构制定和公布的条款。

在经营过程中,保险公司要把交强险和其他保险业务分开管理、单独核算。银保监会应当每年对保险公司的机动车交通事故责任强制保险业务情况进行核查,并向社会公布;根据保险公司机动车交通事故责任强制保险业务的总体盈利或者亏损情况,可以要求或者允许保险公司相应调整保险费率。

而商业三者险是一种商业保险,保险人经营的目的是盈利,条款和费率由保险公司或保险行业协会制定,报保险监管机构备案或审批。

4. 实行分项责任限额

交强险实行每次事故责任的分项责任限额,责任限额分为死亡伤残赔偿限额、医疗费用赔偿限额和财产损失赔偿限额三项。

根据《条例》规定,在中华人民共和国境内(不含港、澳、台地区),被保险人在使用被保险机动车过程中发生交通事故,致使受害人遭受人身伤亡或者财产损失,依法应当由被保险人承担的损害赔偿责任,保险人按照交强险合同的约定对每次事故在下列赔偿限额内负责赔偿:①死亡伤残赔偿限额为110000元;②医疗费用赔偿限额为10000元;③财产损失赔偿限额为2000元;④被保险人无责任时,无责任死亡伤残赔偿限额为 11000 元；无责任医疗费用赔偿限额为 1000 元；无责任财产损失赔偿限额为 100 元。

实行分项限额有利于结合人身伤亡和财产损失的风险特点进行有针对性的保障，有利于减低赔付的不确定性，从而有效控制风险，降低费率水平。

商业三者险的责任限额较高，采用综合责任限额，分为若干个档次供投保人选择，且每个档次的限额不再区分人身伤亡赔偿限额和财产损失赔偿限额，如有的机动车三者险条款责任限额设有 5 万元、10 万元、20 万元、50 万元、100 万元以上等多个档次。

5. 建立辅助补偿制度

一方面，建立了社会救助基金制度，作为交强险的补充，如未投保车辆或肇事逃逸车辆侵权致害的补偿制度。《道路交通安全法》第十七条规定："国家实行机动车第三者责任强制保险制度，设立道路交通事故社会救助基金。"救助基金的来源包括：按照机动车交通事故责任强制保险的保险费的一定比例提取的资金；对未按照规定投保机动车交通事故责任强制保险的机动车的所有人、管理人的罚款；救助基金管理机构依法向道路交通事故责任人追偿的资金；救助基金孳息；其他资金。当出现抢救费用超过交强险责任限额、肇事机动车未投保交强险的或机动车肇事后逃逸的情况时，道路交通事故中受害人人身伤亡的丧葬费用、部分或者全部抢救费用，由救助基金先行垫付，救助基金管理机构有权向道路交通事故责任人追偿。

另一方面，在交强险赔偿上规定了先行垫付再向被保险人追偿的制度，如《条例》第二十二条规定："有下列情形之一的，保险公司在机动车交通事故责任强制保险责任限额范围内垫付抢救费用，并有权向致害人追偿：驾驶人未取得驾驶资格或者醉酒的；被保险机动车被盗抢期间肇事的；被保险人故意制造道路交通事故的。有前款所列情形之一，发生道路交通事故的，造成受害人的财产损失，保险公司不承担赔偿责任。"

商业三者险的主要目的在于填补被保险人因对第三者的赔偿责任而遭受的损失，因而并没有设置相应的对受害人的辅助补偿机制，当未查明交通事故肇事者或者肇事者没有投保时，受害人不能向保险人请求赔偿，也不能获得相应的救助；对于酒后开车、无证驾驶、故意撞人等风险，保险公司一般列为除外责任，不予赔偿。

(二) 我国交强险的立法过程

在国家统一颁发机动车第三者责任强制保险的法律或法规之前，为保护受害人利益和维护社会安定，各地方政府相继出台了地方性法规，要求机动车辆所有人投保第三者责任保险，并把这作为机动车辆通过年审的必要条件。如1985年发布的《贵州省贵阳市人民政府关于机动车辆实行第三者责任法定保险的通告》规定，凡在贵阳市辖区范围内的机动车辆（包括大小客货车、拖拉机、摩托、轻骑及各类特种车辆），全面实行第三者责任法定保险。1989年河北省人民政府发布了《河北省机动车辆第三者责任保险暂行规定》，其中第二条规定，"凡本省境内的国家机关、人民团体、企事业单位、个体、个人合伙、私营企业及集体承包给个人的汽车、摩托车、专门从事运输和既从事农田作业又从事运输的拖拉机，除军用车辆外，经公安、农机车辆管理部门检查合格的，必须投保机动车辆及第三者责任保险。否则，不准上路行驶，公安、农机车辆管理部门不予上户。到期不续保者，不予办理年度检审手续。"1991年辽宁省出台了《辽宁省机动车辆、船舶法定保险暂行规定》，规定机动车辆（含营业性运输拖拉机）实行车辆损失和第三者责任保险。1992年2月，针对1991年国务院颁布实施的《道路交通事故处理办法》，中国人民保险公司、公安部联合发布了《关于贯彻实施〈道路交通事故处理办法〉有关保险问题的通知》，其中明确规定："实行机动车第三者责任法定保险是维护国家利益、稳定社会、促进经济发展、保障道路交通事故当事人合法权益和妥善处理道路交通事故的重要措施。各级公安机关和保险公司要根据有关规定，继续协力推行、深化机动车第三者责任法定保险工作。对于国家规定实行全国性机动车第三者责任法定保险的机动车和已经实行机动车第三者责任法定保险行政区域的所有机动车都要按照有关规定向中国人民保险公司投保第三者责任保险。尚未实行机动车第三者责任法定保险的省、自治区、直辖市，当地保险公司和公安机关也要积极努力，密切配合，争取尽快实行，认真做好事故预防工作。"此后，各地方政府纷纷出台机动车辆第三者责任法定保险的相关规定，如1992年甘肃省、河南省、湖北省、陕西省、

1993年广西壮族自治区、云南省，1994年安徽省等。全国总计有24个省、市、自治区政府先后通过地方规章实施机动车辆第三者责任强制保险，同时公安部也曾多次规定，机动车不参加第三者责任保险不发牌照、不准上路。

1999年，国务院法制办将《机动车第三者责任法定保险条例》正式列入国务院立法计划，但因牵涉的利益主体众多，许多基础性的问题没有达成共识，该条例几经论证终未能获得通过。

2004年5月1日，《道路交通安全法》正式颁布实施，其中第十七条、第七十五条、第七十六条对我国实行第三者责任强制保险制度作了原则性的规定。

2006年3月1日，国务院第127次常务会议通过《机动车交通事故责任强制保险条例》（以下简称《条例》），对机动车交通事故责任强制保险的基本概念、经营主体、条款费率、强制投保和承保、责任限额、垫付和赔偿以及监督管理等问题进行了明确。根据《条例》的规定，中国保监会会同公安部、卫生部等部门制定了强制保险的具体责任限额，中国保险行业协会组织各财产保险公司产品开发和精算的骨干力量，制定了《机动车交通事故责任强制保险条款》和机动车交通事故责任强制保险费率方案，并于2006年7月1日起正式实施。至此，我国机动车交通事故责任强制保险制度基本确立。

（三）交强险条款的主要内容

1. 保险责任

在中华人民共和国境内（不含港、澳、台地区），被保险人在使用被保险机动车过程中发生交通事故，致使受害人遭受人身伤亡或者财产损失，依法应当由被保险人承担的损害赔偿责任，保险人按照交强险合同的约定对每次事故在下列赔偿限额内负责赔偿：死亡伤残赔偿限额为110000元，医疗费用赔偿限额为10000元，财产损失赔偿限额为2000元；被保险人无责任时，无责任死亡伤残赔偿限额为11000元；无责任医疗费用赔偿限额为1000元；无责任财产损失赔偿限额为100元。

对于交强险的保险责任，应当注意以下两点：

（1）被保险人的范围。交强险合同中的被保险人是指投保人及其允许的合法驾驶人。

（2）受害人的范围。交强险合同中的受害人是指因被保险机动车发生交通事故遭受人身伤亡或者财产损失的人，但不包括被保险机动车本车车上人员、被保险人。

2. 除外责任

下列损失和费用，交强险不负责赔偿和垫付：

（1）因受害人故意造成的交通事故的损失。

（2）被保险人所有的财产及被保险机动车上的财产遭受的损失。

（3）被保险机动车发生交通事故，致使受害人停业、停驶、停电、停水、停气、停产、通信或者网络中断、数据丢失、电压变化等造成的损失以及受害人财产因市场价格变动造成的贬值、修理后因价值降低造成的损失等其他各种间接损失。

（4）因交通事故产生的仲裁或者诉讼费用以及其他相关费用。

3. 保险期限

交强险的保险期限为1年，但在下列情形下，投保人可以投保1年以内的短期交强险：境外机动车临时入境的；机动车临时上道路行驶的；机动车距规定的报废期限不足1年的；保监会规定的其他情形。

4. 保险费率

我国机动车按种类、使用性质分为家庭自用汽车、非营业客车、营业客车、非营业货车、营业货车、特种车、摩托车和拖拉机8种类型，每大类又可按照车型大小以及进一步的细分用途进行分类。

交强险费率的确定主要考虑车辆用途、赔偿原则、保障范围、车型大小、经营原则、责任限额、以往损失记录，以及国民经济发展水平和消费者承受能力、保险公司经营能力等因素。在此基础上，实行与被保险机动车道路交通安全违法行为、交通事故记录相联系的浮动机制。

保险费的计算办法是：交强险最终保险费 = 交强险基础保险费 × （1 + 与道路交通事故相联系的浮动比率）

其中，基础保险费根据《机动车交通事故责任强制保险基础费率表》中相对应的金额确定，浮动因素和浮动比率按照《机动车交通事故责任强制保险费率浮动暂行办法》（保监发〔2007〕52号）执行。

5. 赔偿处理

被保险机动车发生交通事故的，由被保险人向保险人申请赔偿保金。被保险人索赔时，应当向保险人提供以下材料：交强险的保险单；被保险人出具的索赔申请书；被保险人和受害人的有效身份证明、被保险机动车行驶证和驾驶人的驾驶证；公安机关交通管理部门出具的事故证明，或者人民法院等机构出具的有关法律文书及其他证明；被保险人根据有关法律法规规定选择自行协商方式处理交通事故的，应当提供依照《交通事故处理程序规定》规定的记录交通事故情况的协议书；受害人财产损失程度证明、人身伤残程度证明、相关医疗证明以及有关损失清单和费用单据；其他与确认保险事故的性质、原因、损失程度等有关的证明和资料。

保险事故发生后，保险人按照国家有关法律法规规定的赔偿范围、项目和标准以及交强险合同的约定，并根据国务院卫生主管部门组织制定的交通事故人员创伤临床诊疗指南和国家基本医疗保险标准，在交强险的责任限额内核定人身伤亡的赔偿金额。

因保险事故造成受害人人身伤亡的，未经保险人书面同意，被保险人自行承诺或支付的赔偿金额，保险人在交强险责任限额内有权重新核定。

因保险事故损坏的受害人财产需要修理的，被保险人应当在修理前会同保险人检验，协商确定修理或者更换项目、方式和费用。否则，保险人在交强险责任限额内有权重新核定。

被保险机动车发生涉及受害人受伤的交通事故，因抢救受害人需要保险人支付抢救费用的，保险人在接到公安机关交通管理部门的书面通知和医疗机构出具的抢救费用清单后，按照国务院卫生主管部门组织制定的交通事故人员创伤临床诊疗指南和国家基本医疗保险标准进行核实。对符合规定的抢救费用，保险人在医疗费用赔偿限额内支付。被保险人在交通事故中无责任的，保险人在无责任医疗费用赔偿限额内支付。

6. 追偿

被保险机动车在以下情形下发生交通事故，造成受害人受伤需要抢救的，保险人在接到公安机关交通管理部门的书面通知和医疗机构出具的抢救费用清单后，按照国务院卫生主管部门组织制定的交通事故人员创伤临床诊疗指南和国家基本医疗保险标准进行核实。对符合规定的抢救费用，保险人在医疗费用赔偿限额内垫付。被保险人在交通事故中无责任的，保险人在无责任医疗费用赔偿限额内垫付。对于其他损失和费用，保险人不负责垫付和赔偿：

（1）驾驶人未取得驾驶资格的。

（2）驾驶人醉酒的。

（3）被保险机动车被盗抢期间肇事的。

（4）被保险人故意制造交通事故的。

对于垫付的抢救费用，保险人有权向致害人追偿。

交强险合同中的抢救费用是指被保险机动车发生交通事故导致受害人受伤时，医疗机构对生命体征不平稳和虽然生命体征平稳但如果不采取处理措施会产生生命危险，或者导致残疾、器官功能障碍，或者导致病程明显延长的受害人，参照国务院卫生主管部门组织制定的交通事故人员创伤临床诊疗指南和国家基本医疗保险标准，采取必要的处理措施所发生的医疗费用。

7. 投保人、被保险人的义务

（1）投保人投保时，应当如实填写投保单，向保险人如实告知重要事项，并提供被保险机动车的行驶证和驾驶证复印件。重要事项包括机动车的种类、厂牌型号、识别代码、号牌号码、使用性质和机动车所有人或者管理人的姓名（名称）、性别、年龄、住所、身份证或者驾驶证号码（组织机构代码）、续保前该机动车发生事故的情况以及保监会规定的其他事项。

投保人未如实告知重要事项，对保险费计算有影响的，保险人按照保单年度重新核定保险费计收。

（2）签订交强险合同时，投保人不得在保险条款和保险费率之外，向保险人提出附加其他条件的要求。

（3）投保人续保的，应当提供被保险机动车上一年度交强险的保险单。

（4）在保险合同有效期内，被保险机动车因改装、加装、使用性质改变等导致危险程度增加的，被保险人应当及时通知保险人，并办理批改手续。否则，保险人按照保单年度重新核定保险费计收。

（5）被保险机动车发生交通事故，被保险人应当及时采取合理、必要的施救和保护措施，并在事故发生后及时通知保险人。

（6）发生保险事故后，被保险人应当积极协助保险人进行现场查勘和事故调查。

（7）发生与保险赔偿有关的仲裁或者诉讼时，被保险人应当及时书面通知保险人。

8. 合同的变更与终止

（1）在交强险合同有效期内，被保险机动车所有权发生转移的，投保人应当及时通知保险人，并办理交强险合同变更手续。

（2）在下列三种情况下，投保人可以要求解除交强险合同：①被保险机动车被依法注销登记的。②被保险机动车办理停驶的。③被保险机动车经公安机关证实丢失的。

交强险合同解除后，投保人应当及时将保险单、保险标志交还保险人；无法交回保险标志的，应当向保险人说明情况，征得保险人同意。

（3）发生《机动车交通事故责任强制保险条例》所列明的投保人、保险人解除交强险合同的情况时，保险人按照日费率收取自保险责任开始之日起至合同解除之日止期间的保险费。

第三节　船舶保险

船舶保险作为最古老的保险险种之一以及现代保险的起源，是承保船舶因遭受自然灾害或意外事故造成船体和船上机器设备的损失以及采取施救、保护措施所支付的合理费用以及船舶碰撞责任等的保险。船舶保险的险种包括远洋船舶保险、沿海和内河船舶保险、船舶战争险和罢工险等。

一　船舶保险的特征

（一）以承保水上风险为限

船舶保险主要承保船舶可能遭遇的水上风险，包括船舶在航行或停泊时可能遭遇的自然灾害和意外事故以及碰撞和触碰他船、他物可能产生的对第三方的赔偿责任等风险。但不包括船舶在使用过程中所产生的自然损耗。

（二）所承保的风险相对集中

随着造船技术的快速发展，船舶的高科技含量大幅度提升，吨位越来越大，价值也越来越高，因此，船舶作为保险标的所面临的风险也必然越来越集中，发生损失往往会出现巨额赔款。一旦发生海难事故，损失金额少者数十万元，多者几百万元或上千万元，既增加了保险承保、理赔的难度，又增加了保险人风险管控的难度。

（三）承保责任范围广泛

船舶保险既承保自然灾害和意外事故对船舶本身及其附属设备、燃料、供给等造成的损失以及碰撞责任、油污费用责任和运输合同中规定的承运人责任等，又承保或附加承保运费、船员工资、营运费用等多种费用的损失。保障范围非常广泛，因而承保和理赔的涉及面广并且复杂，技术难度大。

（四）一般采用定值保险方式

船舶具有很大的流动性，其价值会随着地域的不同而有所不同，并且会随着航运市场的好坏而波动，因而出险时船舶的实际价值难以确定。如果船舶保险采用不定值保险的方式，理赔时容易在保险双方之间引发纠纷。因此，在保险合同签订时，保险双方根据买船价格和投保当时市场价格约定一个合理金额作为保险价值确定下来，可以解决由于船舶实际价值难以确定引发的一系列问题。无论被保险船舶在损失发生时的实际价值如何，损失赔偿的计算都以保单上订明的保险价值和保险金额为依据。

（五）保单不能随船舶转让而自动转让

船东或经营者的管理经验和管理水平对船舶的安全程度和船舶的风险控制有直接影响。保险船舶的所有权转让后，在新的船东或经营者的控制下，船舶面临的风险会有所改变，但在签订船舶保险合同时，保险人却是根据老的船东或经营者的管理经验和管理水平来确定保险合同的内容及费率的。如果保险合同可以自由转让，保险人承保的风险可能会加大。正因如此，世界各国的保险法律均对船舶保险单做了不可转让的规定，这与海上货物运输保单可以随提单转让而转让有明显区别。

（六）船舶保险的运行受到多种法律的制约

作为保险产品的一种，船舶保险要受《保险法》的制约和调整，但船舶保险合同同时又属于海上保险合同，还要受《海商法》的制约和调整。而且，从事运输的保险船舶属于民用船舶，船舶保险中《海商法》和《保险法》都没有涉及的事项，可能还要使用《合同法》乃至《民法》。除此之外，船舶具有流动性，尤其是远洋船舶航行世界水域从事海上国际贸易运输活动，不可避免地会触及各国的相关法律规定，因此要受到世界各国法律法规以及国际公约和国际惯例的制约、调整。

二 远洋船舶保险

以中国人民财产保险股份有限公司船舶保险条款（2009版）为例。

（一）保险标的

船舶，包括其船壳、救生艇、机器、设备、仪器、索具、燃料和物料。

（二）保险责任

船舶保险分为全损险和一切险两个险别。

1. 全损险

全损险承保由于下列原因所造成的被保险船舶的全部损失：

（1）地震、火山爆发、闪电或其他自然灾害。

（2）搁浅、碰撞、触碰任何固定或浮动物体及其他物体或其他海上灾害。

（3）火灾和爆炸。

（4）来自船外的暴力盗窃或海盗行为。

（5）抛弃货物。

（6）核装置或反应堆发生的故障或意外事故。

（7）由于不可预料的疏忽或过失所造成的损失，包括：装卸或移动货物或燃料时发生的意外事故；船舶机件或船壳的潜在缺陷；船长、船员有意损害被保险人利益的行为；船长、船员和引水员、修船人员及租船人的疏忽行为；任何政府当局为防止或减轻因承保风险造成被保险船舶损坏引起的污染所采取的行动。

2. 一切险

一切险除承保全损险所承保的各种风险造成的被保险船舶的全损和部分损失外，还承保下列责任和费用。

（1）碰撞责任。承保保险船舶与他船碰撞或触碰任何其他固定、浮动的物体或其他物体而引起的被保险人应负的法律赔偿责任。但是，对以下责任不保：①人身伤亡或疾病；②被保险船舶所载的货物或财物或其他承诺的责任；③清除障碍物、残骸、货物或任何其他物品；④任何财产或物体所造成的污染或玷污（包括预防措施或清除的费用），但与被保险船舶发生碰撞的他船或其所载财产所造成的污染或玷污不在此限；⑤任何固定的、浮动的物体以及其他物体的延迟或丧失使用的间接费用。

当保险船舶与其他船舶碰撞、双方均有过失时，除一方或双方船东责任受法律限制外，此项赔偿应按交叉责任的原则计算。当被保险船舶碰撞物体时，也适用此原则。

此项下保险人的责任（包括法律费用）是本保险其他条款项下责任的增加部分，但对每次碰撞所负的责任不得超过船舶的保险金额。

（2）共同海损和救助。一切险负责赔偿保险船舶的共同海损、救助、救助费用的分摊部分。保险船舶若发生共同海损牺牲，被保险人可获得对这种损失的全部赔偿，而无须先行使向其他各方索取分摊额的权利。

共同海损的理算应按有关合同规定或适用的法律或惯例理算，若运输合同无此规定，应按《北京理算规则》或其他类似规则规定办理。

当所有分摊方均为被保险人或当保险船舶空载航行并无其他分摊利益方时，共损理算按《北京理算规则》或明文同意的类似规则办理，如同各分摊方不属同一人一样。该航程应自起运港或起运地至保险船舶抵达除避难港或加油港外的第一个港口为止，若在上述中途放弃原定航次，则该航次即行终止。

（3）施救费用。由于承保风险造成船舶损失或船舶处于危险之中，被保险人为了防止或者减少根据本保险可以得到赔偿的损失而付出的合理的费用，保险人是负责赔付的。保险人对施救费用的赔偿责任不受碰撞责任、共同海损分摊、救助费用和船舶损失赔偿金额的限制，但以一个保险金额为限。

（三）责任免除

一切险不负责下列原因所致的损失、责任或费用：不适航，包括人员配备不当、装备不妥或装载不当，但以被保险人在船舶开航时，知道或应该知道此种不适航为限；被保险人及其代表的疏忽或故意行为；被保险人恪尽职责应予发现的正常磨损、锈蚀、腐烂保养不周，或材料缺陷包括不良状态部件的更换或修理；战争、内战、革命、叛乱或由此引起的内乱或敌对行为；捕获、扣押、扣留、羁押或封锁；各种战争武器，包括水雷、鱼雷、炸弹、原子弹、氢弹或核武器；罢工、被迫停工或其他类似事件；任何人怀有政治动机的恶意行为；保险船舶被征用或被征购。此外，承保风险所致的部分损失赔偿，每次事故要扣除保险单规定的免赔额（不包括碰撞责任、救助、共损、施救的索赔）。恶劣气候造成两个连续港口之间单独航程的损失索赔应视为一次意外事故。但是，免赔额的规定不用于船舶的全损索赔以及船舶搁浅后专为检验船底引起的合理费用。

（四）保险期间

船舶保险分为定期保险和航次保险。

1. 定期保险的保险期限

定期保险是指以时间作为保险责任起讫期限的保险。定期保险的责任期限一般是1年，起讫时间以保险单上注明的日期为准。保险期限届满时，如果被保险船舶还在航行途中或处在危险中，或在避难港或中途港停靠时，被保险人须事先通知保险人并按日比例加付保险费后，保险责任期限可以延长到船舶抵达目的港为止。被保险船舶如在延长时间内发生全损需加付6个月保险费。

2. 航次保险的保险期限

航次保险是指以船舶自起运港到目的港为保险责任起讫期限的保险。航程保险的责任期限按保险单上载明的航程为准。保险责任的起讫时间规定如下：

（1）不载货船舶的起讫时间自起运港解缆或起锚时开始，至目的港抛锚或系缆完毕时为止。

（2）载货船舶的起讫时间自起运港装货时开始，至目的港卸货完毕时终止。但自船舶抵达目的港当日午夜零时起，最多不得超过30天。

（五）保险费率和保险费

远洋船舶保险的保险费率，通常由保险双方协商确定，考虑的因素通常包括：船舶种类及性能；船舶所载的货物；航行区域；航行季节；

被保险人的管理水平和声誉；责任范围的大小；承保条件、保险金额、免赔额；同类业务以往的损失记录；国际保险市场的价格等。

在定期保险的情形下，全部保费应在承保时付清。如保险人同意，保费也可分期缴付，但被保险船舶在承保期限内发生全损时，未缴付的保费要立即付清。被保险船舶退保或保险终止时，保险费应自保险终止日起，可按净保费的日比例计算退还被保险人。而且，被保险船舶无论是否在船厂修理或装卸货物，在保险人同意的港口或区域内停泊超过30天时，停泊期间的保费按净保费的日比例的50%计算，但船舶发生全损的除外。如果超过30天的停泊期分属两张同一保险人的连续保单，停泊退费应按两张保单所承保的天数分别计算。

在航次保险的情形下，自保险责任开始一律不办理退保和退费。

（六）赔偿处理

1. 全部损失的赔偿

（1）被保险船舶发生完全毁损或者严重损坏不能恢复原状，或者被保险人不可避免地丧失该船舶，作为实际全损，按保险金额赔偿。

（2）被保险船舶在预计到达目的港日期，超过两个月尚未得到它的行踪消息视为实际全损，按保险金额赔偿。

（3）当被保险船舶实际全损似已不能避免，或者恢复、修理、救助的费用或者这些费用的总和超过保险价值时，在向保险人发出委付通知后，可视为推定全损，无论保险人是否接受委付，按保险金额赔偿。若保险人接受了委付，则保险标的归保险人所有。

2. 部分损失的赔偿

（1）对此保险项下海损的索赔，以新换旧均不扣减。

（2）保险人对船底的除锈或喷漆的索赔不予负责，除非与海损修理直接有关。

（3）船东为使船舶适航做必要的修理或通常进入干船坞时，被保险船舶也须就所承保的损坏进坞修理，进出船坞和船坞的使用时间费用应平均分摊。

（4）被保险人为获取和提供资料和文件所花费的时间和劳务以及被保险人委派或以其名义行事的任何经理、代理人、管理或代理公司等的佣金或费用，此保险均不给予补偿，除非经保险人同意。

（5）凡保险金额低于约定价值或低于共同海损或救助费用的分摊金额时，保险人对此保险承保损失和费用的赔偿，按保险金额在约定价值或分摊金额所占的比例计算。

（6）被保险船舶与同一船东所有，或由同一管理机构经营的船舶之间发生碰撞或接受救助，应视为第三方船舶，本保险予以负责。

此款称作"姐妹船条款"，制定本条款的目的在于维护被保险人的利益和保障同一船东所有的船舶之间发生碰撞或接受救助而造成保险船舶的损失和产生的费用能够在本保险项下得到赔偿。当然，船东在采取这种救助措施时，要事先征得保险人的同意。

三　沿海、内河船舶保险

（一）保险标的

中华人民共和国境内合法登记注册从事沿海、内河航行的船舶，包括船体、机器、设备、仪器和索具。船上燃料、物料、给养、淡水等财产和渔船不属于本保险标的范围。

（二）保险责任

沿海、内河船舶保险分为全损险和一切险两个险别。

1. 全损险

（1）八级以上（含八级）大风、洪水、地震、海啸、雷击、崖崩、滑坡、泥石流、冰凌。

（2）火灾、爆炸。

（3）碰撞、触碰。

（4）搁浅、触礁。

（5）由于所列明的自然灾害和意外事故引起的船舶倾覆、沉没。

（6）船舶失踪。

2. 一切险

一切险不仅承保全损险所负责的三类风险造成的保险船舶的全损或部分损失，还承担这三类风险所引起的下列责任和费用。

（1）碰撞、触碰责任。保险船舶在可航水域碰撞其他船舶或触碰码头、港口设施、航标，致使上述物体发生的直接损失和费用，包括被碰撞船舶上所载货物的直接损失以及依法应当由被保险人承担的赔偿责任。本保险对每次碰撞、触碰责任仅赔偿金额的 3/4，但在保险期限内一次或累计最高赔偿额以不超过船舶保险金额为限。属于本船舶上的货物损失，本保险不负赔偿责任。非机动船舶不负碰撞、触碰责任，但保险船舶由本公司承保的拖船拖带时，可视为机动船舶。

（2）共同海损、救助及施救费用。除合同另有约定外，共同海损的分摊应按《北京理算规则》的规定办理。

保险人对共同海损、救助和施救费用赔偿的前提是在保险船舶发生保险事故时，被保险人为了防止或减少损失而采取救助或施救措施所支付的费用必须是必要的、合理的。保险人对每次保险事故所支付的共同海损、救助及施救三项费用之和的最高赔偿额以保险金额为限。

（三）责任免除

（1）船舶不适航，船舶不适拖（包括船舶技术状态、配员、装载等，拖船的拖带行为引起的被拖船舶的损失、责任和费用，非拖轮的拖带行为所引起的一切损失、责任和费用）。

（2）船舶正常的维修、油漆、船体自然磨损、锈蚀、腐烂及机器本身发生的故障和舵、螺旋桨、桅、锚、锚链、橹及子船的单独损失。

（3）浪损、座浅。

（4）被保险人及其代表（包括船长）的故意行为或违法犯罪行为。

（5）清理航道、污染和防止或清除污染、水产养殖及设施、捕捞设施、水下设施、桥的损失和费用。

（6）因保险事故引起本船及第三者的间接损失和费用以及人员伤亡或由此引起的责任和费用。

（7）战争、军事行动、扣押、骚乱、罢工、哄抢和政府征用、没收。

（8）其他不属于保险责任范围内的损失。

（四）保险期限

保险期限最长为一年，起止日期以保险单载明的时间为准。

（五）保险金额

保险金额是根据船的新旧程度来确定的。船龄在 3 年（含）以内的船舶视为新船，船龄在 3 年以上的船舶视为旧船。新船的保险价值按重置价值（市场新船购置价）确定，旧船的保险价值按实际价值（船舶市场价或出险时的市场价）确定。保险金额按保险价值确定，也可以由保险双方协商确定，但保险金额不得超过保险价值。

（六）赔偿处理

1. 全部损失的赔款计算

船舶全损按照保险金额赔偿，保险金额高于保险价值（实际价值）的，计算赔款时以不超过出险当时的保险价值为限。

2. 部分损失的赔款计算

按实际发生的损失、费用赔偿，但保险金额低于保险价值时，按该保险金额占保险价值的比例进行赔偿。

部分损失的赔偿金额以不超过保险金额或实际价值为限，两者以低者为准，但无论一次或多次累计的赔款等于保险金额时（含免赔额），则保险责任即行终止。

3. 触碰责任的赔偿

保险金额是碰撞、触碰责任事故的最高累计赔偿额。

4. 共同海损、施救、救助费用的赔偿

共同海损、施救、救助三项费用之和的最高赔偿额以保险金额为限。对于不足额投保的船舶，其共同海损、施救、救助费用应按比例分摊。凡涉及船方、货方和运费方共同安全的海损事故时，对施救、救助费用、救助报酬的赔偿，保险人只负责获救船舶价值与获救的船、货和运费总价值的比例分摊部分。

5. 免赔额的规定

保险人对每次赔款均按保险单中的约定扣除免赔额（全损、碰撞、触碰责任除外）。

6. 残值的处理

保险标的遭受全损或部分损失后的残余部分，由保险人和被保险人协商进行处理。

（七）沿海、内河船舶保险的附加险条款

1. 3/4碰撞、触碰责任、共同海损、施救及救助保险条款

这是针对全损险而制定的。该附加险负责赔偿船舶3/4碰撞、触碰责任和共同海损、施救及救助等产生的责任、损失和费用。

2. 碰撞、触碰责任保险条款

这是对主险碰撞责任条款的补充,也是对 3/4 碰撞、触碰责任、共同海损、施救及救助保险附加险条款的补充。该附加险负责赔偿船舶碰撞、触碰责任不负责赔偿的 1/4 部分,但在保险期限内一次或累计最高赔偿额以船舶保险金额的 1/4 为限。

3. 螺旋桨、舵、锚、锚链及子船单独损失保险

该附加险承保保险船舶在航行运输或停泊中,发生保险责任范围内的事故,致使螺旋桨、舵、锚、锚链、子船发生单独损失或因此而产生的修理费用以及修理螺旋桨、舵所发生的保险船舶进出船坞、上下船台、吊尾等费用。

4. 船东对船员责任保险

该附加险承保保险船舶在航行运输或停泊中船上在岗船员发生死亡或伤残,根据劳动合同或法律,依法应由船东(被保险人)对船员承担的医疗费、住院费和伤残、死亡补偿费,保险人负责赔偿。

5. 船主对旅客责任保险条款

该附加险承保保险船舶在运输过程中发生自然灾害或意外事故,造成船舶上旅客死亡或伤残,依法应由被保险人(船主)承担的直接经济赔偿责任。

6. 拖船拖带责任保险条款

该附加险承保保险拖轮以顶推、绑(旁)拖、吊拖等方式拖带他船在可航水域发生保险事故,致使被拖带船舶以及所载货物遭受损失,根据拖带合同依法应由保险拖轮承担的赔偿责任。

7. 沿海、内河船舶保险油污责任附加险条款

该附加险主要承担以下责任:

(1)由于被保险人船舶上的油泄漏造成水域的污染,被保险人采取合理的措施清除或减少污染而支出的费用。

(2)补偿政府有关部门为防止或减轻上述损害而支出的合理费用。

(3)由于被保险人船舶上的油泄漏而造成对第三者的污染损害,被保险人在法律上应负的赔偿责任。

(4)执法机构依法因油污而对被保险船舶进行的罚款。

(5)被保险人为保险人全部或部分承保的责任或费用而支付的经

保险人事先同意的有关法律诉讼费用。

四 船舶战争、罢工险条款

船舶战争、罢工险是船舶保险的一个附加保险，承保各种带有政治因素、背景或目的的武力或暴力行为而造成的损失。

（一）保险责任

船舶战争、罢工险承保由于下述原因造成保险船舶的损失、碰撞责任、共同海损和救助或施救费用：

战争、内战、革命、叛乱或由此引起的内乱或敌对行为；捕获、扣押、扣留、羁押、没收或封锁，但这种赔案必须从发生日起满六个月才能受理；各种战争武器，包括水雷、鱼雷、炸弹；罢工、被迫停工或其他类似事件；民变、暴动或其他类似事件；任何人怀有政治动机的恶意行为。

（二）责任免除

由于下列原因引起保险船舶的损失、责任或费用，本保险不负责赔偿责任：

原子弹、氢弹或核武器的爆炸；由保险船舶的船籍国或登记国的政府或地方当局所采取的或命令的捕获、扣押、扣留、羁押或没收；被征用、征购或被出售；联合国安理会常任理事国之间爆发的战争（无论宣战与否）。

（三）保险终止

（1）保险人有权在任何时候向被保险人发出注销本保险的通知，在发出通知后7天期满时生效。

（2）无论是否已发注销通知，本保险在下列情况下应自动终止：

①任何原子、氢弹或核武器的敌对性爆炸发生。②联合国安理会常任理事国之间爆发的战争（无论宣战与否）。③船舶被征用或出售。

第四节 飞机保险

飞机保险是随着飞机制造业和航空事业的发展而发展起来的，承保飞机因遭受自然灾害和意外事故造成机身及其附件的损失以及因飞机失事而产生的对所载旅客、货物和第三者损害赔偿责任的保险。虽然相比海上保险、火灾保险等，飞机保险产生的比较晚，最初只承保火灾造成的飞机损失，但它的发展非常迅速，现已经发展成"一揽子"保险，可适应不同投保人的需要。基本险主要有飞机机身保险、第三者责任保险、旅客法定责任保险，附加险主要有战争劫持险和承运人责任险。

一 飞机机身保险

（一）保险责任

机身保险承保各种类型的客机、货机、客货两用机以及从事各种专业用途的飞机。飞机机身包括机壳、推进器、机器及设备。飞机机身保险的承保责任一般包括：飞机在飞行、滑行中以及在地面上，因自然灾害或意外事故造成飞机及其附件的损失；飞机起飞后超过规定时间（一般为15天）尚未得到行踪消息的失踪损失；因意外事故引起飞机拆卸、重装和运输的费用；清理残骸的费用；飞机发生上述自然灾害或意外事故时，所支付的合理施救费用，但最高不得超过飞机机身保险金额的10%。

（二）责任免除

保险人对以下原因造成的损失不负责赔偿：战争和军事行动；飞机不符合适航条件而飞行；被保险人及其代理人的故意行为；飞机任何部件的自然磨损、制造及机械本身缺陷（但因此而对飞机造成的损失和损坏，保险人仍负责赔偿）；为了非法的目的而使用飞机、参加竞赛等飞行；飞机受损后引起被保险人停航、停运等间接损失；飞机战争、劫持险条款规定的保险责任和责任免除。

（三）保险金额

机身险的保险金额由保险合同双方参照保险价值协商确定，并在保险合同中载明。一般采取定值保险的方式承保。保险金额既可以按照净值确定，也可以由被保险人和保险人协商确定，新购买的飞机可按原值确定。

由于新、旧飞机价格悬殊，如果旧飞机按照新飞机的市价投保，有利于被保险人；如按旧飞机的市价投保，一旦发生部分损失，在修理或配置零部件时按新飞机的市价赔偿，则会产生少收保费、多付赔款的问题。因而，国外保险公司一般采用以下两种方式加以调整：

1. 零部件条款

对部分损失的赔偿金额加以限制,当飞机的任何零部件发生损失或损坏时,赔偿责任均以保单附表中列明的一定百分比的保额为限,如机身外壳占 40%、机翼占 10%、起落架占 10% 等。超额部分的损失由被保险人自己承担。

2. 70% 分成法

承保人根据以往赔付数据统计,在机身险的全部赔款中,70% 用于全部损失赔偿,30% 用于部分损失赔偿。因此,对部分损失需增收飞机新、旧价差额部分的保险费。

(四) 保险费率和保险费

保险人在确定机身险费率时,主要考虑以下因素:投保飞机的状况,包括机型、机龄、适航性;被保险人的资质,包括业务范围、资金水平、管理能力等;业务状况,包括损失记录、航线、常飞区域的气候和地形特点、起降设备状况、承运人责任适用的法律体系等;飞行员及机组人员的情况;国际市场的行情;免赔额的高低等。

我国目前对国内飞机保险的费率按飞机类型确定,分别是:喷气式飞机为 1.5%、螺旋式飞机为 2.5%、直升机为 5%。

机身险的保险费为保险金额与相应保险费率的乘积。

(五) 机身保险的其他规定

1. 停航退费

若飞机进行正常修理或停航连续超过 10 天,保险人可将修理或停航期间的保险费按日计算并退回 50%。但若飞机是因发生损失须修理而引起的停航的,不退回保险费。

2. 声明价值附加费

凡承保飞机上载运的行李或货物,托运人向航空公司声明价值的,航空公司应将按申明价值所收的附加保险费的 80% 交给保险公司,每年结算一次。

二 飞机第三者责任保险

(一) 保险责任

承保被保险人依法应负的有关飞机对地面、空中或机外的第三者造成意外伤害或死亡事故或财物损毁的损失赔偿责任。其保险责任一般包括：飞机在地面上造成任何设备、人员、其他飞机等损失；飞机在空中造成地面上第三者任何损失以及飞机在空中碰撞造成其他飞机和人身伤亡的损失；同时承保涉及被保险人的赔偿责任所引起的诉讼费，且不受保险单载明的最高赔偿限额的限制。

（二）责任免除

保险人对以下原因造成的损失不负赔偿责任：战争和军事行动；飞机不符合适航条件而飞行；被保险人及其代理人的故意行为；因飞机事故产生的善后工作所付出的费用；被保险人及其工作人员和保险飞机上的旅客或其所有以及代管的财产。

（三）责任限额与保险费

飞机第三者责任保险的责任限额与保险费通常根据不同的飞机类型确定，以中国人民保险公司的现行规定为例，各类喷气式飞机的赔偿限额为5000万元，螺旋式各类飞机的赔偿限额为2000万元，直升机的赔偿限额为1000万元。

三 飞机旅客的法定责任保险

（一）保险责任

承保旅客在乘坐或上下被保险飞机时发生意外，致使旅客受到人身伤亡，或随身携带和已经交运登记的行李、物件的损失，以及对旅客行李或物件在运输过程中因延迟而造成的损失，根据法律或合同应由被保险人负担的赔偿责任。其中，旅客是指购买飞机票的旅客或被保险人同意免费搭乘的旅客，但不包括为完成被保险人的任务而免费搭载的人员。

（二）保险期间

保险责任一般从乘客验票后开始，到乘客离开机场之前提取了行李为止。

（三）责任限额

保险人一般依据有关法规或国际公约规定的赔偿限额来制定责任限额。航空承运人在国内航线所承担的赔偿限额，由所在国国家的航空法律来规定。国际航线则依国际公约办理。

对于国内航线，2006年1月29日经国务院批准并自2006年3月28日起施行的《国内航空运输承运人赔偿责任限额规定》第三条规定，"对每名旅客的赔偿责任限额为人民币40万元（旅客自行向保险公司投保航空旅客人身意外保险的，此项保险金额的给付，不免除或者减少承运人应当承担的赔偿责任）；对每名旅客随身携带物品的赔偿责任限额为人民币3000元；对旅客托运的行李和对运输的货物的赔偿责任限额，为每公斤人民币100元。"

对于国际航线，目前大多数国家按照1999年《蒙特利尔公约》办理：旅客伤亡时，不论承运人是否有责任，只要损失不是索赔人一方或者第三者造成的，承运人的赔偿限额为10万元特别提款权（按照公约签署当日的货币换算标准，约合13.5万美元），当旅客伤亡是由承运人责任造成时，旅客还可以要求得到超过10万元特别提款权的赔偿（10万元特别提款权是限额规定，实际损失低于10万元特别提款权的，根据旅客遭受到的实际损失予以赔偿）。航班延误造成损失的，旅客赔偿限额为4150元特别提款权。行李赔偿方面，每位旅客以1000元特别提款权为限。

四 飞机保险的附加险

（一）飞机保险附加战争、劫持险

由于下列原因造成被保险飞机的损失、费用以及引起被保险人对第三者或旅客应负的法律责任、费用，保险人负责赔偿：战争、敌对行为或武装冲突；拘留、扣押、没收，但这种赔案必须从损失发生日起满3个月后才能受理；被保险飞机被劫持或被第三者破坏。

保险人对被保险飞机遭到损失后的间接损失和费用，由于敌对袭击的原子弹、氢弹或其他核武器爆炸所引起的任何损失和费用，不负责赔偿。

保险责任终止规定：被保险人或保险人，均可在48小时前通知对方注销本条款的保险责任；当发生由于敌对袭击的原子弹、氢弹或其他核工业武器爆炸时，本保险责任即自动终止；保险人不负责该项爆炸所引起的任何损失和费用。

(二) 飞机承运货物责任险

飞机承运货物责任险是指以航空承运人受托运送的货物遭受损失时对托运人依法应负的赔偿责任为保险标的的一种航空责任保险。凡办好托运手续装载在被保险飞机上的货物，如在航空运输过程中发生损失，根据法律、合同规定应由航空承运人负责的，由保险人给予赔偿。

【复习思考题】

1. 什么叫运输工具保险？其特点有哪些？
2. 机动车辆保险的基本险有哪些？
3. 机动车辆保险的附加险有哪些？
4. 机动车商业第三者责任保险和交强险有何区别？
5. 船舶保险有何特征？
6. 简述飞机保险的基本险别。

第七章　工程保险

【开篇案例】[①] 上海轨道交通4号线由中国平安、太平洋、人民保险公司等四家保险公司共保,首席承保人为中国平安保险公司,该公司承担了整个保单40%的份额。险种涉及建筑工程一切险和第三方责任险。

基本案情:赔案事故要追溯到2003年7月1日凌晨4时许,上海轨道交通4号线——浦东南路至南浦大桥区间隧道,在用一种叫"冻结法"的工艺进行上、下行隧道的联络通道施工时,突然出现渗水,隧道内的施工人员不得不紧急撤离。瞬时,大量流沙涌入隧道,内外压力失衡导致隧道部分塌陷,地面也随之出现"漏斗形"沉降。突发的险情还出现连锁反应:一幢8层楼房裙房坍塌;防汛墙沉陷、开裂、轰然倒塌;靠近事故现场的20多层的临江花园大楼也出现沉降……庆幸的是,由于报警及时,所有人员都已提前撤出,因而无人员伤亡。

理赔处理:2003年7月下旬,事故转入了修复阶段,保险理赔工作也随即展开。由中国平安保险公司作为首席承保人,其他三家公司参与组成的共保体理赔工作小组,在国际知名理算公司——罗便士保险公估公司的配合下,迅速开展工作。四家共保体和一家中介公司组成的理赔、理算小组,协同政府善后办对所有受损企业和个人进行逐一核损。由于抢险需要,现场建筑及财产被夷为平地,许多必需的财务证明和现场痕迹均已灭失,所以事后的定损难度极大。工作小组想了许多办法,

---

① 陈津生编:《建设工程保险实务与风险管理》,中国建材工业出版社2008年版,第166页。

包括在政府协助下，核对受损企业的报税记录、银行存款记录、买卖合同，甚至邀请资产评估公司对损失前的资产进行评估。终于在短短两个月的时间内，与68家受损企业、146户居民达成了定损协议，并很快做到了赔款到位，没有一家上访，保险对于社会安定起到的积极作用，得到上海市政府的高度评价。

此外，由于此次修复工程技术难度及规模居世界地铁修复前三位，项目还组织了大量国内外专家共同参与。一般而言，如此巨大的损失，国家不会向外界透露有关决策过程，而本案的科学决策与否，决定了保险人和再保人对整个赔案的态度。在平安保险的多次呼吁和联络下，最终政府同意决策过程向保险人公开，并在制订方案时听取了保险专家意见。国际再保人对事故处理中的开放程度深表满意，并很快确认了保单责任。

在围绕修复工程各项目和费用展开的讨论中，由于保险双方立场的差异以及涉及金额的巨大，展开的激烈讨论历时一年有余。双方常常为了一项原则甚至一段文字的表达热烈讨论。理赔过程中共形成了20份会议纪要，370份单证材料，理算的文件多达数万页。

理赔结案：凭借保险双方的诚意和信任，依赖卓越的专业技能和敬业精神，2005年7月，本着"客观公正、友好协作"的精神，双方终于就最终理赔方案达成了一致，并迅速得到了包括再保人在内的有关各方的正式确认。在最短时间内认定了保单责任。

业内人士分析认为，四号线事故是一次严重的工程事故，造成了重大经济损失。但通过迅速、准确、合理的保险理赔，弥补了被保险人资金上的巨大缺口，充分体现了保险业"经济补偿"的基本职能。同时，本次事故理赔也对保险业产生了深远的影响。一片更大的保险市场随之打开，保险同业逐渐形成了合作拓展市场的良性竞争关系，再保市场对中国保险业的看法也有了显著提升。

【内容提要】工程保险是随着现代工程技术和建筑业的发展，由火灾保险、意外伤害保险及责任保险等演变出来的一类综合性财产保险险种。并随着高、精、尖科技工程的发展，出现了海洋石油开发保险、航天工程保险、核能工程保险等科技工程保险。本章阐述了工程保险的概念、特征及作用，回顾了工程保险的起源、发展和完善的过程。重点介绍了建筑工程保险、安装工程保险和科技工程保险的具体内容，包括投保人、被保险人、保险责任及除外责任、保险费和保险金额的计算等。

第一节 工程保险概述

一 工程保险的概念与特征

（一）工程保险的概念

工程保险是以工程项目在建设过程中可能出现的因自然灾害和意外事故而造成的物质损失以及依法应对第三者的人身伤亡和财产损失承担的经济赔偿责任为保险标的的一种综合性保险。它根据火灾保险、责任保险、意外伤害保险的原理对机器本身损坏除外的所有工程、机械设备的意外损毁提供保险保障，主要以各类民用、工业用和公共事业用工程项目为承保对象。现代工程保险已经发展成为产品体系较为完善、具有较强的专业特征且相对独立的一个保险领域。

我国工程保险主要包括建筑工程保险、安装工程保险、船舶工程保险和高科技工程保险等。

（二）工程保险的特征

尽管工程保险承保了火灾保险和责任保险的部分风险，但与其他财产保险相比，具有显著的特点。

1. 保险标的通常处于不完整状态

工程施工开始时，工地上只有少量的工程物料和施工设备，随着时间的推移和工程施工的不断进展，工地的材料和施工设备逐渐增多，工程本身也逐渐显露出未来的形状。一般到工程完工时，工程的完整状态才会呈现出来，但此时保险合同也即将终止。可见，工程保险的主要保险标的通常处于一种不完整的状态，其价值随工程的进展逐渐增加，使保险金额也处于增加的状态中，这就要求有一个与其他险种不同的确定保险金额的方法。

2. 承保风险广泛而集中

第一，工程保险承保风险的范围十分广泛。一方面，保险人对一切突然和不可预料的外来原因造成的财产损失、费用和责任均予赔偿，而由于保险标的大部分处于未完成的暴露状态，抵御风雨、地震等各种自然风险灾害的能力比较脆弱，并且因为工程是由人设计、制造、安装、施工的，受作业过程中的过失、错误等多种人为因素的影响也很大。另一方面，工程项目的周期相对较长，工程保险的风险范围不仅仅局限于工程的进行过程，还包括在工程的验收期和使用的保证期内面临的风险。

第二，工程保险承保的往往是巨额风险。现代工程项目集中了先进的工艺、精密的设计和科学的施工方法，规模浩大、造价极高，是物质财富的积聚和集中，因此，工程项目一旦发生风险事故，损失额将相当巨大。

3. 被保险人的多方性

工程项目的建设过程往往涉及诸多的关系方，工程所有人、工程承包人、各种技术顾问、贷款银行等，而且各关系方对于工程都有不同的利益，承担不同程度的风险。工程保险的目的，在于通过将随着工程的进行而发生的大部分风险作为保险对象，减轻这些风险可能给工程有关各方造成的损失负担和排除围绕这种损失所引发的纠纷而给施工造成的干扰，清除工程进行中的某些障碍，以保证工程的顺利完成。因此，所有与工程有直接利益的关系方都可以列为工程保险的共同被保险人。当然，一般而言，工程保险合同针对的主体是工程承包人，在国外逐渐流行的工程险年度保险单也是由承包人向保险人投保的。

4. 保险期限的不确定性

工程保险的保险责任期限一般不是按年计算的，而是根据预定的工程施工工期来确定的，自工程动工之日起或建筑安装项目的材料、设备卸至工地时开始，至工程竣工验收或实际投入使用时为止。保险期限的长短，一般由投保人根据需要与保险人协商确定。

5. 承保技术的复杂性

现代工程项目的专业性极强，技术含量很高，例如核电站、大规模的水利工程和现代化工厂等涉及多种专业学科和尖端科学技术，因而，相比其他财产保险，工程保险对保险人的承保技术、承保手段、承保能力等提出了更高的要求。

二　工程保险的作用

（一）有利于转嫁集中性风险

作为工程项目风险管理的重要手段之一，工程保险可以使所有人或承包商将集中性的工程风险转嫁给保险公司，发生风险损失时能够及时从保险公司处得到补偿，帮助被保险人抵御风险损失所带来的经济冲击，增强企业的财务稳定性，从而增强其生存能力和竞争能力，保障生产建设的顺利进行。

（二）有利于加强工程风险的防范和控制

工程项目在投保过程中通常需要经过保险人的现场查勘，提供相应的安全改进建议，在保险期限内保险人还会利用自己丰富的风险管理知识监督工程施工的全过程，随时纠正工程建设中的不合理现象，并为被保险人提供优质的风险管理服务和技能培训，帮助被保险人增强安全意识，改进安全管理措施，增加安全设施，加强风险防范，及时消除各种潜在风险，从而降低风险事故发生的可能性。

（三）有利于改善项目融资的条件

很多工程项目的建设除了工程所有人投资的部分自有资金外，大部分都是来自银行贷款。由于工程建设周期长，面临的风险较多，发生大的损失事故后往往会影响工程的按期完工和对银行贷款的本息偿还，因而银行为了防范借款人的还贷风险，往往将足够的保险作为工程贷款的先决条件。而对于工程所有人来说，购买足够的工程保险可以保障还款的安全性，提高自己的信用水平，有利于获得较为优惠的贷款。

（四）有利于减少经济纠纷

在投保工程保险后，工程的有关各方都是共同被保险人，属于保险责任范围内的损失，保险人就会负责赔偿，从而避免了工程项目参与单位较多，可能会出现的风险事故发生后，所有人和设计方或承包商之间、总包商和分包商之间对风险所致的经济损失由谁承担发生纠纷的情况。

三 工程保险的发展历程

(一) 工程保险的起源

工程保险的起源可追溯至英国工业革命时代后因英国曼彻斯特纺织业所需要而发展起来的锅炉保险。当时，用以产生蒸汽动力的锅炉经常发生爆炸，造成的人员伤亡人数竟然超过了铁路运输发生的交通事故，工业重镇曼彻斯特纺织界人士共商对策，于1854年成立"蒸汽使用人协会"，聘请工程师对于会员之锅炉进行安全检查，提供改进建议，若不幸发生爆炸，则由协会负责补偿。1895年，在英国出现了第一家以技术见长、专门承保蒸汽锅炉的机器设备保险公司——蒸汽锅炉保险公司。同样，使用蒸汽设备所带来的风险问题在美国也逐渐凸显，在1850年左右，美国平均约4天即发生一次锅炉爆炸。1865年，行驶于密西西比河的蒸汽轮船Sultana号发生锅炉爆炸，此次事件造成1200多人死亡，是史上最悲惨的由于锅炉爆炸造成的意外事故。鉴于此，美国于1866年成立了第一家以提供工业安全为宗旨的公司——哈特福德蒸汽锅炉检查和保险公司（Hartord Boiler Inspection & Insurance, Company），提供锅炉安全检查以避免发生意外及提供保险保障。

至1924年，大西洋保险公司和安联保险公司推出了安装工程综合险。第一份建筑工程一切险的保单是1929年在伦敦建设跨越泰晤士河的拉姆贝斯桥时签订的。1934年，德国设计了一种专门用于工程保险的保单，并慢慢地流传开来。

(二) 工程保险的发展和完善

工程保险的快速发展是在第二次世界大战后。经过两次世界大战特别是第二次世界大战，作为战争的主要战场之一，欧洲不少国家如英、法、西德等饱受战争的创伤，各种工厂和机器受到严重破坏，无数的建筑物也遭到了相当大的毁损，到处是一片疮痍。为了恢复生产、重建家园，各国开始大兴土木。大量工程的兴建和扩建，为工程保险的发展提供了外部环境条件。而在大规模的重建过程中，业主、承包商等建设市场主体面临着难以承受的巨大风险。为转嫁工程期间的各种风险，需要建筑和安装工程保险来提供保障，这对工程保险的发展起到了非常大的推动作用。

此外，在国际组织出资援助发展中国家兴建水利、公路、桥梁及工业、民用建筑的过程中，也需要工程保险提供风险保障，因而工程保险制度在发展中国家也逐步发展并推广开来。

1950年，国际咨询工程师联合会组织制定了标准的《土木建筑合同条款》（以下简称FIDIC），其中要求承包人办理保险，并对建筑、安装工程各关系方的权利和义务作了明确的规定，从而为建筑、安装工程保险成为世界性的财产保险险种奠定了基础，为工程保险的发展创造了极为有利的条件。此后，经过几十年的发展，工程保险的业务量得到大幅提高，保险技术也在不断提升。

（三）我国工程保险的发展历程

我国的工程保险始于20世纪70年代初期，主要集中于进入我国的有外资背景的投资项目、世界银行贷款建设的项目等涉外工程项目，国家拨款的基建工程项目按照有关规定不参加保险，工程概算中也没有保险费的内容。

改革开放以后，随着国内保险业务的全面恢复以及工程建设项目的增多和投资来源的多元化，工程保险逐渐发展起来。进入20世纪90年代，国家加大了对于基础设施建设的投资力度，同时，放宽了外资和民营资本进入基础项目领域的条件，引发了高速公路、桥梁、隧道、电站、机场、地铁等项目的建设热潮，形成了对工程保险旺盛的市场需求。1994年建设部、中国人民建设银行印发了《关于调整建筑安装工程费用项目组成的若干规定》，将保险费项目计入建筑安装工程费用当中，为工程保险的发展初步奠定了基础。该规定指出："建筑安装工程费由直接工程费、间接费、计划利润、税金等四个部分组成。"其中，间接费由企业管理费、财务费和其他费用组成。企业管理费是指施工企业为组织施工生产经营活动所发生的管理费用，其中第十项就是保险费，即企业财产保险、管理用车辆等保险费用。此后，《中华人民共和国保险法》《中华人民共和国担保法》《中华人民共和国建筑法》《中华人民共和国合同法》《中华人民共和国招标投标法》《建设工程质量管理条例》等一系列的法律、法规、规章、规范性文件的颁布，也为推行建设工程保险制度提供了重要的法律依据。

第二节　建筑工程保险

建筑工程保险承保土木工程建筑的整个建筑期内因自然灾害和意外事故造成的被保险工程项目的物质损失、列明费用损失以及被保险人对第三者的人身伤亡或财产损失依法应承担的赔偿责任。

建筑工程保险适用于一切民用、工业用和公用事业用的建筑工程项目，包括道路、水坝、桥梁、港埠码头、住宅、旅馆、商店、工厂、仓库、水库、管道、学校、娱乐场所等。

一　建筑工程保险的投保人和被保险人

（一）投保人

建筑工程保险的投保人既可以是业主，也可以是承包人。《建设工程施工合同》（示范文本）规定，工程开工前，业主应当为建设工程办理保险，支付保险费用。在实务中，建筑工程的承包方式不同，投保人也就各异。目前工程承保方式主要有以下四种形式。

1. 全部承包方式

工程所有人将工程全部承包给某一施工单位，该施工单位作为承包人（或主承包人）负责设计、供料、施工等全部工程内容，最后将完工的工程交给所有人。这种方式下，承包人承担了工程的主要风险责任，故而一般由承包人（施工单位）作为投保人。

2. 部分承包方式

工程所有人负责设计并提供部分建筑材料，承包方负责施工并提供部分建筑材料，双方各承担部分风险责任，此时可由双方协商，推举一方为投保人，并在合同中写明。

3. 分段承包方式

工程所有人将一项工程分成几个阶段或几部分，分别外包给各个不同的承包商，承包人之间是相互独立的，没有契约关系。此时，为避免分别投保造成的时间差和责任差，应由工程所有人出面投保建筑工程保险。

4. 承包商只提供服务的方式

工程所有人负责设计、供料和工程技术指导；施工单位只提供劳务，进行施工，不承担工程的风险责任。此时应由工程所有人投保。

（二）被保险人

建筑工程保险的被保险人范围较宽，凡在工程进行期间，对该项工程承担一定风险的有关各方（具有可保利益的各方），均可作为被保险人。如果被保险人不止一家，则各家接受赔偿的权利以不超过其对保险标的的可保利益为限。被保险人具体可以包括：工程项目所有人，即建筑工程最后的所有者，也可称为发包方、业主、建设单位；工程承包人或者分包人，即负责承建该项工程的施工单位；技术顾问，包括工程所有人聘用的建筑师、设计师、工程师及其他专业顾问，代表所有人监督工程合同执行的单位或个人；其他关系方，如贷款银行及其他债权人等。

二 建筑工程保险的保险标的、保险金额及赔偿限额

建筑工程保险的保险标的主要是物质财产本身和第三者责任两类。为了方便确定保险金额，在建筑工程保险单中列出的保险项目通常包括物质损失、特种危险赔偿和第三者责任三个部分。

（一）物质损失部分

1. 建筑工程，包括永久性和临时性工程及工地上的物料

这是建筑工程保险的主要保险项目，包括建筑工程合同内规定建筑的建筑物主体，建筑物内的装修设备，配套的道路、桥梁、水电设施、供暖取暖等土木建筑项目，存放在工地上的建筑材料、设备和为完成主体工程的建设而必须修建的、主体工程完工后即拆除或废弃不用的临时工程，如脚手架、工棚、围堰等。建筑工程的保险金额为承包工程合同的总金额，即建成该项工程的实际造价，包括设计费、材料设备费、运杂费、施工费、保险费、税款及其他有关费用。

2. 业主提供的物料及项目

业主提供的物料及项目是指未包括在建筑工程合同金额之中的业主提供的物料及负责建筑的项目。该项保险金额应按这一部分的重置价值确定。

3. 施工机具设备

施工机具设备是指配置在施工场地，作为施工用的机具设备。如吊车、叉车、挖掘机、压路机、搅拌机等。建筑工程的施工机具一般为承包人所有，不包括在承包工程合同价格之内，应列入施工机具设备项目下投保；有时，业主会提供一部分施工机器设备，此时，可在业主提供的物料及项目一项中投保；如果承包合同价或工程概算中包括有购置工程施工所必需的施工机具的费用时，可在建筑工程项目下投保。无论是上述哪一种情形，都要在施工机具设备一栏中予以说明，并附清单。其保险金额按重置价值确定，即重置同原来相同或相近的机器设备的价格，包括出厂价、运费、保险费、关税、安装费及其他必要的费用。

4. 安装工程项目

安装工程项目是指未包括在承包工程合同金额内的机器设备的安装工程项目。如宾馆、办公楼的供电、供水、空调等机器设备的安装项目。若设备安装工程已包括在承包工程合同内，无须另行投保，但应该在投保单中予以说明。该项目的保险金额按重置价值计算，并不超过整个工程项目保险金额的20%；若超过20%，则按安装工程保险费率计收保费；若超过50%，则应单独投保安装工程保险。

5. 工地内现成的建筑物

工地内现成的建筑物指不在承保工程范围内的，归工程所有人或承包人所有的或由其保管的工地内已有的建筑物。该项保险金额可由保险双方当事人协商确定，但最高不得超过其实际价值。

6. 场地清理费用

场地清理费用是指保险事故发生并造成损失后，为拆除受损标的、清理灾害现场和运走废弃物等，以便进行修复工程所发生的费用。此项费用未包括在工程造价之中，但是很有可能数额巨大甚至超过工程造价。因此，国际上的通行做法是将此项费用单独列出，须在投保人与保险人商定的赔偿限额内投保并交付相应的保险费后，保险人才予以负责。一般来说，大工程的该项限额一般不超过合同价格的5%；小工程一般不超过合同价格的10%。本项费用按第一危险赔偿方式承保，即发生损失时，在赔偿限额内按实际支出数额赔付。

7. 所有人或承包人在工地上的其他财产

其他财产是指不能包括在以上六项范围之内的其他可保财产。如需投保，应列明名称或附清单于投保单上。其保险金额可参照以上六项的标准由保险双方协商确定。

建筑工程保险物质损失项目的总保险金额由以上七项之和构成。

(二) 特种危险赔偿

特种危险赔偿是指保单明细表中列明的地震、洪水、海啸、暴雨、风暴等特种危险造成的上述各项物质财产损失的赔偿。为控制巨灾性风险，即一次风险事故能够造成多个危险单位同时发生损失的风险，保险人对保单中列明的特种风险必须规定赔偿限额。特种危险赔偿限额的确定一般考虑工地所处的自然地理条件、该地区以往发生此类灾害事故的记录、工程期限的长短以及工程项目本身具有的抵御灾害能力的大小等因素，该限额一般占物质损失总保险金额的 50%—80%。无论发生一次或多次赔偿，赔款均不能超过这个限额。

(三) 第三者责任

建筑工程保险的第三者责任是指被保险人在工程保险期限内因意外事故造成工地以及工地附近的第三者人身伤亡或财产损失，依法应承担的赔偿责任。

第三者责任保险的赔偿限额通常由保险双方当事人根据工程责任风险的大小、保险人以往承保理赔的经验等共同商定，并在保险单内列明。一般按以下几种情况处理：每次事故中每个人的人身伤亡赔偿限额；每次事故中人身伤亡总的赔偿限额，可按每次事故可能造成的第三者人身伤亡的总人数，结合每人限额来确定；每次事故造成第三者的财产损失的赔偿限额，此项限额可根据工程具体情况估定；上述人身和财产责任事故在保险期限内总的赔偿限额，应在每次事故的基础上估计保险期限内保险事故次数确定总限额，它是计收保费的基础。

三　建筑工程保险的保险责任和除外责任

(一) 物质损失部分的保险责任

保险人可以承保或有条件承保的风险包括以下四类：

1. 自然灾害风险

自然灾害风险包括地震、海啸、雷电、飓风、台风、龙卷风、风暴、暴雨、洪水、水灾、冻灾、冰雹、地崩、山崩、雪崩、火山爆发、地面下陷下沉及其他人力不可抗拒的破坏力强大的自然现象导致的损失。

2. 意外事故风险

意外事故风险是指不可预料的以及被保险人无法控制并造成物质损失或人身伤亡的突发性事件，包括火灾、爆炸；飞机坠毁、飞机部件或物体坠落；原材料缺陷或工艺不善引起的事故；责任免除以外的其他不可预料的和突然的事故。此外，发生保险责任范围内的事故后，保险人可在保险金额内赔偿必要的现场清理费用，但这是以被保险人将清理费用单独作为一个标的投保并交付相应的保险费为前提的。

3. 人为风险

人为风险包括工人或技术人员经验不足、疏忽、过失、恶意行为以及盗窃。其中，盗窃是一切明显的偷窃行为或暴力抢劫造成的损失，但其必须是非被保险人或其代表授意或默许的，否则，不予负责。工人或技术人员经验不足、疏忽、过失、恶意行为是建筑工程保险中较大的风险之一，其中恶意行为造成的损失必须是非被保险人或其代表授意或默许的，否则，属于被保险人的故意行为，不予负责。

除建筑工程保险有关物质部分的基本保险责任外，有时会因投保人的某种特别要求或因工程有其特殊需要，还可以增加额外的风险保障，从而通常还会在基本保险责任项下附加特别保险责任。物质部分的附加保险责任可供选择的条款一般有：罢工、暴乱、民众骚乱条款；工地外储存物质条款；有限责任保证期条款；扩展责任保证期条款；机器设备试车条款；使用、移交财产条款等。

建筑工程保险有两种承保方式：一是列明风险责任，即在保单中将保险人所要承担的风险一一列明，凡是未列明的风险均不属于保险责任；二是以一切险的方式承保，即在保单中将保险人不予负责的风险一一列明，未列明的均属于保险责任。所以，以列明风险方式承保的保险单需要将承保风险准确、清楚地进行描述和定义。

（二）第三者责任险的保险责任

建筑工程第三者责任险的保险责任是指在保险期限内，因建筑工地发生意外事故，造成工地及邻近区域的第三者人身伤亡或财产损失，依法应由被保险人承担的民事损害赔偿责任，保险人可以按照保险条款的规定予以赔偿。

对于被保险人因上述原因而支付的诉讼费用以及事先经保险人书面同意的其他费用，保险人也可以负责赔偿。

其中，建筑工程保险的第三者指除保险人和被保险人以外的单位和个人，不包括被保险人和其他承包人所雇用的在现场从事施工的人员。赔偿责任是被保险人在民法项下应对第三者承担的经济赔偿责任，但不包括刑事责任和行政责任；赔偿责任不得超过保险单中规定的每次事故赔偿限额或保单有效期内累计赔偿限额。

若一项工程中有两个以上的被保险人，为避免被保险人之间相互追究第三者责任，则由被保险人申请，经保险人同意，可加保交叉责任条款。该条款规定，除所有被保险人的雇员及可在工程保险单中承保的物质标的外，保险人对保险单所载每一个被保险人均视为单独承保的被保险人，对他们的相互责任而引起的索赔，保险人均视为第三者责任赔偿，不得向负有赔偿责任的被保险人追偿。

（三）责任免除

同保险责任一样，建筑工程保险的责任免除除总体责任免除部分外，也分为物质部分和第三者责任部分，各有特定的内容。

1. 总体责任免除

（1）战争、类似战争行为、敌对行为、武装冲突、恐怖活动、谋反、政变引起的任何损失、费用和责任；政府命令或任何公共当局的没收、征用、销毁或毁坏；罢工、暴动、民众骚乱引起的任何损失、费用或责任。

（2）被保险人及其代表的故意行为和重大过失引起的损失、费用或责任。

（3）核裂变、核聚变、核武器、核材料、核辐射及放射性污染引起的损失、费用和责任。

（4）大气、土地、水污染及其他各种污染引起的任何损失、费用和责任。

（5）工程部分停工或全部停工引起的任何损失、费用和责任。

（6）罚金、延误、丧失合同及其他后果损失。

（7）保险单明细表或有关条款中规定的应由被保险人自行负担的免赔额。

2. 物质损失部分的责任免除

建筑工程保险采用一切险方式承保时，其除外责任如下：

（1）设计错误引起的损失和费用。

（2）自然磨损、内在或潜在缺陷、物质本身变化、自燃、自热、氧化、锈蚀、渗漏、鼠咬、虫蛀、大气变化、正常水位变化或其他渐变原因造成的保险项目自身的损失和费用。

（3）因原材料缺陷或工艺不善引起的保险项目本身的损失以及为换置、修理或矫正这些缺点、错误所支付的费用。

（4）非外力引起的机械或电气装置的本身损失，或施工用机具、设备、机械装置失灵造成的本身损失。

（5）维修保养或正常检修的费用。

（6）档案、文件、账簿、票据、现金、各种有价证券、图表资料及包装物料的损失。

（7）盘点时发现的短缺。

（8）领有公共运输行驶执照的或已由其他保险予以保障的车辆、船舶和飞机的损失。

（9）除非另有约定，在被保险工程开始以前已经存在或形成的位于工地范围内或其周围的属于被保险人的财产损失。

（10）除非另有约定，在保险单规定的保险期限终止以前，保险项目中已由工程所有人签发完工验收证书或验收合格或实际占有或使用或接收的部分。

建筑工程保险如果以列明风险的方式承保，除外责任包括以上事项外，通常还有"其他不属于保险责任范围内的损失"这一项。

3. 第三者责任险的责任免除

（1）在保险单物质损失保险责任项下或应该在该项下予以负责的损失及各种费用。

（2）由于震动、移动或减弱支撑而造成的任何财产、土地、建筑物的损失以及由此造成的任何人身伤害和物质损失。

（3）工程所有人、承包人或其他关系方或他们所雇佣的在工地现场从事与工程有关工作的职员、工人以及他们的家庭成员的人身伤亡或疾病。

（4）承包人或其他关系方或他们所雇用的职员、工人所有的或由其照管、控制的财产发生的损失。

（5）被保险人根据与他人的协议应支付的赔款或其他款项。

（6）领有公共运输行驶执照的或已由其他保险予以保障的车辆、船舶和飞机的损失。

（四）建筑工程保险的免赔额

建筑工程保险以建造过程中的工程为承保对象，在施工过程中，工程往往会因为自然灾害以及工人、技术人员的疏忽、过失等造成或大或小的损失。为了提高被保险人施工时的安全意识，减少保险事故的发生，并且相应降低被保险人的保险费负担，建工险一般根据工程风险程度、工地自然条件和工期长短等因素，确定项目的免赔额。

按照建筑工程险保险项目的种类，主要有以下几种免赔额：

1. 建筑工程免赔额

该项免赔额一般为保险金额的 0.5%—2%，对自然灾害的免赔额大一些，其他危险则小一些。

2. 建筑用机器装置及设备免赔额

免赔额为保险金额的 5% 或损失金额的 15%—20%，以高者为准。

3. 其他项目的免赔额

一般为保险金额的 2%。

4. 第三者责任保险免赔额

第三者责任保险中仅对财产损失部分规定免赔额，按每次事故赔偿限额的 1%—2% 计算，具体由被保险人和保险人协商确定。除非另有规定，第三者责任保险一般对人身伤亡不规定免赔额。

5. 特种危险免赔额

应视项目风险大小而定，一般在物质损失总保额的 50%—80%，无论发生一次或多次赔偿，均不得超过这个限额。

保险人只对每次事故超过免赔部分的损失予以赔偿，低于免赔额的部分不予赔偿。

四　建筑工程保险的保险期限

（一）保险期限的确定

一般来说，保险人确定建筑工程保险的保险期限原则上是根据施工周期确定的，与普通财产保险通常按12个月确定有所区别。

保险期限的开始通常有三个时间点：

（1）以被保险人的施工队伍进入工地，被保险工程在工地的开工时间为起点。

（2）用于保险工程的材料、设备运抵工地，由承运人交付给被保险人为起点。

（3）由投保人与保险人商定的保险单生效日为起点。"保险责任自被保险工程在工地动工或用于被保险工程的材料、设备运抵工地之时起始"的条件是它们的时间段必须在保单生效日之后，否则，就以保单生效日为准。

保险期限的终止日，可根据以下情况确定：

（1）业主或指定的代表签发工程完工证书或工程验收合格日；

（2）业主实际占有、使用或接收该部分或全部工程项目日；

（3）投保人与保险人约定的保险期限终止日。"工程所有人对部分或全部工程签发完工验收证书或验收合格，或工程所有人实际占有，或使用，或接收该部分或全部工程之时终止"的条件是它们的时间点必须在保单终止日之前，否则，就以保单终止日为准。

保险期限终止之后，若投保工程仍未完工，被保险人应在保险单终止日之前向保险人提出书面申请，保险人出具批单对原约定的保险期限予以展期延后，该保险方可继续有效。

建筑工程项目中如果有安装项目，一般都有试车和考核期，这是机器设备在安装完毕后、投入生产性使用前，为了保证正式运行的可靠性、准确性所进行的试运转期间。试车和考核期是包含在工期内的。无论安装的保险设备的有关合同中对试车和考核期如何规定，保险人仅对保险单明细表中列明的试车和考核期限内因试车和考核所引发的损失、费用和责任负责赔偿；若保险设备本身是在安装前已被使用过的设备或转手设备，则自其试车之时起，保险人对该项设备的保险责任即告终止。

（二）保证期的确定

工程项目移交完毕后，建筑施工合同协议条款中通常还有工程保证期的规定，一般自业主或其代表在最终验收记录上签字之日起算起，分单项验收的工程，按单项工程分别计算保证期。保证期责任是指根据工程合同的规定，承包商对于所承建的工程项目在工程验收并交付使用之后的一定期限内，如果建筑物或被安装的机器设备存在建筑或安装的质量问题，甚至造成损失的，承包商对这些质量问题和损失应承担修复或赔偿的责任。因此，如投保人需要，并缴付规定的保险费，可以加保保证期的物质损失保险。工程保证期的长短按工程合同规定的工期来确定，一般为12个月，大型项目为24个月。保证期物质损失保险的保险期限一般与工程合同中规定的保证期一致，从工程所有人对部分或全部工程签发完工验收证书或验收合格，或工程所有人实际占有或使用或接收该部分或全部工程时起算，以先发生者为准。可见，保证期物质损失保险的保险期限的起点是一个相对不确定的时间点。

五 建筑工程保险的保险费率

（一）费率厘定要考虑的因素

建筑工程保险厘定费率时，要考虑如下因素：

(1) 承保责任的范围大小。

(2) 工程本身的危险程度、工程性质及建筑高度。

(3) 承包商和其他工程方的资信情况，技术人员的经验、经营管理水平和安全条件。

(4) 工地环境，如治安、人口密度、当地生活水平等。

(5) 同类工程以往的损失记录。

(6) 工程免赔额的高低、特种危险赔偿限额及第三者责任限额的大小。

(7) 是否包括经纪人佣金。

(8) 是否分保，国际再保险市场费率。

（二）建筑工程保险的费率项目

（1）建筑工程、业主提供的物料及项目、安装工程项目、场地清理费、工地内已有的建筑物等各项为一个总费率，整个工期实行一次性费率。

（2）建筑用机器装置、工具及设备为单独的年度费率，如保险期限不足一年，则按短期费率收取保费。

（3）第三者责任险部分实行整个工期一次性费率。

（4）保证期实行整个保证期一次性费率。

（5）各种附加保障增加费率实行整个工期一次性费率。

六　建筑工程保险的赔偿处理

（一）赔偿方式

对保险财产遭受的损失，保险人可选择以支付赔款或以修复、重置所损项目的方式予以赔偿。

（二）物质损失的赔偿处理

1. 可以修复的部分损失

以将保险财产修复至其基本恢复受损前状态的费用扣除残值后的金额为准，但若修复费用等于或超过保险财产损失前的价值时，采取推定全损的处理方式。

2. 全部损失或推定全损

以保险财产损失前的实际价值扣除残值后的金额为准，保险人一般不接收被保险人的委付申请。

3. 施救费用

被保险人为减少损失而采取必要措施所产生的合理费用，由保险人在保险金额限度内予以负责。

（三）第三者责任损失的赔偿处理

在发生第三者责任项下的索赔时，未经保险人书面同意，被保险人或其代表对索赔方不得做出任何责任承诺或拒绝、出价、约定、付款或赔偿。在必要时，保险人有权以被保险人的名义接受对任何诉讼的抗辩或索赔的处理。保险人有权以被保险人的名义，为保险人的利益自付费用向任何责任方提出索赔的要求。未经保险人书面同意，被保险人不得接受责任方就有关损失做出的付款或赔偿安排或放弃对责任方的索赔权利，否则，由此引起的后果将由被保险人承担；在诉讼或处理索赔过程中，保险人有权自行处理任何诉讼或解决任何索赔案件，被保险人有义务向保险人提供一切所需的资料和协助。

第三节 安装工程保险

安装工程保险承保各种大型机器设备的安装工程项目在安装、调试期间因自然灾害和意外事故造成的物质损失、列明费用损失以及安装期间被保险人对第三者依法应承担的赔偿责任。

安装工程保险主要适用于安装各种工厂使用的机器、设备、储油罐、钢结构工程、起重机、吊车以及包含机械工程因素的任何建造工程。

一 安装工程保险的投保人和被保险人

（一）安装工程保险的投保人

安装工程的投保人既可以是业主，也可以是承包商。在实际操作时，工程由谁投保可视承包方式而定，主要有以下承包方式：

1. 全部承包方式

业主将所有机器设备的供应及安装工程的全部包给承包商，由承包商负责设计、制造（或采购）安装、调试及保证期等全部内容，最后将完成的安装工程交付给业主。

2. 部分承包方式

业主负责提供（或采购）被安装的机器设备，承包商负责安装、试车，双方都承担部分责任风险。

3. 分段承包方式

对于大型的安装工程，业主常将一项工程分成几个阶段或部分承包。而每一个承包商对业主来说都是独立的，他们相互之间没有契约关系。

由于安装期间发生的损失原因很复杂，往往各个原因相互交错，难以截然分开，所以多数情况下采取统一投保的方式，由一张保险单将工程安装期间要承担风险责任或具有可保利益的有关方都视为共同被保险人，使各方都获得保障，同时也避免了由于责任难以划清而产生的纠纷，各方接收赔款的权利以不超过其对保险标的的可保利益为限。

如果是全部承包方式，由主承包商出面投保整个工程的安装工程保险，同时把工程的有关利益方列为共同被保险人。其他承包方式，采用业主投保较好。

（二）安装工程保险的被保险人

所有对安装工程保险标的具有保险利益的人都可成为安装工程保险的被保险人。安装工程保险的被保险人主要包括以下几方：工程的所有人；工程承包人，包括主承包人和分承包人；供货人，即提供被安装机器设备的一方；制造商，即被安装机器设备的制造人，如果将制造商（有时制造商和供货人是同一人）作为共同被保险人，在任何条件下，安装工程保险对制造人风险的直接损失都不予负责；技术顾问；工程监理，即由业主聘请，代表业主监督工程合同执行的单位或个人；其他关系方，如贷款银行或其他债权人等。

二 安装工程保险的保险项目、保险金额及赔偿限额

安装工程保险的保险项目通常包括物质损失和第三者责任两个部分。

（一）物质损失部分

1. 安装项目

作为安装工程保险的主要保险项目，包括安装的机器、设备、装置、物料、基础工程（如地基、座基等）以及工程所需要的各种临时设施（如水、电、照明、通信设施等）。

安装工程主要有三类：①新建工厂、矿山或某一车间生产线安装的成套设备；②单独的大型机构装置，如发电机组、锅炉、巨型吊车等组装工程；③各种钢结构建筑物，如储油罐、桥梁、电视发射塔之类的安装、管道、电缆的铺设工程等。

安装工程部分的保险金额，一般按安装合同总金额确定，待工程完毕后再根据完毕的实际价值进行调整。当采用完全承包方式时，则为合同承包价；当所有人对引进设备投保时，其保险金额应包括设备的购货

合同价、国内运费及保险费以及关税和安装费。

2. 土木建筑工程项目

指新建、扩建厂矿必须有的工程项目，如厂房、仓库、办公楼、宿舍、码头、桥梁等。如果该项目已经包括在上述安装项目内，则不必另行投保，但要在保单中说明。本项的保险金额应为该项工程项目建成时的价格，包括设计费、材料设备费、施工费、运杂费、保险费、税款及其他有关费用等。其不能超过安装工程保额的20%，超过20%时，则按建工险费计收保费；超过50%，则需单独投保建工险。

3. 工程所有人或承包人在工地上的现存财产

工程所有人或承包人在工地上的不包括在工程范围内的，所有的或保管的已有的建筑物或财产。保险金额由投保人与保险人商定，一般按重置价值计算。

4. 安装施工用机具设备

施工用机具设备一般不包括在承包合同价格内，若要投保，可列入此项。保险金额按同型号、同负载的新机具设备重置价值来确定，包括出厂价、运费、关税、机具本身的安装费及其他必要的费用在内，并列出清单附在保险单上，加费投保。

5. 清除残骸费用

此项费用一般单独列出，不包括在合同价格内，但要在保单上列明。通常大工程的该项限额一般不超过合同价格的5%，小工程的一般不超过合同价格的10%。按第一危险方式承保，最高不超过现存财产的实际价值。

上述各项保险金额之和，构成安装工程保险物质损失部分的总保险金额。

若被保险人是以保险工程合同规定的工程概算总造价投保，被保险人应：

（1）在本保险项下工程造价中包括的各项费用因涨价或升值原因而超出原保险工程造价时，必须尽快以书面通知保险人，保险人据此调整保险金额。

（2）在保险期限内对相应的工程细节做出精确记录，并允许保险人在合理的时候对该项记录进行查验。

（3）若保险工程的建造期超过 3 年，必须从保险单生效日起每隔 12 个月向保险人申报当时的工程实际投入金额及调整后的工程总造价，保险人将据此调整保险费。

（4）在保险单列明的保险期限届满后 3 个月内向保险人申报最终的工程总价值，保险人据此以多退少补的方式对预收保险费进行调整。

否则，针对以上各条，保险人将视为保险金额不足，一旦发生本保险责任范围内的损失时，保险人将根据保险单的规定对各种损失按比例赔偿。

（二）第三者责任部分

保险人对保险期限内，因发生与保险单承保的工程直接相关的意外事故，造成工地及邻近区域的第三者人身伤亡或财产损失，依法应由被保险人承担的民事损害赔偿责任，保险人可以按照保险条款的规定予以赔偿。对于被保险人因上述原因而支付的诉讼费用以及事先经保险人书面同意的其他费用，保险人也可以负责赔偿。

第三者责任部分赔偿金额以法院或政府有关部门根据现行法律裁定的应由被保险人赔付的金额为准，但在任何情况下，均不得超过保险单明细表规定的有关赔偿限额。赔偿限额的确定与建筑工程保险相同。

以上安装工程保险的物质损失部分的保险金额与第三者赔偿责任部分的赔偿限额相加，就是安装工程保险的总保险金额。

三　安装工程保险的保险责任范围

（一）保险责任

1. 物质损失部分

安装工程保险物质损失部分的责任范围与建筑工程保险略有区别。除相同部分外，一般还有以下内容：

（1）安装工程出现的超荷、超电压、碰线、电弧、漏电、短路、大气放电及其他电气原因造成电气设备或电气用具本身的损失。

（2）安装技术不善引起的事故。"技术不善"是指按照要求安装但未达到规定的技术标准，在试车时往往出现损失。这是安装工程保险的主要责任之一。承保这一责任时，应要求被保险人对安装技术人员进行技术评价，以保证技术人员的技术水平能够适应被安装机器设备的

2. 第三者责任部分

安装工程保险第三者责任险的责任范围与建筑工程第三者责任保险的基本相同。

(二) 责任免除

安装工程保险物质部分的责任免除，多数与建筑工程保险相同，所不同的是，建筑工程保险将设计错误造成的损失一概除外，而安装工程保险对设计错误本身的损失除外，对由此引起的其他财产保险的损失予以负责。

安装工程第三者责任险的责任免除与建筑工程第三者责任险的责任免除相同。

四　安装工程保险的费率

(一) 费率确定考虑的主要因素

安装工程保险的费率确定主要考虑以下因素：工程本身的危险程度、工程的性质及安装技术难度，工地及邻近地区的自然地理条件，有无特别危险存在，保险期限的长短、安装过程中使用吊车次数的多少及危险程度，最大可能损失程度及工地现场管理和施工的安全条件等，被安装设备的质量、型号、产品是否达到设计要求，工期长短及安装季节、试车期和保证期分别有多长，承包人及其他工程关系方的资信、技术水平及经验，同类工程以往的损失记录，免赔额的高低及特种风险的赔偿限额。

(二) 费率组成

安装工程保险的费率主要由以下各项组成：

安装项目，土木建筑工程项目，所有人或承包人在工地上的其他财产及清理费为一个总的费率，整个工期实行一次性费率；试车为一个单独费率，是一次性费率；保证期费率，实行整个保证期一次性费率；各种附加保障增收费率，实行整个工期一次性费率；安装、建筑用机器，装置及设备为单独的年费率；第三者责任险，实行整个工期一次性费率。

五　安装工程保险的保险期限

安装工程保险的保险期限包括从开工到完工的全过程，由投保人根据需要确定。与建筑工程保险相比，安装工程保险项下多了一个试车考核期间的保险责任。

（一）保险责任的开始时间

在保单列明的起期日前提下，安装工程保险的保险责任开始有两种情况，自投保工程动工之日或自被保险项目卸至施工地点时起，两者以先发生者为准。

（二）保险责任的终止时间

保险责任的终止有以下几种情况，以先发生者为准：保单的终止日期，安装工程完毕交移给所有人，所有人开始使用时，若为部分使用，则该部分责任终止。

（三）试车考核期

安装工程一切险的保险期内，一般应包括一个试车考核期。考核期的长短应根据工程合同上的规定来决定。对考核期的保险责任一般不超过3个月，若超过3个月，应另行加收费用。试车考核期的出险率最高，往往占整个工期出险的一半甚至是80%以上，因此，对考核期的承保应非常慎重。对于旧机器设备不负考核期的保险责任，也不承担其维修期的保险责任。

（四）保证期

与建筑工程保险一样，安装工程完毕后，一般还有保证期，若加保，也应该注意选择。一般有有限责任保证期和扩展责任保证期两种加保方法。

（五）保险期限内的扩展时间

在保单规定的保险期限内，若安装工程不能按期完工，而被保险人要求延长保险期限时，则由投保人提出申请并加交规定的保费后，保险人可以签发批单，以延长保险期限。保费按原费率以日计收，也可根据当地情况或风险大小增收适当的百分比。

（六）防损检查

在保险期限内，保险人应经常深入施工现场了解工程进度，发现隐患，尤其是在试车期间，更需加强防灾防损工作。

六　承保安装工程保险应须查证的情况

保险公司在承保安装工程保险之前，除了认真审阅工程文件资料外，还必须到现场查勘，并记录以下情况：

被保险人、制造商及其他与工程有利害关系的各方资信情况；工程项目或机器设备的性质、性能、新旧程度以及以往发生过的情况，有无保险或损失记录；工厂所用原料的性能及其危险程度；安装或建筑工程中最危险部位及项目；机器设备及原材料的启运时间、运输路线、运输和保管方法，以及运输中风险最大的环节；工地周围的自然地理情况和环境条件，包括风力、地质、水文、气候等，尤其是发生特种风险如地震、特大自然灾害的可能性；工地邻近地区情况，特别是附近有哪些工程，是否有河流、公路、海滩，这些因素可能对保险标的产生什么影响；工地附近居民的情况如生活条件、治安、卫生等；安装人员的组织情况、负责人及技术人员的业务水平及其素质；工程进度及实施方式，有无交叉作业；无法施工季节的防护措施；扩建工程情况下原有设备财产的情况，是否已投保，谁负责保险，保险内容；试车期及开始日。

了解并掌握上述情况后，保险双方即可商定保险标的内容，进而签订安装工程保险的保险合同。

第四节　科技工程保险

科技工程保险是以各种重大科技工程或科技产业为保险标的的综合性财产保险，是随着现代高科技、新技术的发展和广泛应用而逐渐发展起来的一种特殊工程保险业务。尽管与建筑工程和安装工程保险有许多相似之处，但科技工程保险业务更具有专业技术性和科技开拓危险性，且与现代科学技术的研究和应用有直接关系。

在财产保险市场上，科技工程保险业务主要有海洋石油开发保险、航天工程保险、核能工程保险等。这些业务的共同特点就是高额投资、价值昂贵，且分段进行，保险人既可按工程的不同阶段承保，又可连续承保。

一　航天工程保险

航天工程保险是指为航天产品（包括卫星、航天飞机、运载火箭等）在发射前制造、运输、安装和发射时以及发射后的轨道运行、使用寿命中可能出现的各种风险造成的财产损失和人身伤亡给予保险保障的综合性财产保险业务。在国际保险市场上，也被称为"一揽子"保险。按照保险期限的起讫时间，分为以下三种形式：

（一）发射前财产保险

对卫星本身、航天飞机及其他航天产品、运载火箭在制造、试验、运输及安装过程中所遭受的意外损失提供保险保障的保险。它的保险期限是卫星从组装车间向发射场的运输、卫星在发射场的安装以及卫星和运载火箭对接这一全过程。

（二）发射保险

从对运载器点火开始到发射后一定时间（通常为半年）为止的期间内发射失败导致的经济损失提供保险保障的保险。该险种承担发射时的意外事故和发射后的太空风险，是航天工程保险中的主要形式。

（三）寿命保险

对卫星及其他人造天体发射成功后到某一规定时间（通常为2年）内因太空风险或自身原因造成其坠毁或不能按时收回或失去作用造成的损失责任为保险标的的保险。通信、广播、气象、导航及地球资源卫星的寿命一般为1—2年，最长的不超过10年。

航天工程保险的保险金额通常分阶段、按险种确定：发射前保险是以制造、安装卫星及火箭的总成本为依据确定保险金额；发射保险是以卫星及火箭的市场价格加上发射等费用之和为依据确定保险金额；寿命保险是以将卫星送上轨道的成本及有关费用并参照卫星的工作效率为依据来确定保险金额，其保险金额数量按年限递减。

二　海洋石油开发保险

海洋石油开发保险承保海洋石油开发工程从勘探到建成、生产整个开发过程中的风险，以工程所有人或承包人为被保险人的一种科技工程保险。海洋石油开发大致可以分为普查勘探、钻探、建设和生产四个阶段，每个阶段都具有各自的特点。因此，在海洋石油开发保险中，涉及的保险标的相当多。就承保的物质标的而言，有勘探船、钻井船、钻井平台、钻机、供应船、救护船、油管、油库、各种建筑、汽车、直升机等，除物质标的外，还有各种费用、责任标的。所以，海洋石油开发保险的险种繁多，包括勘探作业工具保险、勘探设备保险、费用保险、责任保险、建筑安装工程保险等，具有技术性强、条款复杂、险种繁多的特点。

根据国际惯例，海洋石油开发保险的投保事宜是由海洋石油开发的承包或租赁合同（如勘探合同、钻井合同、建设承包合同等）等规定的，即海洋石油开发保险是上述合同的基本条款之一，一般直接涉及作业者应投保什么险种及向谁投保等问题，因此，保险人可以根据上述合同中的保险条款规定与投保人具体洽谈保险事宜。在承保经营过程中，保险人可以根据海洋石油开发的阶段进程为投保人设计并提供多种保险服务，开展相应的保险业务。此外，海洋石油开发保险还必须以再保险为前提条件，从而避免保险人的财务危机。

三 核能工程保险

核能工程保险承保核能工程项目的财产损失及赔偿责任，是随着现代原子能技术的发展与各国对原子能和平用途的研究及应用而逐渐发展起来的新型保险业务。它承保的主要责任是核事故风险，而在其他财产、工程保险中则是把核事故风险列为常规责任免除，并且不允许扩展承保。此外，由于核事故风险性质特殊，风险异常，政府的某些立法如《核事故损害赔偿法》通常规定核事故中应按绝对责任来承担损害赔偿责任，并对保险人在责任项下的超赔给予政府补贴，使核能工程保险具有政策性保险的特色。

核能工程保险的种类一般包括财产损毁险、核能安装工程保险、核原料运输险、核责任险，其中最主要的业务是核能工程财产损毁险和责任险。在承保中，对核能工程本身即财产物资和核责任风险应分别确定保险金额和赔偿限额，有的保险人还分别订立一般事故赔偿限额和核事故赔偿限额，有的将核能工程操作人员与技术人员也列入第三者责任保险范围予以承保。

【复习思考题】

1. 什么是工程保险？工程保险的特征是什么？
2. 工程保险的投保人和被保险人包括哪些？
3. 简述建筑工程保险的保险责任、保险期限和保险金额的确定。
4. 简述安装工程保险的保险责任、保险期限和保险金额的确定。
5. 工程保险费率厘定要考虑哪些因素？
6. 科技工程保险有哪些险种？

第八章　农业保险

【开篇案例】① 巩义市康店镇邙岭上,礼泉村果农孙长恩在果园里忙着给苹果树剪枝。"多亏了特色农业保险,让我有资金第一时间恢复生产。"孙长恩承包了345亩地,今年他给这些地上了保险,一共缴了2415元的保费。今年7月遭遇风灾后,中原农业保险公司定损赔付了10万元。"在我最困难的时候,农业保险为我雪中送炭,真是帮了大忙。"他说。

巩义"七山一水两分田",由于土地贫瘠,降水偏少,常年粮食作物种植面积33万亩,其中旱涝保收田仅15万亩,抵御自然灾害能力弱。巩义市委认为,实施好农业保险对巩义农业生产和农民增收尤为重要。近年来,巩义不断加大农业保险保费补贴力度,创设特色农业保险险种,为持续推动农业增效、农民增收提供了坚强保障。

针对山岭地面积大、地块分散,导致投保难、理赔难等问题,巩义市在全省率先制定了小麦和油料作物保费全额补贴政策,即在中央、省、市各级财政补贴的基础上,对由农户承担的20%保费,市财政全额补贴。此举成效明显,2017年小麦承保30.9万亩,油料作物承保3万余亩,做到了应保尽保,理赔金额609万余元,赔付率达72%。

随着特色农业兴起,巩义创设优质水果、设施农业、水产等新险种来保驾护航,2017年特色农业承保面积达到4600余亩。按照市财政承

---

① 何可:《河南巩义:农业保险为"三农"保驾护航》,《河南日报》,转引自中华人民共和国农业部网站,http://jiuban.moa.gov.cn/fwllm/qgxxlb/qg/201712/t20171226_5988687.htm。

担保费 90%，农户承担 10% 的政策，苹果、梨每亩保额 1000 元，保费 70 元，群众参保每亩只需缴纳 7 元，遇自然灾害即可享受每亩最高 1000 元的保障。

巩义将特色险种向优质农产品生产基地倾斜，优先予以承保。"我今年交了 140 元保费，即便是遇到自然灾害也不害怕了，明年我打算再流转十几亩坡地种软籽石榴。"康店镇庄头村果农孙学朋说，他那 43 亩的家庭农场建在邙岭之上，种有香酥梨、苹果等名优品种。

看到短信提醒银行卡收到 7 万元，河洛镇花生种植大户白顺业长出一口气。9 月下旬以来，巩义遭遇罕见连阴雨天气，花生大面积得不到及时收获，在田间霉变发芽，巩义市积极组织保险公司查勘定损，尽可能将农户的损失降至最低。

对参保农民来说，最担心定损理赔不公平、赔款不到位。巩义市农委从农业技术专家库选派 20 余名专家，现场指导定损理赔。市财政每年列支 10 万元作为专项工作经费，确保保险机构全面落实政策。由于理赔真正做到了快速、高效、公正，如今种养大户踊跃参保。

【内容提要】 农业保险是一类较特殊的财产保险，大多数国家将其全部或部分纳入政策性保险范围。本章阐述了农业保险的概念、特征和分类，介绍了种植业保险和养殖业保险的主要内容，包括保险标的、保险责任、保险金额、保险费率、赔偿处理等。

第一节　农业保险概述

一　农业保险的概念与特征

（一）农业保险的概念

农业保险有狭义和广义之分，我国学术界和实务界多采用狭义农业保险的概念，即农业保险是保险人对从事农业生产的单位或个人在进行种植业、养殖业生产过程中遭受自然灾害和意外事故所造成的损失，在保险责任范围内承担赔偿保险金责任的保险，包括种植业保险和养殖业保险。

而广义的农业保险的概念涵盖农业产业的整个过程及相关财产和人员，即除种植业保险和养殖业保险外，还包括从事广义农业生产的劳动力及家属的人身保险和农场上的其他物质财产与责任的保险。国外特别是很多发达国家一般采用此定义。

（二）农业保险的特征

农业是人们利用植物、动物的生长机能，通过人工控制和培育以取得农业产品的重要部门，是经济再生产与自然再生产的结合，具有生产周期长、受自然条件影响大以及生产季节性、地域性和不稳定性等特点。由于保险标的的特殊性及其所面临风险的复杂性，决定了农业保险具有区别于其他财产保险的显著特点：

1. 农业保险标的具有生命性

农业保险的标的大多是有生命的植物或动物，受生物学特性的强烈制约。在此基础上，产生了与以非生命体作为保险标的的其他财产保险的差异。

（1）农业保险标的的价值始终处于变动之中。农业保险标的在保险期间一般都在生长期，价值处于变化中，只有当它成熟或收获时才能最终确定。在此之前，保险标的处于价值的孕育阶段，不具备独立的价值形态。

（2）农业保险标的有明显的生命周期及生长规律。农业保险的承保和理赔工作的开展必须适应这些规律，保险期限需要严格按照农作物的长期特性来确定。

（3）农业保险标的在生长期内受到损害后有一定的自我恢复能力。这样使保险的定损变得更为复杂，尤其是农作物保险，往往需要在收获时二次定损。

2. 农业自然风险具有系统性和季节性

农业保险承保的自然风险结构很特殊，主要包括各种气象灾害和生物灾害，如旱灾、水灾、冰雹、病虫害、疫病灾害、低温灾害、干热风灾等，甚至很多时候多种灾害叠加，对农业生产构成严重威胁。并且，由于地域的广延性和气象灾害的区域性，农业风险具有极高的相关性，农业灾害的覆盖面广、影响面大，从而造成的经济损失估量难度大。此外，农业自然风险具有强烈的规律性和季节性，使农业保险在展业、承保、理赔、防灾防损等方面表现出明显的季节性，保险人必须严格遵循农业生产的自然规律，对动植物的生物学特性和自然生态环境有正确的认识，以便督促被保险人加强农业风险管理。

3. 农业保险具有地域性

动植物的生长和发育要具备严格的自然条件，而我国各地区的地形、气候、土壤等自然条件和社会经济、生产条件、技术水平等都有较大的不同，从而形成了动物、植物地域性的不同，决定了农业保险在险种类别、标的种类、灾害种类及频率和强度、保险期限、保险责任、保险费率等方面，表现出在某一区域内的相似性和区域外明显的差异性。因而农业保险只能根据各地区的实际情况确定承保条件，而不应该强求全国统一的模式。

4. 农业保险中存在严重的信息不对称

农业保险标的的生长、饲养等都离不开人的行为作用，而由于我国农村地区地域广、农户居住地分散、信息闭塞，保险人往往很难得到相关信息，使农业保险中的信息不对称现象非常严重。一方面，表现在逆选择明显，低风险者不愿意参保而保险人的赔付率不断上升，使费率进一步提升，而中低风险的农业风险单位更不愿参保；另一方面，被保险人的防灾防损、灾后补救的态度和手段不同，损失率就有可能不同，农户参保后，可能忽视甚至放弃有效的风险管理措施，甚至利用查勘定损不便等限制骗取保险金，道德风险高。而保险人由于地域、技术、人力等的限制，监督被保险人行为的成本非常高，风险控制难度大。

5. 农业保险经营需要政府的扶持

农业保险的准公共性，对农业经济乃至整个国民经济的发展举足轻重，但是由于其所具有的高赔付率，很难吸引保险公司主动去经营。这就从客观上要求政府高度重视，通过法律手段、行政手段、经济手段等多种途径扶持农业保险的发展，以保费补贴、税率优惠等形式，鼓励农户投保、保险公司承保。从实践中看，世界各国普遍将农业保险定性为政策性保险，我国自2004年启动的农业保险试点也是如此。

二 农业保险的分类

根据承保的具体对象，农业保险可划分为种植业保险和养殖业保险两大类。

种植业保险承保各种农作物、林木因保险事故所致的损失,是各种农作物保险和林木保险的总称,包括农作物保险和林木保险。

养殖业保险指以各种处于养殖过程中的动物为保险标的、以养殖过程中因灾害事故或疾病造成的保险标的的损失为承保责任的保险,是畜牧保险、水产养殖保险等险种的总称。

第二节 种植业保险

一 种植业保险的保险标的

(一)生长期农作物保险标的

生长期农作物的保险标的,是处于生长期的各种农作物,可以分为两类:

(1)粮食作物,包括禾谷类作物(如水稻、玉米、小麦等)和豆类作物(如大豆、蚕豆、绿豆等)。

(2)经济作物的保险标的,主要有纤维作物(如棉花、亚麻)、油料作物(如油菜、花生)、嗜好性作物(如烟草、茶)、药用作物(如天麻、三七)以及瓜果、蔬菜等。

(二)收获期农作物保险标的

收获期农作物保险的保险标的是处于收获期的各种农作物,农作物成熟后离开生长地进入场院、炕房,处于晾晒、脱粒、烘烤等初加工形态时,即成为初级农产品,可以作为收获期农作物保险的标的进行投保。

(三)森林保险标的

森林指生长在广阔陆地上的各种树林,可划分为人工林和天然林。理论上讲,人工林和天然林在不同程度上都投入了人力、财力、物力,都可以作为森林保险的标的。但从动态上考察,人工林在森林资源中将呈现不断上升的趋势,因此,森林保险中占重要地位的是人工林。森林保险标的是一种多年生植物,生长过程具有周期长、效益广、风险大、灾害多等特征。

（四）果树保险标的

果树保险标的有树体标的和果品标的；有常绿果树标的和落叶果树标的；有木本果树标的和草本果树标的；有温带、亚热带、热带和寒带果树标的。概括起来有这样七大类：仁果类（如苹果）、核果类（如樱桃）、浆果类（如葡萄）、坚果类（如核桃）、柑果类（如柚）、柿枣类（如柿子）、亚热带及热带果类（如香蕉、芒果）。

二 种植业保险的保险责任

种植业生产面临各种各样的风险，主要有旱灾、水涝灾害、病虫害、风雹灾、霜冻等。

（一）农作物保险的保险责任

根据保险人承担风险责任的多少，农作物保险可以分为单一风险责任、混合风险责任和一切风险责任。

农作物单一险承保农作物的单一风险责任，例如"水稻火灾保险"，保险人只对火灾引起的被保险水稻损失负责赔偿；"棉田雹灾保险"，保险人只对冰雹灾害引起的棉田损失负责赔偿。

农作物混合险承保两种或两种以上的风险，如暴雨、暴风、冰雹等所致的农作物的损失。例如"广东省马铃薯种植保险"，承保的是暴雨、洪水、内涝、风灾、雹灾、冻灾、旱灾等自然灾害，泥石流、滑坡等意外事故，病虫草鼠害。

农作物一切险中，保险人对几乎所有的自然灾害和病虫害造成的农作物损失都承担赔偿责任。农作物一切险在损失发生时需要大量资金，因而一般由政府部门或政府支持的农作物管理机构办理，政府为此提供保费支助，分担赔款或提供再保险。

我国的农作物保险主要承保单一风险责任和混合风险责任。

（二）林木保险的保险责任

林木在生产过程中面临着各种风险，包括被偷砍、盗伐、哄抢等人为风险，洪灾、雹灾、风灾、雪灾以及牲畜践踏、病虫害、野兽危害等自然风险，以及介于这两者之间的火灾风险等。其中，森林火灾是世界性的最大森林灾害。它按起火原因可以分为两类：一是人为火；二是自然火（如雷击）。大多数森林火灾都是人为原因引起的。

林木保险中保险人承保责任的多少取决于保险人的供给能力和投保人的需求程度。在保险人承保能力不足、经营水平不高、投保人面临的风险程度和经济支付能力有限的情况下，保险人通常不承担病虫害等风险责任。若保险供求能力低下，林木保险甚至只承保火灾这一项风险责任。

三　种植业保险的保险期限

农作物保险的保险期限的长短由保险标的的特点决定。生长期农作物保险一般从作物出土定苗后起保，到成熟收割时止；对于分期收获的农作物，保险期限应到收获最后一期为止。收获期农作物保险，一般从农作物收割（采摘）进入场院或炕房后起保，到完成初加工离场或离房入库前终止，通常时间较短，一般只有一个月左右，有的保险条款将保险期限向前延伸到收割（采摘）进入场院前10天，包括了收割、运输途中的时间，向后延迟至交售入库为止，从而进一步扩大了保障程度。

林木保险期限一般较长，因为林木属多年生植物，生长期较长。一般以林木的投入至产出时间作为确定依据。

四　种植业保险的保险金额和保险费率

（一）保险金额

种植业保险金额的确定，一般以不超过正常年景的收获量或保险标的的实际价值的八成为最高限额，让被保险人自己承担一部分损失责任，以提高承保效益。确定方法有三种：

1. 按投入的生产成本确定

即根据种植业保险标的的生长规律和有关职能部门提供的种植成本投入的具体情况，分别确定不同阶段的保险程度，按亩平均成本计算保额。

2. 按平均收获量的一定成数确定

即根据同类保险标的在乡以上的范围内，前3—5年时间里平均收获量的四成至八成，按销售中间价计算保险金额，其保障程度略高于按成本确定保额的方式。

3. 按银行贷款额确定

即为了支持科技兴农技术的推广和应用，保险人可以在农技部门提供责任担保的情况下，以银行向农民提供的生产贷款额作为保险金额。

(二) 保险费率

种植业保险费率的确定非常复杂，主要影响因素包括以下三点：

(1) 地理位置、自然环境、气候条件、水利设施、防灾力量、交通状况等。

(2) 各种农作物及林木对灾害抵抗力的强弱及经营管理水平的高低。

各种农作物、林木对风险的抵抗能力不同，即便是同等强度的灾害对各种农作物或林木造成的损失程度也各不相同。而经营管理水平的不同，也影响到农作物或林木的风险大小及其损失程度。

(3) 切实估计最大损失可能及必要开支。

估计发生灾害的最大可能性，考虑大灾年的赔付状况，清楚自己所能承担的最高赔偿额度，在纯费率的基础上附加一定的稳定系数，并将保险人的营业费用支出计算在费率中。

五　种植业保险的赔偿处理

(一) 全部损失

我国种植业保险条款一般规定保险标的遭灾后，如果有 70% 以上的植株死亡，没有继续种植的价值或不能改种其他作物，视同为全损，按条款规定的赔付方法计算赔款，并且如果有残值，要从赔款中扣除。保产量和保成本的赔款计算公式分别为：

亩赔款 = 平均亩产 × 承保成数 × 单价

亩赔款 = 亩保险成本 − 未来应投入成本

受灾后改种其他作物并有收益的，保单继续有效，保产量和保成本的赔款计算公式分别为：

亩赔款 = 平均亩产 × 承保成数 × 单价 − 亩改种已赔金额 − 亩改种收入

亩赔款 = 原保单亩成本保额 − 改种时亩赔款 − (亩改种收入 − 亩改种投入成本)

（二）部分损失

计算部分损失的赔款，一般是在收获时的测产之后。如果受灾当时给了预付赔款的，计算时应当扣除。

保产量：亩赔款＝（保险亩产实收平均亩产）×单价－预付赔款

保成本：亩赔款＝（亩成本保额实收平均亩产×单价）－预付赔款

第三节 养殖业保险

一 养殖业保险的保险标的

（一）畜牧保险

我国牲畜的种类及数量繁多，而且用途不一，因此畜牧保险的对象也比较广泛，但主要以役用畜和肉用畜作为保险标的。

其中，大牲畜保险标的从用途上可划分为役用畜、乳用畜、种用畜和肉用畜，从种类上看牛、马、骡、驴、骆驼等，都可以作为承保对象。

中小家畜家禽保险可根据标的划分为家畜保险和家禽保险。家畜保险标的可根据类别分为肉用家畜和种用家畜，包括猪、羊、兔等。家禽保险标的是商品性生产群养的家禽，从种类上分，包括鸡、鸭、鹅、鸽、火鸡、鹌鹑等；从生长阶段分，可分为雏禽、成禽、淘汰禽等；从用途上分，同种家禽也可分为更具体的标的，如成鸡可分为蛋鸡、肉鸡、种鸡等。

牧畜保险标的通常是在草原、草山坡上自然放养、觅食为主，实现规模养殖、以出售为目的的群养群牧的牛（奶牛、肉牛、牦牛等）、马、驴、骡、骆驼等大牲畜以及绵羊、山羊等小牲畜。

（二）水产养殖保险

淡水养殖保险的保险标的，主要是鱼、蚌、珍珠等人工养殖的淡水生物。这些淡水生物受自然气候条件的影响较大，产量的高低与养殖方式和养殖管理技术直接相关，存活量难以准确测定，致使部分损失的损失程度难以确定。

海水养殖保险的保险标的，主要是海洋生物，包括海生动物和海生植物，如对虾、扇贝、海带、鳗鱼等，属于高投入、高风险、高效益的养殖产品，也是以出口为主的外向型养殖对象。

二 养殖业保险的保险责任

（一）畜牧保险的保险责任

畜牧保险标的面临的风险主要包括以下几个方面：

1. 疾病

不仅包括一般疾病、寄生虫病、传染病，而且还包括胎产、阉割等。

2. 自然灾害

包括洪水、淹溺、暴风雪、地陷、崖崩、雹灾等。

3. 意外事故

包括触电、摔跌、互斗、碰撞、窒息、野兽伤害、建筑物及其他物体倒塌等。

畜牧保险的保险责任可分为单一责任和混合责任两种，单一责任只承保某一种风险，混合责任是将以上风险所致的畜禽死亡损失综合起来。我国畜牧保险的责任范围比较广，属于综合责任保险，主要承保因疾病、自然灾害和意外事故这三方面原因造成的牲畜死亡损失。

此外，为了防止疾病传染，经当地政府部门或畜牧部门命令和有关部门同意宰杀或掩埋的，也包括在责任范围之内。有些地方的保险公司还提供牲畜保险附加盗窃险和附加医疗险。

（二）水产养殖保险的保险责任

水产养殖保险的保险标的包括死亡责任和流失责任两大类。

水产品自身疾病引起的死亡、缺氧及他人投毒、河水干涸、污染、冰冻引起的死亡，均构成死亡责任；台风、龙卷风、暴风雨、洪水、海啸、地震等风险造成堤坝溃决或海潮漫坝等引起的水产品流失损失，构成流失责任。

保险人可以根据各地的具体情况，确定采用何种承保方式：既可以一张保单同时承保水产品的死亡责任和流失责任，也可以将死亡责任作为基本责任，流失责任作为附加责任处理，还可以将流失责任单独承保。

三 养殖业保险的保险期限

畜牧保险的保险期限主要依据农区或牧区畜禽的种类、生理特征及生长发育规律、经济用途等因素确定。

1. 保险期限为一年

生长期或使役期超过一年的畜禽，保险期限通常是一年，一般从约定起保日的零时开始，到约定期满的 24 时止。

2. 根据养殖周期确定保险期限

生长期或使役期短于一年的畜禽，按照相应的养殖周期确定保险期限。

为了防止发生道德风险（畜禽带病投保或感菌投保等），提高承保质量，一般还有观察期的规定，即在签单后的某段时间内，牲畜正常，保险责任从观察期结束次日开始至期满为止，如果在观察期内牲畜死亡，保险人不负赔偿责任，但退还保费。

水产养殖品种多、差异大，因而保险期限不可能按照自然年度统一确定，而是应当根据不同保险标的的养殖周期来确定。即便是同一种保险标的，也可以因南北方的气候差异而实行不同的保险期限。养殖周期在一年以上的，保险期限可以是一年。此外，为防止道德风险，对任何水产养殖保险标的，在保险责任生效前都应规定承保观察期。

四 养殖业保险的保险金额和保险费率

（一）保险金额

1. 畜牧保险金额

畜牧保险的保险金额的确定需要考虑畜禽的种类、用途、年龄、饲养成本以及所在区域的经济水平等情况，并坚持"低保额、低收费"的原则，保险金额一般不超过牲畜实际价值的 70%。通常采用评定价值、农牧场的账面价值或定额等方式确定保险金额：

（1）评定价值承保。保险双方当事人根据保险标的的具体情况通过协商估价来确定保险金额。例如，大牲畜保险根据大牲畜的年龄、用途、健康状况和饲养管理状况共同协商估定保险金额。

（2）定额承保。即保险人根据保险标的的种类、用途、年龄、经济价值等确定不同档次的保险金额，由保险双方选择适当的保额档次进行承保。

（3）其他方式。例如，大牲畜保险可以采用账面价值（会计账簿上记载的牲畜价值）或市场价值（根据各畜龄大牲畜的市场价，分为若干档次）确定保险金额。

2. 水产养殖保险

水产品养殖的保险标的的价值，通常随着养殖生产过程的延续而不断增加，因而保险金额的确定往往不是以投保时保险标的的实际价值为依据，而是以最终收获时的价值或投入的全部成本（最终生产费用）为依据。

（1）保成本。即根据对水产养殖标的投入的全部成本确定，包括两种方式：以保险标的在生长期间投入的总成本作为依据确定保险金额的方式，适用于养鱼保险、养虾保险等；根据对保险标的投入的成本和养殖方式共同确定保险金额，即考虑到养殖方式不同、成本投入量不同、风险状况不同，确定不同档次的保险金额。

（2）保产值。以保险标的的市场价格或者产品销售价格的一定成数作为水产养殖保险的保险金额。

（二）保险费率

养殖业保险费率的确定，需要考虑保险标的的种类、保险责任的大小、保险标的面临的风险及可能导致的损失程度等。

五　养殖业保险的赔偿处理

畜牧保险的赔款通常是在保险金额的限度内扣除残值得出。保险人根据畜禽死亡的季节和死亡的原因扣除残值。对定额承保的，根据投保人选定的档次定额赔付，不扣残值。

水产养殖保险中，保成本承保方式下，根据不同时期赔偿额占保额的比例进行赔偿；保产值承保方式下，根据保险标的的实际损失情况，在保险金额内扣除残值赔付。

【复习思考题】

1. 什么是农业保险？农业保险有何特征？
2. 种植业保险金额确定的主要方式是什么？
3. 种植业保险怎样计算赔款？
4. 养殖业保险的保险金额如何确定？

第九章　责任保险

【开篇案例】[①] A染化有限公司污水处理站废水收集池阀门损坏，造成池内高浓度污水泄漏外排，致B污水处理厂进水水质超标，增大污水处理厂水处理难度，影响了污水处理厂正常生产，从而导致相关损失。平安产险理赔人员赶赴事故现场调查取证后，认定此次事故系一起污染损害事件，并造成了B污水处理厂的经济损失。通过报告来看，其额外的污水处理费用支出，属于环境污染责任保险责任范畴。经过积极努力，最终保险人与被保险人及受损三者达成赔付协议。

案件特点：本案是保险参与环境污染治理的典型案例。

点评：这是一起典型的环境污染事故，案件集中体现了事故突发性、处理及时性和风险管控的重要性。在我国法律中，环境污染属于举证责任倒置，对企业责任承担较严苛，而环境污染责任保险制度将事前的风险识别，事中的损失控制，事后的经济补偿与风险管控改进有效引入企业和受害者之间，有利于加强企业风险识别、风险管控和风险补偿能力，同时对被保险人事故救助、损失补偿，恢复生产也发挥着积极的作用。

【内容提要】 随着人类社会的进步、科学技术的发展和法制观念的强化，责任风险引起了人们越来越多的重视。而责任保险也随之逐步发展成为人们分散责任风险和消化经济损失的首选手段，成为业界受广泛重视的、有极大发展潜力的一项保险业务。本章阐述了责任保险的概念

[①] 《2016年度中国最具代表性十大风险管理案例（责任险）》，《中国保险报》，http：// xw. sinoins. com/2017 - 03/14/content_ 225625. htm? from = groupmessage&isappinstalled =0。

和特征，介绍了责任保险的基本内容和分类，简要梳理了责任保险的发展历史，并介绍了公众责任保险、产品责任保险、雇主责任保险、职业责任保险等几个主要险种的基本内容。

第一节　责任保险概述

一　责任保险的概念与特征

（一）责任保险的概念

责任保险是指以被保险人对第三者依法应负的赔偿责任为保险标的的保险。保险人承保被保险人在进行各项生产经营活动、业务活动或在日常生活中，由于疏忽、过失等行为造成他人的人身伤亡或财产损失，根据法律或者合同的约定，应当承担的经济赔偿责任。

（二）责任保险的特征

责任保险属于财产保险范畴，遵循财产保险的经营原则，但与一般财产保险相比，由于承保对象的特殊性，又在产生与发展的基础、补偿对象、承保标的、赔偿处理等方面有自己明显的特征。

1. 产生与发展的基础——健全与完善的民事法律制度

一般财产保险产生和发展的基础，是自然风险与社会风险的客观存在和商品经济的产生与发展；人寿保险产生与发展的基础，是社会经济的发展和社会成员生活水平不断提高的结果；而责任保险产生与发展的基础却不仅是各种民事法律风险的客观存在和社会生产力达到了一定的阶段，而且是由于人类社会的进步带动了法律制度的不断完善，其中法制的健全与完善是责任保险产生与发展最为直接的基础。

正是由于人们在社会中的行为都必须由法律制度所规范，才可能在因违反法律而造成他人的财产损失或人身伤害时必须承担起经济赔偿责任。因而，只有存在对某种行为以法律形式确认为应负经济上的赔偿责任时，有关单位或个人才会想到通过保险来转嫁这种风险，责任保险的必要性才会被人们所认识、所接受。事实上，当今世界上责任保险最发达的国家和地区，必定也是各种民事法律制度最完备、最健全的国家。

2. 补偿对象的双重性——既保障致害人（被保险人），又保障受害人

在一般财产保险的经营实践中，保险人是对被保险人的经济损失进行补偿，保险金归被保险人所有，不会涉及第三者。

而责任保险形成了直接保障被保险人利益、间接保障受害人利益的双重保障机制：直接补偿对象是与保险人签订责任保险合同的被保险人；间接补偿对象是受害人。当保险事故发生时，如果被保险人未向受害人赔偿的，即无损失则保险人也无须补偿被保险人；如果被保险人对第三者应负的赔偿责任确定的，根据被保险人的请求，保险人应当直接向第三者赔偿保险金。这样，保险人支付的保险金最终归受害人所有。责任保险既替代被保险人承担了赔偿责任，又保障了受害人应有的合法权益。

3. 赔偿范围的确定——约定赔偿限额

一般财产保险承保的是各种有实体的财产物资，这类保险标的具有可估价性，承保时根据估价确定的保险金额就是保险人的最高赔偿限额和计算保费的依据。而责任保险承保的各种民事法律风险是没有实体的，无法估价确定保险金额。并且责任风险在事先是无法预料的，既可能是数十元，也可能是数十亿元。如果没有赔偿额度的限制，保险人的赔偿责任不确定，就会面临极大的经营风险。因此，保险人在承保责任保险时，通常对每一种责任保险业务要规定若干等级的赔偿限额，由被保险人自己选择，被保险人选定的赔偿限额便是保险人承担赔偿责任的最高限额，超过限额的经济赔偿责任由被保险人自行承担。

4. 承保方式的多样化——可独立承保、附加承保或组合承保

责任保险的承保方式具有多样化的特征。保险人在承保时根据业务种类或被保险人的要求，可以采用独立承保、附加承保或与其他保险业务组合承保等方式。在独立承保方式下，保险人签发专门的责任保险单，它与特定的标的物损失没有保险意义上的直接联系，而是完全独立操作的保险业务，如公众责任保险、产品责任保险等。采取独立承保方式承保的责任保险业务，是责任保险的主要业务来源。

在附加承保方式下，保险人签发责任保险单的前提是被保险人必须参加了一般的财产保险，即一般财产保险是主险，责任保险作为附加险存在。如建筑工程保险中的第三者责任保险，就一般被称为建筑工程保

险附加第三者责任保险。附加承保的责任保险在业务性质和业务处理方面，与独立承保的各种责任保险是完全一致的，不同的只是承保的形式。

在组合承保方式下，责任保险不必签订单独的合同，也无须签发附加或特约条款，只需要参加该财产保险就得到了责任风险的保险保障。例如，船舶财产保险中包含了责任风险，即仅作为综合性的船舶保险中的一类保险责任承担。

5. 赔偿处理的复杂性——涉及众多关系方、受制因素多

与一般的财产保险和人身保险业务相比，责任保险的赔偿要复杂得多。第一，责任保险合同赔案的出现，均以被保险人对第三人造成损害并应依法承担的经济赔偿责任为前提条件，必然涉及第三者（受害人），从而表明责任保险的赔偿处理并非像一般财产保险或人身保险赔案一样只是保险双方的事情。第二，责任保险赔案的处理往往以法院的判决或执法部门的裁决为依据，保险人在此基础上，再根据保险合同的规定计算赔款，因此，责任保险的赔偿受制因素复杂，除合同外，国家的立法、司法制度对它都有影响。第三，由于最终是保险人代替致害人承担对受害人的赔偿责任，被保险人对各种责任事故处理的态度往往关系到保险人的利益，因而保险人具有参与处理责任事故的权利。并且如果保险事故由第三者责任方造成，保险人向被保险人赔偿后，依法或按合同约定取得向第三者责任方进行追偿的权利。

二 责任保险的基本内容

（一）责任保险的保险标的

根据违法性质的不同，法律责任一般分为民事责任、刑事责任和行政责任。其中，刑事责任指行为人因其犯罪行为所必须承受的，由司法机关代表国家所确定的否定性法律后果；行政责任指因违反行政法规或因行政法规定而承担的法律责任；民事责任指由于违反民事法律而对他人财产或人身安全所造成的损害应承担的赔偿责任。与刑事责任、行政责任不同的是，民事责任具有财产性、补偿性、恢复原状等特点，追究民事责任的目的在于补偿受害人的损失，并不是要惩罚行为人。这些特点与刑事责任中的没收财产、罚金或行政责任的处罚是不同的。

民事责任分为侵权责任和合同责任。前者指行为人不法侵害他人非合同权利或者受法律保护的利益而依法应承担的损害赔偿责任，根据行为人的主观状态与责任的关系，可以分为过错责任和无过失责任，过错责任又可以分为故意责任和过失责任；后者指在合同缔结时或合同成立后以及合同履行期间，由于合同一方当事人的行为导致他方当事人的权益受到损害，而依法应承担的法律后果，分为缔约过失责任和违约责任。

责任保险承保的保险责任主要为侵权责任中的过失责任和一些无过失责任，有些违约也可经特别约定承保。

（二）责任保险的法律依据

责任保险承保的是被保险人对第三者的赔偿责任，所以责任保险的法律依据是民法和各种专门的民事法律与法规。

（三）责任保险的保险事故成立的要件

1. 损害或违约事实存在

被保险人对第三人造成财产损失或人身伤害以及被保险人的违约行为造成合同另一方的经济损失。

2. 受害人（第三者）向致害人（被保险人）提出索赔要求

以上条件必须同时具备，才能构成责任保险人对保险责任的承担。如果仅有损害事实或违约事实的存在，受害人没有对被保险人提出赔偿请求或放弃索赔权利的，则不能构成责任保险的保险事故。

（四）保险责任范围

1. 保险责任

责任保险的保险责任，一般包括两项内容：

（1）被保险人依法对造成他人财产损失或人身伤亡应承担的经济赔偿责任。

（2）因赔偿纠纷引起的由被保险人支付的诉讼、律师费用及其他事先经过保险人同意而支付的费用。

2. 责任免除

责任保险中，常见的绝对除外责任包括：战争、内乱、叛乱、暴动、骚乱、罢工或封闭工厂引起的任何损害事故；被保险人的故意行为；不可抗力如地震等引起的损害事故；核风险（核保险责任除外）。

（五）赔偿限额与免赔额

责任保险承保的是被保险人的民事赔偿责任，难以用保险价值去衡量，因而责任保险没有保险金额的规定，而是确定赔偿限额作为保险人承担赔偿责任的最高额度。超过赔偿限额的索赔，仍由被保险人自行负责。

赔偿限额一般由保险人与被保险人协商订入保险合同中，也可由保险人事先在保险单上列明，被保险人认可即行。一般来说，责任保险通常规定两种赔偿限额，一是每次责任事故或同一原因引起的一系列事故的赔偿限额，二是保险期内累计的赔偿限额。以上限额还可以进一步分为人身伤亡和财产损失两个赔偿限额，如果同时发生人身伤亡和财产损失，保险人按各自的限额进行赔偿。

在责任保险经营实践中，保险人除通过确定赔偿限额来明确自己的承保责任外，还通常有免赔额的规定，以达到促使被保险人小心谨慎、防止发生事故和减少小额、零星赔款支出的目的。免赔额通常是绝对免赔。

（六）保险费率

责任保险费率的厘定，通常是根据各种责任保险的风险大小及损失率的高低来确定的。从总体上看，保险人在厘定责任保险费率时，主要考虑的影响因素应当包括以下几项：被保险人的业务性质、业务种类及其产生意外损害赔偿责任可能性的大小；法律制度对损害赔偿的规定；赔偿限额及免赔额的高低。

此外，承保区域的大小、每笔责任保险业务的量及同类责任保险业务的历史损失资料也是保险人在厘定责任保险费率时必须参照的依据。

（七）承保基础

责任保险的承保基础有期内发生式和期内索赔式两种，两种不同承保基础的保单分别叫作事故发生型保单和索赔发生型保单。

期内发生式是指在保险期间内发生的、造成第三者人身伤亡或财产损失并属于保险责任范围内的事件才能构成保险事故，保险人依照保险合同承担赔偿责任，无论受损害的第三者或被保险人何时提出索赔。保险人必须随时准备处理那些保险期限早已到期却刚来报案的索赔案件，并对已经终止很多年的保单支付赔偿，因而，这种以保险期限内的保事故发生为基础的承保方式要经过较长时间才能确定赔偿责任，国外又称为"长尾巴责任事故"。

期内索赔式是无论造成第三者人身伤亡或财产损失的事件或被保险人的过错行为在何时发生，只要受到侵害的第三者在保险期限内向被保险人第一次提出有效索赔即构成保险事故，保险人就要依照保险合同承担赔偿责任。采用这种承保方式，索赔时效的关键是索赔的提出必须在保险期间，而保险事故的发生有可能在保险期内或约定的保险期之前若干年。为了对风险责任有所控制，通常在保单中规定有追溯日期，只有事故发生在追溯期以内，而索赔发生在目前的保险有效期内的损失才能得到赔偿。

三　责任保险的分类

一般而言，责任保险按其承保内容的不同，分为以下几类：公众责任保险、产品责任保险、雇主责任保险、职业责任保险。

四　责任保险的产生与发展

（一）国外责任保险的产生与发展

责任保险的发展历史并不长，起源于19世纪末的欧美国家。随着当时法律环境的逐渐成熟，人们的权利意识不断增强，逐渐意识到自身所面临的法律责任风险大幅度增加，因而对责任保险的需求也逐渐增加。为顺应这种需求，保险公司开发了一系列的责任保险产品。第二次世界大战结束后，责任保险在工业化国家得到了迅猛发展。

19世纪中叶，处于工业化革命进程的英国，工业从业人员的数量迅速膨胀。当时的工作环境恶劣，工伤事故频发而工人从雇主那里得不到任何赔偿。为了获得人身和经济保障，工人阶级与政府进行了坚决的斗争，迫使政府先后制定了劳工法律。1846年英国议会通过《致命事故法令》，规定如因一方的疏忽大意造成另一方死亡，死亡者赡养的人有权要求对方承担一定的经济责任，以弥补损失。法令公布后，公众仍要求对其进行重大修改。议会于1880年又通过《雇主责任法令》，规定雇主经营业务过程中因过错致使雇员受到伤害时须负法律赔偿责任。但法令规定受害人必须证明对方有过失，才能提出赔偿要求。当年，英国就成立了雇主责任保险公司，并开发了雇主责任保险产品，该产品成为工人阶级保护自身权益的一种有效的手段。随后，英国于1886年在美国开设了雇主责任保险分公司，而美国也于1889年在本土设立了自己的承保雇主责任保险业务的保险公司。随着这两国法律的不断修订和完善，雇主对雇员承担的法律责任逐渐增大，雇主责任保险得到了迅速的发展，并在20世纪先后被英美两国列入法定保险之列。

此外，交通事故、公害、制造物缺陷等引起的损害赔偿大量增加，其他险种的责任保险也开始出现并发展起来。1875年，英国伦敦暨地方铁路客车公司发行用于马车意外事故的第三者责任保险单，这是现代汽车第三者责任保险的前身，到了20世纪40年代很多国家将机动车第三者责任保险规定为法定的强制保险；始于1886年的承包人责任保险、1888年的电梯责任保险、1894年的业主房东住户责任保险等，成为公众责任保险的开端；1885年，第一张职业责任保险单问世，承保药剂师过失责任，19世纪末期，医生职业责任保险产生，1923年会计师责任保险产生；1910年，有毒物品责任保险承保与人身体健康有直接关系的产品如食品、药品等，随后，产品责任保险的承保范围扩大到轻纺、机械、化工、石油、电子等行业的产品；1988年，美国成立了专门的环境功能保护保险公司，承保被保险人因渐发、突发、意外的污染事故应承担的责任及第三者责任。

责任保险在开办初期曾引起激烈争论，发展屡遭挫折。一些人认为代替致害人承担赔偿责任有违法律的宗旨及社会道德准则，甚至是在鼓励犯罪，会产生极大的社会负面作用。最终因责任保险对被保险人故意行为、违法行为是不予以承保的，且承保的仅限于民事赔偿责任，对被保险人应负的刑事责任不承担任何赔偿责任的有关约定，在转嫁了被保险人的责任风险的同时也使受害人的权益得到及时的保障而逐步得到社会各界的认可。进入20世纪70年代，随着法律制度的不断完善和人们生活水平的提高以及索赔意识的增强，责任保险进入了全面发展期，成为保险业务中的主流险种之一。例如，20世纪80年代美国的责任保险市场份额占非寿险业务的45%左右。但总体而言，责任保险是在挫折中不断发展和完善的。

(二) 我国责任保险的发展历程

在我国，20世纪50年代初期，原中国人民保险公司举办过汽车公众安全责任保险、飞机附加第三者责任保险和船舶碰撞责任保险，但不久即因"弊多利少，副作用大"而较其他国内保险业务提前四年停办。现在的责任保险是从1979年以后逐渐发展起来的，经历了数十年的发展，从供给主体、险种、法制环境的完善等方面来看，取得了极大的发展，但和保险发达国家相比，我国的责任保险在整个产险业务中所占的比重还较低，责任保险的发展潜力巨大，是保险业中的"朝阳产业"。

第二节 公众责任保险

一 公众责任和公众责任保险的概念

（一）公众责任

所谓公众责任，是指公民或法人在公众活动场所由于疏忽或过失等侵权行为，致使他人的人身或财产遭受损害，依法应当承担的经济赔偿责任。公众责任有两个特征：一是致害人所损害的对象不是事先特定的某个人或群体，二是损害行为对社会大众利益的损害。

公众责任的构成以法律上负有的经济赔偿责任为前提，其法律依据是各国的民法及各种有关的单行法规。一般来说，商场、运动场所、医院、贸易场所、展览馆、娱乐场所、动物园等各种公众活动场所，或者在企业厂区、办公楼等一些非公众活动场所工作期间，在建筑、安装工程施工期间，或者在承运人运输承运货物期间，甚至在个人住宅和个人日常活动中，都可能会因生产、营业等各项活动出现意外事故而造成他人的人身伤害或财产损失。根据《民法通则》的规定，凡损害他人财产或身体的，除受害人故意造成之外，均应承担赔偿责任。因而，这些场所的所有者和经营管理者必须依法承担相应的民事损害赔偿责任。公众责任风险的普遍存在，为公众责任保险的产生和发展奠定了基础。

（二）公众责任保险

"公众责任保险"一词起源于英国，在美国一般被称为一般责任保险，是责任保险中一项独立的、适用范围较广的险种。公众责任保险有广义、狭义之分，广义的如英、美保险市场的定义，公众责任保险承保了除雇主对雇员的责任以及因拥有或使用汽车、飞机或船舶而产生的责任之外的个人或企业所面临的全部责任风险。狭义的如我国的公众责任保险承保企事业单位、社会团体、个体工商户、其他经济组织及自然人在保险单上列明的地点范围内依法从事生产经营活动或其他活动时因意外事故造成他人（第三者）人身伤亡或财产损失，依法应由被保险人承担的民事赔偿责任。

二 公众责任保险的主要险种

公众责任保险适用的范围非常广泛，主要的险种包括场所责任保险、承包人责任保险、承运人责任保险和个人责任保险等。

（一）场所责任保险

1. 场所责任保险的概念

场所责任保险是公众责任保险中业务量最大的一个险别，承保因公共场所（包括房屋、建筑物及设备、装置等）存在结构上的缺陷或管理不善，或被保险人在场所内进行经营活动时因疏忽或过失发生意外事故造成他人人身伤害或财产损失的经济赔偿责任。

根据场所的不同，场所责任保险又可以进一步分为旅馆责任保险、电梯责任保险、车库责任保险、展览会责任保险、娱乐场所责任保险（如公园、动物园、影剧院、溜冰场、游乐场、青少年宫、俱乐部等）、办公楼责任保险、学校责任保险、工厂责任保险、机场责任保险等若干具体险种。

2. 场所责任保险的责任范围

在场所责任保险中，除特定业务外，大部分险种适用于普通公众责任保险中的保险责任规定。但在除外责任方面，基于自身性质，有以下一些特殊规定：

（1）承包人在被保险人场所内进行修理、重建或拆毁作业时对他人造成的损害。此项责任应由承包人负责，可通过投保承包人责任保险获得保障。

（2）被保险人所有、使用、操作或维修的飞机、机动车辆、船舶对他人造成的损害。该项责任属于运输工具第三者责任保险的承保范围，但娱乐场所内设施、设备等造成的损害事故，仍然属于场所责任保险的范围。

（3）任何工业或家用水管、排水管、空调、消火栓、自动喷淋等装置漏气、漏水引起的损害事故不予承保，但经过特别约定可以在场所责任保险内扩展承保。

（4）通过屋顶、门窗或通风装置进入房屋、建筑物内的雨、雪所造成的损害事故不予承保。

（5）售出的商品、食物、饮料造成的损害事故不予承保。该项责任属于产品责任保险保障的范围，应当在产品责任保险项下承保。

（6）被保险人饲养的动物造成的损害事故不予承保，但动物园的动物例外。

（二）承包人责任保险

1. 承包人责任保险的概念

承包人责任保险承保承包人在进行承包合同项下的工作或其他作业时，造成他人的人身伤亡或财产损失，依法应承担的损害赔偿责任。其中，承包人是指承包各种建筑工程、安装工程、装卸作业以及承接加工、定做、修缮、修理、印刷、设计、测绘、测试、广告等业务的法人或自然人，如建筑公司、安装公司、装卸公司等。

2. 承包人责任保险的特点

承包人的责任产生于承包人从事的受托工作，尽管行为人是承包人，但与之联系的是发包人或委托人的工程项目或加工作业等活动。

在经营实务中，若一个工程由多个承包人承包，保险人仅承担被保险人应负责的赔偿份额；若被保险人之下有分承包人，被保险人（承包人）的分承包人也可列作共同被保险人而获得保障。

3. 承包人责任保险的保险费

承包人责任保险的保险费率，主要以不同性质的承包作业以及承包价格来分别确定，如分为建筑工程承包人、安装工程承包人、装卸或搬运作业承包人、修理作业承包人、加工承揽作业承包人等，或分为法人单位与个体经营者等。然后，根据承包作业的具体对象来调查、评估风险责任，如高层建筑工程与低层建筑工程、大型机器安装工程与一般安装工程、装卸玻璃与装卸机床、加工纺织品与加工机械零部件等，均应在承保时区分清楚，再参照承保这种业务的财产保险（如建筑工程保险、安装工程保险、机器损坏保险等）的费率，科学计算出承包人责任保险的费率。

一般而言，保险人对于下列情况往往采取较优惠的费率予以承保：

(1) 巨额承包或加工承揽合同。

(2) 信誉好的承包人或加工承揽人。

(3) 有防护措施的地下工程。

(4) 对地下财产如水、气管道的损失不负责的地下工程。

(5) 经验丰富、技术优良、安全管理好的承包人或加工承揽人。

4. 承包人责任保险的保险期限

承包人责任保险承保的赔偿责任不仅仅是承包人依法应负的对其他人的人身伤害和财产损失的赔偿责任，而且还应对承包人造成承包作业对象的损失承担损害赔偿责任。所以承包人责任保险的责任期限一般采用工期保险单，即从承包作业的开工之日起，至完工之日止；但加工及其他承揽作业也采用定期保险单，具体规定应根据承包作业规模及其连续性等确定。

(三) 承运人责任保险

1. 承运人责任保险的概念

承运人责任保险承保承担各种客货运输任务的部门或个人对在运输过程中因疏忽或过失导致的人身伤亡或财产损失依法要承担的损害赔偿责任。

与其他公众责任保险不同，承运人责任保险面对的责任风险处于流动状态。此外，承运人责任保险的承保标的是合同责任，这是其与货物运输保险和财产保险合同的根本区别。

2. 承运人责任保险的主要险种

运输工具种类繁多，运输对象有客、货之分，运输方式又可分为直接运输和间接运输，因而承运人责任保险需要基于以上分类设计各种保险方案以满足投保人的需要。比较常见的险种有：

(1) 旅客责任保险。旅客责任保险承保旅客在乘坐被保险人提供的交通工具的途中，因发生意外事故而遭受人身伤亡或财产损失，依法应由被保险人（承运人）承担的经济赔偿责任。其中旅客是指持有效运输凭证乘坐交通工具的乘客、按照运输主管部门有关规定免费乘坐交通工具的儿童或承运人同意免费搭载的乘客，但不包括为完成被保险人的任务而免费搭载的人员，如飞机上的空中小姐、火车上的乘务员等。由于各国的旅客责任普遍采取强制保险的方式，故在保险市场上又称为旅客法定责任保险。

旅客责任保险按保险区域划分，可分为境内的旅客责任保险和国际运输线上的旅客责任保险，前者由国家法律和保险合同规范，后者由国际公约或国家法律及保险合同规范。境内旅客责任保险按运输工具划分，又可分为飞机、公路、铁路旅客责任保险，船舶旅客责任保险，公共汽车及市内轮渡旅客责任保险，其他运输工具旅客责任保险。国际旅客责任保险，主要有飞机旅客责任保险和海运旅客责任保险。

旅客责任保险的保险合同通常包括旅客随身携带的行李，即保险人不仅承保承运人对旅客人身伤害的法律赔偿责任，而且承保承运人对旅客随身携带行李损失的法律赔偿责任，但旅客托运的行李或货物除外。保险人还可以扩展被保险人的非过失责任。如不可抗力造成旅客伤亡或行李损失，被保险人（承运人）不承担赔偿责任，但承运人为提高信誉并保障旅客的权益，可以要求扩展承保该部分责任。

旅客责任保险费的厘定除了要依据赔偿限额外，还要考虑运输工具、运输区域、运输中的风险以及运输工具的座位数、赔偿限额等因素。

（2）承运货物责任保险。承运货物责任保险承保承运人对其所运货物的损害赔偿责任，一般分为航空货物责任保险和内陆货物责任保险两类。

航空货物责任保险承保航空公司在受托运送货物时可能发生的损害赔偿责任，该项责任贯穿于从货物交由航空公司承运时开始至到达目的地交付收货或办妥转运手续时为止的整个运输过程。

水陆货物责任保险，适用于各种船舶、火车、汽车及其他各种水陆交通运输工具承运的货物。参加这项保险后，如其所运的货物因承运车、船等遭遇火灾、爆炸倾覆以及船舶的触礁搁浅、沉没等意外事故所造成的货物损失，在法律或合同中规定应由承运人负责赔偿时，保险人予以负责。但承运货物的损耗、货物本质上的缺陷、霉烂、变质、装卸过程中所致的损失以及运输过程中的丢失、短量，被保险人或其代理人及其驾驶人员的违章装卸和其他故意行为所致的损失，保险人不负责赔偿。

使用两种或两种以上的交通工具承运货物，即为联运，对于联运的货物发生灭失、短少、变质、污染、损坏等损失，应由承运人承担赔偿责任的，由终点阶段的承运方按照规定赔偿，再由终点阶段的承运方向负有责任的其他承运方追偿。如果保险人承保的是终点承运方的赔偿责任，在补偿被保险人的损失后即取得向其他承运方追偿的权利；如果被保险人承保的是有责任的其他承运方的赔偿责任，则代被保险人补偿终点承运方的损失。

承运人承担的货物损失依法律或合同规定的赔偿责任，是按货物的实际损失包括货物本身的价值、包装费、运杂费、保险费等标准赔偿，保险人在赔偿限额的条件下也按此标准承担责任，若有免赔额时，还应先扣除免赔额。

(3) 运送人员意外责任保险。运送人员意外责任保险承保被保险人承运的合法货物在装、卸及运送过程中因发生意外事故使货物受损，依法应由被保险人承担的损害赔偿责任，它以已投保车辆保险或意外责任保险的运输公司为被保险人。

(四) 个人责任保险

1. 个人责任保险的概念

个人责任保险承保在保险期间被保险人（自然人或其家庭成员）在居所及办公场所以外的地方，因过失而造成第三人人身伤亡或财物损失，依法律规定应当承担的赔偿责任。

2. 个人责任保险的特点

个人责任保险具有其他责任保险的共同特征，如代致害人承担损害赔偿责任等，但作为独立的保险业务，还有如下特点：

(1) 个人责任保险的投保人仅限于自然人及其家庭，其被保险人既可以为被保险人个人，也可以为被保险人的配偶、子女及与他们共同居住一起生活的亲属和其他人。

(2) 个人责任保险的承保区域范围比其他公众责任保险广，包括个人在单位工作时间之外的活动范围，如被保险人的住宅内、住宅外活动和各种个人娱乐、职业活动等。

(3) 个人责任保险承保的一般是被保险人在工作时间之外的活动

引起的损害赔偿责任，经过特别约定，也可以承保其在工作中的损害赔偿责任。另外，在厘定费率的具体依据以及承保条件等方面与其他责任保险也有区别。

3. 个人责任保险的主要险种

（1）住宅责任保险。这是一种个人静物责任保险，承保由于被保险人的住宅及住宅内的静物（如家用电器、液化气灶和阳台上的花盆等）发生意外事故致使其雇佣人员（如保姆、家庭教师）或客人或在住宅附近通行的他人遭受伤害或其财产被损毁，根据法律应由被保险人承担的经济赔偿责任。

（2）个人运动责任保险。承保个人或其家庭成员在运动时由于意外事故或过失致使他人的身体伤害或财产损毁，根据法律应由被保险人承担的经济赔偿责任。其承保区域范围一般指住宅外的活动。

（3）综合个人责任保险。这是一种普遍适用的综合性个人责任保险，承保个人或其家庭成员在居住、从事体育活动及其他一切日常活动中致使他人身体伤害或财物损毁，根据法律应由被保险人承担的经济赔偿责任。其承保的区域范围广，承担的责任风险大，是非常受欢迎的个人责任保险业务。

（4）个人职业责任保险。承保医生、律师、会计师及其他专业技术人员的职业风险责任。凡是上述人员因工作中的疏忽或过失导致他人身体伤害或财物损毁，根据法律应由上述人员承担损害赔偿责任的，保险人均负责补偿。其特点是责任事故的发生及其损害后果须与被保险人的职业活动有关，且不包括被保险人日常生活中的个人责任。

第三节 产品责任保险

一 产品责任

（一）产品责任的概念

产品责任是指由于产品存在缺陷，在使用或消费过程中发生意外造成使用者或其他人的人身伤害或财产损失，产品的制造商、销售商、修理商等依法应承担的经济赔偿责任。例如，手机电板爆炸给用户造成的人身伤害、化妆品不合格对人体皮肤造成的损害等。

产品责任的构成要件包括产品有缺陷、损害事实的存在、产品缺陷和损害事实之间存在因果关系。可见，产品缺陷是确定产品责任的前提条件。根据《产品质量法》第四十六条的规定："产品缺陷是指产品存在危及人身、他人财产安全的不合理的危险；产品有保障人体健康和人身、财产安全的国家标准、行业标准的，是指不符合该标准。"可分为以下几种类型：

1. 设计上的缺陷

设计上的缺陷即产品由于设计上的原因，存在危及人身、财产安全的不合理危险。例如，煤气灶因结构或安全系数设计上的不合理，有可能导致在正常使用中爆炸的，该产品即为存在设计缺陷的产品。

2. 制造上的缺陷

制造上的缺陷即产品由于加工、制作、装配等制造上的原因，存在危及人身、财产安全的不合理危险。例如，幼儿玩具制品在生产时，未按照设计要求采用安全的软性材料，而是使用了金属材料并带有锐角，危及幼儿人身安全。该产品即存在制造上的缺陷。

3. 指示上的缺陷

指示上的缺陷也称告知缺陷或说明缺陷，即产品缺乏在使用上或危险防止上必要的、适当地说明或警告。例如，燃气热水器在一定条件下对使用者有一定的危险性，生产者应当采用适当的方式告知安全使用注意事项，如必须将热水器安装在浴室外空气流通的地方等。如果生产者没有明确告知，就可认为该产品存在指示不合理的危险。

(二) 产品责任的归责原则

产品责任与各国的产品责任法律制度紧密相关，因而调整产品责任关系的法律规范即产品责任的归责制度是产品责任保险的法律基础。产品归责原则经历了这样一个演变过程：

1. 合同责任原则阶段

根据这一原则，产品责任是一种合同责任，制造商或销售商不履行或不适当履行合同中规定的产品质量义务，而给消费者造成损害时应承担的赔偿责任。如果受害人与制造商或销售商存在契约关系，则可以提起要求损害赔偿的诉讼，如无合同关系，受害人便无法得到赔偿。但产品最后的消费者往往与产品的生产者或销售者之间没有直接的契约关系，因而无权进行索赔。即便是存在契约关系，受害人也只能在契约规定的范围内要求赔偿，通常所获得的赔偿以不超过有关产品的价值为限，远远不足以补偿受害人遭受的损失。因此，合同责任原则并不有利于受害人。

2. 过失责任原则阶段

随着经济的发展，商品的种类和数量都大幅度增加，产品责任以合同关系原则为前提的法律渐渐不能满足生产与消费关系发展的需要。

过失责任原则的确立，将产品责任纳入侵权行为的范畴。依据该原则，可以请求赔偿的权利主体扩大到了合同以外的第三人，义务主体也不再限于合同一方当事人。如果生产者预见到危险却不加以防范而致人损害，生产者就对此负有责任。

但若受害人以过失责任提起诉讼，则负有举证义务，必须证明：被告对产品的缺陷负有注意义务；被告违反了这一注意义务；原告因此缺陷受到了损害；损害与缺陷之间具有因果关系。原告举证成功后才能获得赔偿，但是受害者要证明产品有缺陷并指出产品制造商或销售商的疏忽责任往往很困难。为了解决举证难这一问题，大陆法系采用"过错推定"原则减轻原告的举证责任，即当损害发生时，法律上假定被告有过错，由被告证明自己没有过错而免责，实现举证责任倒置。如果被告举证不能，那就要承担相应的责任。

3. 担保责任原则阶段

担保原则是由合同责任发展起来的，指制造商或销售商必须保证其卖出的商品符合双方当事人契约订立的标准，如果标准不符合，致使消费者或用户遭受损害，就应承担赔偿责任。

在司法实践中，若能够认定卖方违反了担保，则无须再证明他的疏忽行为。但担保原则也不能从根本上解决充分保护广大消费者权益的问题。原告仍须证明存在明示担保或默示担保而且卖方违反担保。另外，根据担保的性质不同，原告的举证责任也有所偏重。如违反明示担保要求损害赔偿时，原告必须证明：被告作了说明；原告相信该说明；损害是由于产品不符合被告所作的说明而引起的。在违反适合特定用途的默示担保诉讼里，原告要证明被告知道或应该知道产品的特定用途以及原告对被告提供合适产品的技术和判断力的依赖。

4. 严格责任原则阶段

随着消费者的利益越来越受到重视,过失责任原则难以充分保护消费者的弱点愈加明显。所谓严格责任原则,是指即便产品制造商和销售商在制造和销售过程中已经做了一切可能做到的事情,但只要产品有缺陷,并使产品使用者或者消费者受到伤害,则仍需对此负责。

(三) 我国产品责任的归责原则

《民法通则》第一百二十二条规定:"因产品质量不合格造成他人财产、人身损害的,产品制造者、销售者应当依法承担民事责任。运输者、仓储者对此负有责任的,产品制造者、销售者有权要求赔偿损失。"明确了产品责任是一种侵权责任。

《中华人民共和国产品质量法》(以下简称《产品质量法》)第四十一条规定,"因产品存在缺陷造成人身、缺陷产品以外的其他财产(以下简称他人财产)损害的,生产者应当承担赔偿责任。生产者能够证明有下列情形之一的,不承担赔偿责任:(一)未将产品投入流通的;(二)产品投入流通时,引起损害的缺陷尚不存在的;(三)将产品投入流通时的科学技术水平尚不能发现缺陷的存在的。"由此可见,我国生产者所适用的产品责任归责原则为严格责任原则。

而根据《产品质量法》第四十二条规定:"由于销售者的过错使产品存在缺陷,造成人身、他人财产损害的,销售者应当承担赔偿责任。销售者不能指明缺陷产品的生产者也不能指明缺陷产品的供货者的,销售者应当承担赔偿责任。"第四十三条规定:"因产品存在缺陷造成人身、他人财产损害的,受害人可以向产品的生产者要求赔偿,也可以向产品的销售者要求赔偿。属于产品的生产者的责任,产品的销售者赔偿的,产品的销售者有权向产品的生产者追偿。属于产品的销售者的责任,产品的生产者赔偿的,产品的生产者有权向产品的销售者追偿。"可见,对销售者适用过错推定责任和严格责任相结合的原则。

二 产品责任保险的具体内容

产品责任保险是以生产者、销售者、修理者等因生产、销售、修理的产品存在缺陷,造成用户、消费者或公众的人身伤害或财产损失而依法应承担的经济赔偿责任为保险标的的保险。

（一）产品责任保险的投保人与被保险人

产品的制造商、修理商和销售商等一切可能对产品事故负有赔偿责任的人都对产品责任具有保险利益，因而都可以投保产品责任保险。根据具体情况，可以由他们中的任何一个人投保，也可以由他们中间的几个人或全体联名投保。

保险单列明的被保险人，除了投保人外，也可以将其他有关利益方作为被保险人，并且规定被保险人之间的责任实行互不追偿。在产品责任各有关利益方中，除非其他有关利益方已将产品重新装配、改装、修理、更换使用说明书，凡因产品缺陷引起的损害赔偿责任，最终会追溯到制造商。

（二）产品责任保险的责任范围

1. 保险责任

（1）被保险人生产、销售、分配或修理的产品在保险有效期内发生事故，造成用户、消费者或其他任何人的人身伤害或财产损失，依法应由被保险人承担的损害赔偿责任，保险人在保险单规定的赔偿限额内予以赔偿。

其中，产品责任事故必须是在偶然和意外的状态下发生的，不是被保险人事先可以预料的；事故必须发生在被保险人制造或销售场所以外的地方，产品的所有权已经转移给产品使用者或者消费者。

（2）被保险人为产品责任事故支付的法律费用及其他经保险人事先同意支付的合理费用，保险人也负赔偿责任。

2. 除外责任

（1）根据其他合同或协议应由被保险人承担的责任。

（2）由被保险人承担的对其雇员的赔偿责任。

（3）被保险人所有、照管或控制的财产的损失。

（4）产品仍在制造或销售场所，尚未转移至用户或消费者手中时所造成的损失赔偿责任。

（5）被保险人故意违法生产、出售或分配的产品造成他人的人身伤害、疾病、死亡或财产损失的赔偿责任。

（6）被保险产品本身的损失及被保险人因收回、更换或修理有缺陷产品造成的损失和费用。

（7）被保险产品造成大气、土地、水污染及其他各种污染所引起的责任。

（8）被保险产品对飞机或轮船造成的损害责任。

（9）由于战争、类似战争行为、敌对行为、武装冲突、恐怖活动、谋反、政变直接或间接引起的任何后果所致的责任。

（10）由于罢工、暴动、民众骚乱或恶意行为直接或间接引起的任何后果所致的责任。

（11）由于核裂变、核聚变、核武器、核材料、核辐射及放射性污染所引起的直接或间接责任。

（12）罚款、罚金或惩罚性赔款。

（13）保险单明细表或有关条款中规定的应由被保险人自行负担的免赔额。

（三）产品责任保险的保险期限和责任限额

责任期限通常为1年，到期可以续保。对于使用年限较长的产品或商品，也可以投保3年、5年期的产品责任保险，但保险费仍逐年结算。产品责任保险的索赔有效期限应按保险单规定或当地有关法律规定的时间区间为准，如我国按法律规定为2年，有的国家或地区规定为3年。

保险人承保产品责任保险，通常采用统保方式。所谓统保，就是以投保人制造或销售的全部产品统一投保为条件，并按照被保险人当年生产和销售的总额或营业总额计算收取保险费。

产品责任保险通常规定两个赔偿限额，即每次事故责任限额和保单累计责任限额，每种责任限额下还分别规定人身伤亡和财产损失的限额。超过保险单规定的责任限额部分由被保险人自行承担。

免赔额以内的损失保险人概不负责，额度高低视风险的大小以及被保险人的承受能力并由保险双方协商确定。

（四）产品责任保险的保险费率和保险费

1. 保险费率

保险人厘定产品责任保险费率时，主要考虑以下因素：

（1）产品的种类、特点和可能对人体或财产造成损害的风险大小。

不同种类的产品对人体或财产的损害风险不同。如药品对人体造成损害的风险高于服装。

（2）产品的数量和价格。一般与保险费呈正相关关系，与保险费率呈负相关关系。

（3）承保的区域范围。一方面，承保的地区范围大，风险也大，产品责任保险费率也高，如出口销售的产品就比国内销售的产品责任风险大；另一方面，承保销往产品责任严格的国家和地区，比其他国家或地区风险大，因为这些国家或地区的索赔金额高，且实行绝对责任制原则，故费率也高，如出口美国与出口非洲国家的产品责任保险在费率上应当有所区别。

（4）产品制造者的技术水平和质量管理情况。技术水平高，质量控制好，产品检测严格，产品的合格率就高，责任风险就相应降低。

（5）赔偿限额与免赔额的高低。在产品其他条件相同的情形，赔偿限额越高，费率越高，免赔额越高，则费率越低。

（6）以往承保的经验。

2. 保险费

产品责任保险实行预收保险费制，即在签订产品责任保险合同时，按投保生产、销售或分配计划的全部产品或商品价值计算收费，待保险期满后再根据被保险人在保险期内的实际生产、销售的商品总值计算实际保险费，对预收保险费实行多退少补，但实收保险费不得低于保险人规定的最低保险费。例如，甲企业投保产品责任保险，预交保险费8000元，但保险期内实际销售额较计划指标下降了20%，应退保险费1600元，但若保险人规定类似业务每笔的最低保险费（保险费起点）为7000元，则被保险人只能获得600元的退费。

产品责任保险的保险费计算公式为：

应收保险费 = 生产（销售）总值 × 适用费率

（五）产品责任保险的赔偿处理

被保险人在向保险人申请赔偿时，应提交有关事故证明书、医疗证明、产品合格证及保险人认为有必要的有效单证材料。

若发生保险单承保的任何事故或诉讼时，须注意以下几点：

（1）未经保险人书面同意，被保险人或其代表对索赔方不得作出任何责任承诺或拒绝、出价、约定、付款或赔偿。必要时，保险人有权以被保险人的名义接办对任何诉讼的抗辩或索赔的处理。

（2）保险人有权以被保险人的名义，自付费用向任何责任方提出索赔的要求。未经保险人书面同意，被保险人不得接受责任方就有关损失作出的付款或赔偿安排或放弃对责任方的索赔权利。否则，由此引起的后果将由被保险人承担。

（3）在诉讼或处理索赔过程中，保险人有权自行处理任何诉讼或解决任何索赔案件，被保险人有义务向保险人提供一切所需的资料和协助。

此外，生产出售的同一批产品或商品，由于同样原因造成多人的人身伤害、疾病或死亡，或多人的财产损失，应视为一次事故造成的损失。

第四节　职业责任保险

一　职业责任和职业责任保险

（一）职业责任

职业责任是指从事各种专业技术工作的单位或个人在履行自己职责的过程中，因疏忽或过失行为对于他人造成的损害应当承担的经济赔偿责任。这里的"职业"和一般的"工作岗位"意义上的职业有很大不同。这种职业需要基于与其所处的职业范围密切相关的专门学科教育和专业训练背景，并需要通过政府部门根据相关法规组织的专业技能考试后获得从业资格，并且从业活动必须接受相关部门依据专门法规进行监督管理，具有高度的专业化。

尽管职业责任事故是人为原因所致的，但也与自然灾害等风险一样，具有存在的客观性和发生的偶然性等特征，是经常地、随机地发生在每个职业技术人员日常生活、工作中的一般疏忽行为所致的。鉴于现代科学技术发展的局限性和人类知识和经验的局限性，人们在从事专业技术工作中，职业责任事故是不可能完全避免的。除采取各种预防措施、积极地防范并加强工作责任心外，人们还应该通过职业责任保险转嫁、分散和控制风险，减少各种由于职业责任所产生的矛盾和纠纷，保障受害方的经济权益不受损害。

（二）职业责任保险

职业责任保险承保各种专业技术人员因工作上的疏忽或过失，造成第三者的经济损失或人身伤亡，依法应承担的经济赔偿责任。适用于医生、药剂师、设计师、工程师、律师、会计师、保险经纪人、教师等各种专业工作者。

二　职业责任保险的种类

（一）医疗责任保险

承保医疗机构及其医务人员在从事与其资格相符的诊疗护理工作中，因过失行为、错误或疏漏，造成病人死亡或伤残、病情加剧、痛苦增加等，依法应由被保险人承担的经济赔偿责任。医疗责任保险既是职业责任保险中发展历史最长，也是占主导地位的险种。

（二）律师责任保险

承保律师在执业过程中，因工作过失给当事人或利害关系人造成的直接经济损失依法应承担的民事赔偿责任。

（三）注册会计师执业责任保险

承保注册会计师在执业过程中，因其过失而造成的审计委托人或其他利害相关人的经济损失，应承担的民事赔偿责任。这种赔偿责任仅限于金钱损害，不包括身体伤害、死亡及实质财产的损毁。

（四）建设、工程技术人员责任保险

以建设设计师、工程师、监理师等及其所在的单位由于工作的疏忽或过失而引发工程质量事故造成损失或费用，应承担的民事赔偿责任为保险标的。建筑、工程技术人员责任保险的投保人一般为在工商行政管理部门注册取得企业法人营业执照，并具有国家或省建设行政主管部门颁发的工程设计资质证书，从事建设工程设计业务的设计单位。

（五）公司董事及高级管理人员责任保险

以公司董事、经理等高级管理人员向公司或第三者（股东、债权人等）承担的民事赔偿责任为保险标的的一种保险。

此外，国外还有美容师责任保险、药剂师责任保险、保险代理人或经纪人责任保险、退休人员责任保险等险种。

三　职业责任保险的具体内容

（一）职业责任保险的责任范围

1. 保险责任

职业责任保险单因为职业责任的千差万别而没有统一的保险条款及保险单格式，保险人通常根据不同种类的职业责任设计和制订专门的条款和保险单。保险责任一般包括以下三项。

（1）被保险人在保险单列明的追溯期或保险期限内，从事专业技术业务时，由于疏忽或过失造成委托人及其利益相关人的经济损失，依法应由被保险人承担经济赔偿责任。

（2）事先经保险人书面同意的诉讼费用，保险人负责赔偿。一般规定此项费用与上述经济赔偿的每次索赔赔偿总金额不得超过本保险单明细表中列明的每次索赔赔偿限额。

（3）发生保险责任事故后，被保险人为缩小或减少对委托人遭受经济损失的赔偿责任所支付的必要的、合理的费用。

2. 责任免除

（1）对于不可抗力造成的损失、费用和责任，保险人不负责赔偿：①战争、敌对行为、军事行动、武装冲突、罢工、骚乱、暴动、盗窃、抢劫；②政府有关当局的行政行为或执法行为；③核反应、核子辐射和放射性污染；④地震、雷击、暴雨、洪水等自然灾害；⑤火灾、爆炸。

（2）对于被保险人的故意等行为造成的损失，保险人也不负责赔偿：①被保险人无有效执业证书，或未取得法律、法规规定的应持有的其他资格证书办理业务的；②未经被保险人同意，被保险人的从业人员私自接受业务；③被保险人被指控有对他人诽谤或恶意中伤行为而引起的索赔；④因被保险人的隐瞒或欺诈行为而引起的任何索赔；⑤被保险人或其从业人员超过委托人授权范围所导致委托人的任何损失；⑥被保险人被指控对委托人的诽谤或泄露委托人的商业秘密，经法院判决指控成立的等。

（3）下列损失、费用和责任，保险人也不负责赔偿：①被保险人对委托人的身体伤害及有形财产的毁损或灭失；②被保险人对委托人的精神损害；③罚款、罚金、惩罚性赔款或违约金；④保险单明细表或有关条款中规定的应由被保险人自行负担的每次索赔免赔额；⑤被保险人与他人签订协议所约定的责任，但应由被保险人承担的法律责任不在此限。

(二) 职业责任保险的保险期限与责任限额

职业责任保险的保险期限通常是一年，到期续保。

保险人承担的赔偿责任一般包括责任赔偿和法律费用。由于职业责任风险的特殊性和复杂性，在保险人履行责任赔偿方面，或者只规定一个保险单累计责任限额，或者只规定每次事故的责任限额，不像其他责任保险业务那样同时规定保险单累计责任限额和每次事故的责任限额。对于法律费用的赔偿，在责任限额之外另行计算赔付，如果最终赔偿金额超过了责任限额，保险人则按比例承担法律费用。

(三) 职业责任保险的保险费率和保险费

1. 费率厘定应考虑的因素

各种职业都有其自身的特点和面临的职业责任风险，因而费率的厘定十分复杂，但通常要考虑下列因素：

(1) 职业种类、复杂程度及其主要职业风险；
(2) 工作场所；
(3) 工作单位性质，包括所有制类型、行业性质、营利或非营利性；
(4) 业务数量及主要服务对象；
(5) 被保险人及其雇员的专业技术水平、工作责任心和职业道德；
(6) 被保险人职业责任事故的历史统计资料及索赔、处理情况；
(7) 被保险人的管理水平、内控制度的建设及执行情况；
(8) 责任限额、免赔额及其他承保条件；
(9) 被保险人所在行业的相关法律法规的变化及其索赔处理情况。

2. 保险费的计算

保险费的计算一般依据投保人的业务总收入和责任限额，计算公式如下：

保险费 = 预计的年业务收入总额 × 费率

保险费 = 专业人员数量 × 费率(人均保费)

(四) 职业责任保险的赔偿处理

被保险人向保险人申请赔偿时，应提交保险单正本、证明执业人员责任的法律文件、索赔报告、损失清单、执业证书、与委托人签订的委托合同以及其他必要的证明损失性质、原因和程度的单证材料。

发生保险责任事故时,未经保险人书面同意,被保险人或其代表自行对索赔方做出的任何承诺、拒绝、出价、约定、付款或赔偿,保险人均不承担责任。必要时,保险人可以被保险人的名义对诉讼进行抗辩或处理有关索赔事宜。

保险人对被保险人每次索赔的赔偿金额以法院或政府有关部门依法裁定的或经双方当事人及保险人协商确定的应由被保险人偿付的金额为依据,但不得超过保单列明的每次索赔赔偿限额。在保险期限内,保险人对被保险人多次索赔的累计赔偿金额不得超过本保险单明细表中列明的累计赔偿限额。对每次索赔中被保险人为缩小或减少对委托人或其他利害关系人的经济赔偿责任所支付的必要的、合理的费用及事先经保险人书面同意支付的诉讼费用予以赔偿。

第五节 雇主责任保险

一 雇主责任与雇主责任保险

(一)雇主责任

雇主责任是以雇佣关系为前提的一种民事责任,指雇员在受雇期间因发生意外事故或职业病而造成人身伤残或死亡时,雇主依法或按雇佣合同应承担的经济赔偿责任。

雇主责任一般由国家通过立法规定,例如英国的《工厂法》《雇主责任强制保险法》,中国香港地区的《劳工赔偿法》,我国的《劳动保险条例》《中外合营企业劳动管理规定》等,对法律的实施范围、雇主责任、雇员发生伤亡时雇主应赔偿的标准以及申请赔偿的标准以及申请赔偿和雇主支付赔偿的程序等都做了具体的规定。

雇主责任一般包括两个方面的内容:一是雇主对雇员在从事雇佣活动时所受损害应承担的民事责任;二是雇主对雇员在从事雇佣活动时致第三人损害应承担的民事责任。

雇主责任的构成必须具备一定的条件,包括:雇佣关系的存在,雇员执行雇主委托的事务即从事与雇主经营业务有关的活动，雇主承担特殊侵权责任以及雇员的行为必须符合侵权行为等。

赔偿的内容一般包括：雇员死亡后，按一定标准给予丧葬费用和家属抚恤金；雇员伤残的，按雇员永久性伤残导致丧失劳动能力的程度给予一定标准的工资支付以及永久性伤残停工期间的经济补助；发生医疗费用支出的，一般按实际支出金额赔偿。

（二）雇主责任保险

雇主责任保险是指以雇主（被保险人）的雇员在受雇期间从事职业工作时因遭受意外导致伤、残、死亡或患有与职业有关的职业性疾病而依法或根据雇佣合同应由被保险人承担的经济赔偿责任为保险标的的一种责任保险。

可见，雇主责任保险并非承保所有的雇主责任，它只承保雇主对雇员在从事雇佣活动时所受损害应承担的民事责任，一般不承保雇主对雇员在从事雇佣活动时致第三人损害时应承担的民事责任。而且，即便是雇主所承担的对雇员的责任，保险人也会将雇主的故意行为所致的对雇员的人身伤害应承担的赔偿责任列为除外责任，只承保雇主的过失行为以及无过失行为所致的对雇员的人身伤害应承担的赔偿责任。

通常下列情况被视为雇主的过失或疏忽责任：雇主提供危险的工作地点、机器设备和工作程序；雇主提供的是不称职的管理人员；雇主本人直接的疏忽或过失行为，如对有害工种未提供合格的劳动保护用品等。

二 雇主责任保险的具体内容

（一）雇主责任保险的责任范围

1. 保险责任

在雇主责任保险中，保险人一般承担以下责任：

（1）雇员在保险单列明的地点和保险期限内从事与其职业有关的工作时遭受意外而致伤、残、死亡，被保险人依据法律或雇佣合同应承担的经济赔偿责任。

（2）因患有与业务有关的职业性疾病而致雇员人身伤残、死亡的经济赔偿责任。

（3）被保险人应支付的法律费用，包括抗辩费用、律师费用、取证费用以及经法院判决应由被保险人代雇员支付的诉讼费用,但该项费用必须是用于处理保险责任范围内的索赔纠纷或诉讼案件,且是合理的诉诸法律而支出的额外费用。

其中,职业性疾病根据 2002 年 5 月 1 日起施行的《中华人民共和国职业病防治法》规定,是指企业、事业单位和个体经济组织等用人单位的劳动者在职业活动中,因接触粉尘、放射性物质和其他有毒、有害物质等因素而引起的疾病。各国法律都有对于职业病预防方面的规定,一般来说,凡是符合法律规定的疾病才能称为职业病。在我国,职业病的分类和目录由国务院卫生行政部门会同国务院劳动保障行政部门规定、调整并公布。

2. 附加责任

我国雇主责任保险经双方当事人约定后,可扩展承保以下两项保险责任:

(1) 附加医疗费保险。承保雇员在保单有效期内,因患职业病以外的疾病(包括传染病、分娩、流产)所需医疗费用,包括治疗、医药、手术、住院费用,并规定只限于在中国境内的医院或诊疗所就诊和治疗,凭单据赔付。

(2) 附加第三者责任保险。承保被保险人在保单有效期内,因其雇员(或其本人)在从事保单列明的业务或有关工作时,由于意外或疏忽,造成第三者人身伤亡或财产损失以及由此引起的对第三者的抚恤金、医疗费用和赔偿费用,依法应由被保险人承担的赔偿责任。

3. 责任免除

雇主责任保险一般将下列原因引起的雇员伤残、死亡或疾病列为除外责任:

(1) 被保险人的雇员由于职业性疾病以外的疾病、传染病、分娩、流产以及因上述原因接受医疗、诊疗所致的伤残或死亡。

(2) 由于被保险人的雇员自相伤害、自杀、打架、斗殴、犯罪及无照驾驶各种机动车辆等故意或违法行为所致的伤残或死亡。

(3) 被保险人的雇员因非职业原因而受酒精或药剂的影响所导致的伤残或死亡。

(4) 被保险人的故意行为或重大过失。

（5）任何性质的精神损害赔偿、罚款、罚金。

（6）战争、军事行动、恐怖活动、罢工、暴动、民众骚乱或由于核子辐射所致被保险人雇员的伤残、死亡或疾病。

（7）其他不属于保险责任范围内的损失和费用。

（二）雇主责任保险的保险期限与责任限额

雇主责任保险的保险期限通常为一年，期满续保。但若考虑某些特殊雇佣合同的需要，也可按雇佣合同的期限投保不足一年或一年以上的雇主责任保险。如果保险期限为两年或两年以上，保险费应按年计收，以保证财务核算与保险人所承担的年度风险责任相适应。

雇员责任保险的责任限额一般以雇员若干个月的工资额为制定依据。我国现行的保单赔偿限额通常规定为雇员36个月的工资收入，具体的赔付金额还需计算每个雇员的月均工资收入及伤害程度才能获得。其计算公式为：

责任限额 = 雇员月平均工资收入 × 规定月数

雇主责任保险保单分别规定死亡和伤残两种情况的赔偿限额。

在保单有效期内，无论发生一次或多次赔偿，保险单对每位雇员的赔偿累计不得超过保单规定的赔偿限额。

附加医疗费用保险对每个雇员规定累计赔偿限额。

附加第三者责任保险规定每次事故赔偿限额。

（三）雇主责任保险的保险费率和保险费

1. 费率厘定应考虑的因素

雇主责任保险的保险费率确定依据有：

（1）行业特征、工种特征。一般根据一定的风险归类确定不同行业或不同工种的不同费率标准，同一行业基本上采用同一费率，但对于某些工作性质比较复杂、工种较多的行业，还须规定每一工种的适用费率。

（2）责任范围的大小，有无扩展责任。经保险人与被保险人双方同意，雇主责任保险可以扩大承保责任的范围。

同时，还应当参考赔偿额、免赔额的高低、被保险人的经营性质、管理情况及以往损失记录等。

2. 保险费

雇主责任保险采用预收保险费制，保险费按不同工种雇员的适用费率乘以该类雇员年度工资总额确定，在签发保单时一次收取。其计算公式如下：

应收保险费 = 甲工种年工资总额 × 费率 + 乙工种年工资总额 × 费率 + …

附加医疗保险保费 = 每人累计赔偿限额 × 人数 × 费率

附加第三者责任保险保费 = 每次事故累计赔偿限额 × 人数 × 费率

（四）雇主责任保险的保险区域

保险区域指保险公司承担赔偿责任的地理范围限制，即保险责任事故必须发生在规定的地域范围之内，一般控制在被保险人企业的经营地址内。经保险公司书面同意，可以将地域范围定为中国境内；经过保险公司特别约定并在加收一定保险费的基础上，也可以扩展为境外特定的国家，以保障企业员工在国外的短期公干。

（五）雇主责任保险的赔偿处理

发生保险事故，被保险人在保险人申请赔偿时，应提交保险单、有关事故证明书、保险人认可的医疗机构出具的医疗证明和医疗费等费用的原始单据及保险人认为必要的有效单证材料。若雇员发生死亡，还应提供死亡证明书和户口注销等证明文件。

经过合法的索赔程序、保险人在责任审核的基础上，在责任限额内计算赔付金额：

（1）死亡赔偿金，以保单约定的每人死亡赔偿限额为限。

（2）伤残赔偿金，按伤残鉴定机构出具的伤残程度鉴定书，并对照国家发布的《职工工伤与职业病致残程度鉴定标准》确定伤残等级而支付相应赔偿金。相应的赔偿限额为该伤残等级所对应的下列"伤残等级赔偿限额比例表"的比例乘以每人死亡赔偿额度限额所得金额。

（3）职业病的赔偿标准及额度根据有关规定计算。

（4）保险人仅赔偿必需的、合理的医疗费用，具体包括挂号费、治疗费、床位费、检查费、医药费，且不超过保单约定的医疗费用赔偿限额。不包括受伤员工的陪护费、伙食费、营养费、交通费、取暖费、空调费以及安装假肢、假牙、假眼和残疾用具费用。除紧急抢救外，受伤员工均应在县级以上医院或政府有关部门或保险公司指定的医院就诊。

三　雇主责任保险与其他保险的区别

（一）雇主责任保险和意外伤害保险的区别

意外伤害保险是保险人对被保险人因意外伤害事故造成死亡或者残废按照合同规定给付全部或部分保险金的一种人身保险。由于雇主责任保险与意外伤害保险都与自然人的人身伤害或死亡有关，人们容易将两者混淆。实际上，这两个险种性质完全不同，主要区别如下。

1. 保险标的不同

意外伤害保险的保险标的——被保险人的身体，是一种有形标的，属于人身保险范畴，只要符合保险单规定的自然人都可以作为被保险人。雇主责任保险的保险标的是雇主的民事损害赔偿责任，是一种无形的利益标的，属于责任保险范畴。

2. 保障范围不同

在意外伤害保险中，被保险人所遭受的意外伤害事故无严格的地点限制；而雇主责任保险中，除非特别约定扩展，只有雇员在为雇主工作期间在特定的场所遭受意外事故造成的伤残或死亡，才属于其保险责任范围。另外，意外伤害保险不承担被保险人因疾病所导致的伤残或死亡；而雇主责任保险要承担雇员因职业病引起的伤残或死亡。

3. 保障对象不同

意外伤害保险的保障对象是被保险人的身体，保险事故发生造成被保险人的伤残或死亡，保险人对被保险人或其受益人支付保险金；雇主责任保险的被保险人是雇主，当保险事故发生时，保险人代替雇主对雇员履行经济赔偿责任，直接来看保障了雇主的利益，但从客观上也保障了雇员的利益，而雇员与保险人之间不存在保险合同关系。

4. 实施形式不同

对于意外伤害保险，一般采取自愿投保方式实施；而对雇主责任保险，许多国家采取强制方式实施。

5. 保险费与赔款计算的依据不同

意外伤害保险以保险合同双方约定的保险金额作为计算保险费的依

据和赔款的最高限额；雇主责任保险的保险费和赔款均以被保险人的雇员若干个月的工资收入作为计算基础。

(二) 雇主责任保险与工伤保险的区别

作为社会保险制度的重要组成部分，工伤保险是指劳动者因工作原因受伤、患病、致残乃至死亡，暂时或永久丧失劳动能力时，从国家和社会获得医疗、生活保障及必要的经济补偿的社会保障制度。工伤保险与雇主责任保险的区别主要表现在以下几个方面。

1. 性质不同

工伤保险属于社会保险范畴，具有强制性、社会性、互济性、保障性和福利性的特点。雇主责任险是责任保险的一种，属于广义的财产保险的范畴，具有补偿性的特点。

2. 保险责任范围不同

尽管工伤保险与雇主责任保险都对雇员因工作原因受伤、患病、致残乃至死亡，而导致暂时或永久丧失劳动能力的风险进行保障，但是它们的保险责任范围存在一定的不同。例如，雇主责任保险承保雇主应付索赔人的诉讼费用以及经保险公司书面同意给付的诉讼费用及其他费用，而工伤保险则不负责这些费用。又如，在抢险救灾等维护国家利益、公共利益活动中受到伤害的；职工原在军队服役，因战、因公负伤致残，已取得革命伤残军人证，到用人单位后旧伤复发的都是工伤保险承保的范围，而雇主责任保险则不承保。

3. 赔付方式不同

工伤保险规定对伤残补偿按照伤残级别给予6—24个月工资不等的一次性补偿。另外，逐月发放伤残津贴。死亡给予一次性补偿。发放补偿金的多少仅与月工资有密切的关系。雇员只能在法律规定的尺度内获得赔偿。雇主责任险的赔偿限额由雇主自行确定或雇主根据与雇员协商的结果进行确定，然后一次性给付受害人。如果购买的限额较高，则同等伤残等级下可以获得的补偿越高；反之亦然。影响雇员获得赔偿金的因素不仅仅是月工资，还有雇主购买的赔偿限额。

【复习思考题】

1. 责任保险的标的是什么？

2. 责任保险有哪些特征?
3. 责任保险的承保基础有哪两种?
4. 公众责任保险主要有哪些险种?
5. 产品责任保险费率确定的主要依据有哪些?
6. 产品责任保险的归责原则是什么?
7. 职业责任保险主要有哪些险种?
8. 雇主责任保险的保险责任包括哪些?

第十章　信用保险与保证保险

【开篇案例】① 截至 2018 年 8 月底，中国出口信用保险公司（以下简称"中国信保"）支持我国企业向"一带一路"沿线国家出口和投资累计 6432.3 亿美元，业务覆盖所有沿线国家，承保项目 1900 多个，涉及基础设施互联互通、国际产能合作、国际经贸合作园区等重点领域，支付赔款达 23.2 亿美元；与"一带一路"沿线国家的政府部门、金融机构和企业建立了广泛的合作关系，签署相关合作协议 50 份，其中 17 份纳入"一带一路"国际合作高峰论坛成果清单，为"一带一路"设施联通、贸易畅通、资金融通提供了强有力的支持。

【内容提要】经济社会的发展促使各类信用在经济活动中被广泛应用，而信用风险的发生也随之更加频繁。信用保证保险正是在此背景下发展起来的，已经成为人们转嫁信用风险的一种有效手段。本章阐述了信用保证保险的概念、特点，梳理了信用保证保险的起源和发展过程，并介绍了信用保险和保证保险中主要的险种。

第一节　信用保证保险概述

一　信用保证保险的概念与特点

信用保证保险以义务人的信用为保险标的，是保险领域中相对独立

---

① 《政策性出口信用保险为"一带一路"建设承保超 6400 亿美元》，中国"一带一路"网，https：//www.yidaiyilu.gov.cn/xwzx/gnxw/67761.htm。

的组成部分，属于广义财产保险的范畴。而其中，信用保险和保证保险都是由保险人作为保证人为被保证人向权利人提供担保的保险业务，二者有相似之处也存在区别。

（一）信用保险的概念与特点

1. 信用保险的概念

信用保险是权利人向保险人投保义务人信用的保险。具体来说，就是以权利人（债权人）作为投保人和被保险人，以义务人（债务人）的信用作为保险标的，当义务人（债务人）如期不能履行义务时，由保险人负责赔偿被保险人经济损失的一种保险。

2. 信用保险的特点

信用保险属于广义的财产保险，由于参与主体的复杂性和保险标的、保障风险的特殊性，又有其自身的特点。

（1）保险标的是无形的信用风险。信用保险承保的信用风险是无形的，与财产损失保险的有形财产风险不同，也区别于责任保险承保的无形的民事赔偿责任风险。信用风险预测的难度要大得多，因而信用保险的经营技术也较为复杂，经营具有一定的不稳定性。保险人在承保前必须对被保险人的资信情况进行严格审查，包括义务人的支付能力、信用、经营管理情况等。若是涉外业务，还需要调查被保证人所在国的政治经济状况。

（2）主体涉及三方当事人。一般的财产保险合同通常不涉及第三方，投保人与保险人之间签订双方协议即可。即便有涉及的第三者，第三者及其行为事先也是无法确定的，因此保险合同中不可能列明第三者。但在信用保险合同中，权利人是投保人、被保险人，与保险人签订信用保证保险合同，义务人是第三方当事人，保险事故的发生肯定涉及第三者，因此在信用保险合同中必须列明第三者，并限定保险人所承担的第三者可能造成被保险人利益损失的行为。

（3）保险利益的产生基于主合同。信用保险的投保人（权利人）对义务人的保险利益是基于权利人与义务人之间债权债务关系的主合同而产生的，这种利益受到法律的认可和保护。因而，主合同必须是合法有效的，只有这样，当主合同的债务人因有某种违法或违约行为而使债权人的利益遭受损害时，保险人才会进行保险赔偿。若双方当事人的权利义务关系不受法律保护，也就无从谈起保险利益。

（4）保险费率的厘定和保额的确定方法特殊。一般的财产保险费率厘定主要依据投保财产的历史损失发生概率，以大数法则为基础；而信用保险的费率厘定主要与义务人的资信状况有关。

一般的财产保险保额通常以保险标的的保险价值为基础，而信用保险的保险金额取决于义务人对权利人的经济责任，一般由保险人和权利人根据义务人的责任限额进行事先约定，保险人也仅对义务人预先设定的限额内的损失负责赔偿。

（5）赔偿的基础是代位求偿原则。财产保险普遍采用代位求偿原则，但只有在保险事故是第三者造成的才适用。但在信用保险中，被保险人的损失应该说都是由特定的第三者（义务人）造成的，因而只要被保险人提出了索赔要求，保险人都是以获得向第三者（义务人）代位求偿的权利为条件，履行赔偿义务，也就是说，保险人通过向义务人追偿来减少损失是业务流程中必不可少的一个组成部分。

（二）保证保险的概念与特点

1. 保证保险的概念

保证保险是以权利人因被保证人（义务人）不履行合同义务或者犯罪而遭受的经济损失为保险标的的保险。权利人如果因被保证人的作为或不作为遭受损失，由保险人代替被保证人承担赔偿责任。

保证保险实质上是一种担保行为，被保证人可以是法人，也可以是自然人。通常采取出具保函的形式办理，与一般财产保险单差别很大。

2. 保证保险的特点

（1）涉及三方当事人。保证保险合同同信用保险一样，涉及三方当事人，除保险人与被保险人外，还有被保证人（义务人），通过向保险人投保获得保险人为其信用提供的经济担保。为了控制承保风险，保险人在为被保证人出立保证书之前，一般会要求后者提供反担保，在这种情况下，反担保人则作为另一个有关方参与保证保险合同。

（2）赔款具有返还性。在保证保险中，保险事故发生后保险人对权利人进行赔偿，并有权利实现反担保，投保人有义务返还。即保险人代替被保证人支付给被保险人（权利人）的任何补偿，依然有权利向被保证人追回。

（3）保证保险合同是附属性合同。保证保险合同是保证人对权利人的附属性书面承诺：在权利人与被保证人签署的合同或协议所规定的履约条件已具备，而被保证人拒不履行合同义务的条件下，保证人才履行赔偿责任。

（4）保证保险的实质是保险人对被保证人提供的担保行为。开办保证保险的保险公司同其他从事担保业务的商业机构一样，在担保行为中处于保证人的地位。保险事故一旦发生致使权利人遭受损失，只有在被保证人不能补偿损失时，才由保险人代为补偿，本质上保证保险只是对权利人的担保。

（5）保险费实质上是一种手续费。保证保险的担保实质决定了它是建立在无赔款基础上的，因而，保证保险的保险费实质上是一种手续费，是利用保险人的名义提供担保的一种报酬。

二 信用保证保险的发展

（一）信用保险的起源与发展

信用保险发展的历史并不长，是伴随着商业信用的发展而产生的，起源于19世纪中叶的欧洲。在各种信用发展最早的欧洲，信用风险开始是由一些银行和商人来承担的。1850年，法国的一些保险公司开始经营商业信用保险，但不久便失败了。直到1893年，美国成立了专门经营商业信用保险的信用保险公司并获得了成功，英国也于同年由全英地方受托资产公司开始承保澳大利亚贸易风险，随后商业联盟保险公司也进入了贸易担保领域，但于1903年将相关业务转让给了额外保险公司，此公司因此成为当时保险业中数一数二的大公司。1911年，英国海上事故保险公司也办理了顾客营业额的定期信托保险。1918年，英国贸易保障公司在政府授意下接受了额外保险公司的信托风险承保业务，但并不承保政治风险。1919年，英国政府考虑到东方和中欧诸国的政治局势险恶，出面对这些国家的贸易实行担保，为此专门成立了出口信用担保局，最先推出了官办的出口信用保险机构，并创立了一套完整的信用保险制度，成为以后各国纷纷仿效的样板。

第一次世界大战后，信用保险迅速发展，欧美国家纷纷成立专营的商业信用保险公司，一些私人保险公司也联合组织成立了专门机构。例如 1921 年，比利时成立了出口信用保险局，1925 年荷兰政府建立国家出口信用担保机制，1929 年挪威政府建立出口信用担保公司。然而，1929—1933 年世界性的经济危机爆发，整个资本主义国家的工业生产下降了 37%，世界贸易额减少了 2/3，同时信用危机爆发，使大批经营商业信用保险业务的公司破产，只有少数实力雄厚的公司幸存下来。经过这次冲击，信用保险制度得到进一步完善，许多西方国家效仿英国的做法，先后成立了专门的国营机构来经营出口信用保险。私营保险公司只承保商业风险，不再经营政治风险。1934 年，英国、法国、意大利、西班牙四国私营和国营信用保险机构在瑞士伯尔尼联合成立了国际信用保险协会，简称"伯尔尼联盟"。此后，各国信用保险业务虽然屡屡受到经济动荡的冲击，但都逐步稳定地发展起来。目前，世界许多国家都形成了完善的信用保险制度，建立了固定的信用保险机构。

我国的信用保险始于 20 世纪 80 年代中国人民保险公司经办的出口信用保险业务。1994 年，新成立的政策性银行——中国进出口银行也经办各种出口信用保险业务。2001 年 12 月 18 日，我国在多哈会议上加入世贸组织（WTO），随后正式挂牌成立中国出口信用保险公司，这是我国唯一的政策性出口信用保险机构，其逐步接管了出口信用保险业务。

（二）保证保险的起源与发展

保证保险最早出现于 18 世纪末 19 世纪初，源于由个人、公司或银行办理的担保函。此时期出现的合同担保主要保证从事建筑和公共事业的订约人履行约定的义务，并在订约人破产或无力履行合同时，代为偿还债务。1901 年，美国马里兰州的诚实存款公司在英国首次提供合同担保业务。随后，英国的几家保险公司也开办了该项业务。1914 年诚实存款公司从欧洲撤回，几家英国的保险公司继续开辟了欧洲合同担保的保险市场。

我国的保证保险业务始办于 20 世纪 80 年代初，中国人民保险公司开办了引进于国外的工程履约保函，以英文条款为主。进入 90 年代后，条款形式的保证保险也获得一定的发展，这是一类具有中国特色的险种，是由特定时期国内经济发展和社会法律环境所决定的。

三 信用保证保险的作用

（一）有利于增强企业的融资能力

企业在向银行申请贷款时，银行放款首先要考虑贷款的安全性，即能否如期收回贷款。而企业投保了信用保险后，可以将保单抵押给贷款银行，作为一种保证手段，要求保险人向贷款银行出具担保，银行得到收回贷款的可靠保证，解除了发放贷款的后顾之忧，从而增强了企业的融资能力。

（二）有利于促进企业加强信用风险管理

在市场经济条件下，企业间的信用关系愈加复杂，例如应收账款不能及时回收、雇员不忠于职守等信用风险成为影响企业正常经营的主要风险之一。保险公司在提供信用保证保险服务的过程中，会在全过程对企业的信用风险管理进行监督：承保前对企业的资信和履约能力进行全面的调查；保险期间加强企业履约情况的监督检查；赔付后对有关责任方追偿，协助企业进行销售分账户管理、应收账款催收和信用风险控制等。通过上述方式，有效改善企业的信用风险管理水平，促进企业更加稳健经营。

（三）有利于促进商业贸易的健康发展

商业贸易活动包括商品转移和货款收回两个方面。而货款受多种因素的影响，可能会有回收的风险。一旦贸易过程中的买方出现信用问题，不但造成了卖方的损失，更是容易引起连锁反应，中断贸易关系，并最终影响商业贸易的健康发展。信用保证保险为贸易的卖方提供货款回收保障，从而有利于促进商业贸易活动的健康发展。

（四）有利于促进出口创汇

外贸出口面向的国际市场风险大、竞争激烈，一旦出现拖欠或拒付货款的信用风险，往往会使外贸企业陷入困境，进而影响其市场开拓和国际竞争的能力。若企业投保了出口信用保险，在被保险人因商业风险或政治风险不能从买方收回货款时，可以从保险人那里得到赔偿。因此，信用保险有利于出口商完善经济核算和开拓国际市场，增加其出口创汇的能力。

四 信用保险与保证保险的联系与区别

（一）信用保险与保证保险的联系

1. 保险标的相同

信用保险与保证保险的承保标的都是信用风险，信用保险承保的是被保险人交易伙伴的信用风险，而保证保险担保的是被保证人的信用风险。

2. 经营基础相同

信用保险与保证保险的经营都必须依靠信用信息。信用保险业务中，决定保险费率的主要是被保险人交易伙伴的信用资料，如财务状况、经营现状、经营历史及所在国家的政治与经济环境等信息。保证保险业务中，保证人（保险人）是否受理担保申请，完全取决于对被保证人的资信、财力及以往履约状况等信用资料的获得和核实。

（二）信用保险与保证保险的区别

信用保险是权利人向保险人投保义务人的信用，以保证自己的经济损失能够得到赔偿，而保证保险是义务人向保险人投保自己的信用，以保证权利人的经济损失能够得到赔偿，两者的区别主要在以下几点：

1. 业务性质不同

信用保险从性质上讲属于保险，投保人所付出的费用是一种保险费，是投保人将被保证人的信用风险转移给保险人所支付的价格，与其他财产保险的保费性质相同。而保证保险实质上属于担保行为，保险人支付的赔款要由被保证人如数退还，被保证人所交付的费用实质是一种担保手续费或服务费。

2. 承保方式不同

信用保险是以保险单的形式来承保的，其保险单同一般财产保险单基本一致，同样规定责任范围、除外责任、保险金额、保险费、损失赔偿和被保险人的权利义务等内容。而保证保险是通过出具保证书（或保函）来承保的，该保证书是规定担保事宜的文字凭证，内容通常很简单，分一般保证和连带责任保证。具体承保条件、费率及其他保险事项，一般在保证人和被保证人签署的补充协议书中进行约定。

3. 经营风险不同

在信用保险中，被保险人通过交纳保费的方式将风险转移至保险人，保险人承担的风险来自保险人和被保险人都不能控制的交易对方的信用风险，这种风险是实实在在的，保险人必须将保费的大部分或全部用于赔款，赔偿后可以向责任方追偿，但成功率较低。保证保险在理论上属于"零风险"业务，保险人出立保单并没有转移义务人的信用风险，履约的全部义务仍由义务人自己承担，只有在义务人没有能力承担的情况下才由保险人代为履行，这种风险相对来说是比较小的。

第二节 信用保险

一 出口信用保险

（一）出口信用保险的概念与特点

1. 出口信用保险的概念

出口信用保险承保出口商在经营出口业务过程中，因进口商的商业风险或进口国的政治风险而遭受的经济损失。

出口信用保险与商品输出紧密相连，面对的风险巨大，并且这种风险难以使用统计方法测算损失概率，一般的保险公司不愿意经营这种保险。因而大部分国家的出口信用保险业务都是依靠政府支持而存在的，是国家为了推动本国的出口贸易、保障出口企业的收汇安全而开办的一项由国家财政提供保险准备金的非营利性政策保险业务。

2. 出口信用保险的特点

（1）不以营利为经营目标。出口信用保险的产生是为了满足出口贸易发展的需要，旨在保证出口商以及与之融通资金的银行在遭受因出口所致的损失时能够获得保障，鼓励他们扩大出口、积极开拓市场，体现了国家的国际贸易政策和产业政策。但是这并不意味着出口信用保险机构可以不讲究经济效果；相反，出口信用活动中的高风险要求出口信用保险机构严格控制风险，加强管理，力求以最小的成本换取最大的收益。

（2）经营风险大且难以控制。出口商不能安全收汇的风险主要是政治风险和商业风险。由于出口商所在国与卖方所在国分属不同国家，在政治、经济、外交、法律以及经营作风、贸易习俗等方面存在较大差距，造成买方违约的原因非常复杂，保险人一般难以控制，也不易使用统计方法测算损失概率。

（3）政府支持或参与办理。不管是从经营目标还是承保的标的和承保的风险来看，出口信用保险都不同于一般的商业保险，它是一种离不开政府支持与参与的政策性保险。综观世界各国，经营出口信用保险的机构要么是政府机构，要么是国家财政投资成立的出口信用保险公司或者是委托商业保险公司经营。政府的参与和支持通常表现在三个方面：一是财政上给予补贴支持，通过贷款、设立赔偿准备金、贴现票据、再保险等方式注入资金；二是颁布专门的法律法规来规范经营和管理，包括明确规定信用保险的宗旨、经营目标和方针政策、财务核算办法、机构及归属等；三是提供各项优惠政策，如税收优惠等。

（二）出口信用保险的分类

1. 按保险期限的长短，可分为短期出口信用保险和中长期出口信用保险

短期出口信用保险是指保险期限不超过180天的出口信用保险，适用于初级产品和消费品的出口，通常采用统保的承保方式，即要求出口商将其适用范围内的全部出口业务投保。这是国际上出口信用保险使用最广、承保量最大的一个险种。中期出口信用保险是指保险期限在180天至3年之间的出口信用保险。中长期出口信用保险是指保险期限在3年以上的出口信用保险，一般适用于电站、大型生产线等成套设备项目或船舶、飞机等资本性或半资本性货物的出口。

2. 按承保风险范围的不同，可分为商业风险的出口信用保险、政治风险的出口信用保险和综合出口信用保险

商业风险的出口信用保险仅承保商业风险，包括进口商资信或信誉方面的风险，即买方不付货款的风险。政治风险的出口信用保险承保的风险仅限于政治风险，包括买方国家的法律、政策或政局改变，地震、水灾等自然灾害发生的风险。综合出口信用保险是既承保商业风险又承保政治风险，提供综合性风险保障。

3. 按保险责任起讫时间不同分，可分为出运前出口信用保险和出运后出口信用保险

出运前出口信用保险是指保险人承担责任从出口合同生效之日开始至货物出运时终止，承保货物出运前因政治风险致使买方取消或中止合同，给出口商造成的不能出口的直接损失，包括合同签订后出口商支付的产品设计、制造、运输及其他费用。出运后出口信用保险是指保险人承担责任从货物交付承运人开始至保单终止日为止，承保出口商在出口合同规定的信用期满后因保险责任范围内的风险而不能收汇的损失。

4. 按出口合同标的不同，可分为海外存货和加工保险、服务保单、银行担保出口信用保险和信函支持出口信用保险、贸易展览会保险

（三）出口信用保险的具体内容

1. 保险责任

出口信用保险承保的风险有商业风险和政治风险两种。

（1）商业风险。商业风险指买方付款信用方面的风险，也被称为买方风险。主要包括：①买方破产或无力偿还债务。指法院已宣告买方破产判决或裁定，或实际已资不抵债。②买方拒收货物并拒付货款。指买方拒绝收货及付款，而原因并非由于卖方违约所造成，且卖方已采取必要措施包括在必要时向进口方起诉，迫使买方收货付款等。买方拒收货物付款的原因是买方丧失信用或其他不道德意图。③买方拖欠货款。但经买方要求，被保险人同意，买方在付汇期限上可增加付汇延展期，此延展期仍属于放账期。

（2）政治风险。政治风险又称国家风险，指因种族、宗教、利益集团和国家直接的冲突，或因政策、制度的变革与权力的交替造成损失的风险。主要包括：①买方所在国禁止或限制汇兑，实行外汇管制。②买方所在国实行进出口管制，禁止贸易。③买方所在国撤销进口许可证或不批准进口许可证展期。④买方所在国或货物需经过的第三国颁布延期付款令。⑤买方所在国发生战争、内战、叛乱、革命、暴动等。⑥买方所在国发生买方无法控制的非常事件，如大范围的自然灾害使买方无法履约。

2. 责任免除

在出口信用保险中，保险人不负赔偿责任的项目通常有：

（1）在货物交付时，已经或通常能够由货物运输保险或其他保险承保的损失。

（2）因汇率变动引起的损失。

（3）因被保险人或其代表违约或违法所造成的损失。

（4）买方在货物交付之前已严重违约的情况，有权停止发货的被保险人仍向对方发货所造成的损失。

（5）因买方违反其国家的法令而未获得进口许可证或进口许可证展期所造成的损失。

（6）因被保险人的代理人或买方的代理人破产、欺诈、违约或其他行为引起的损失。

（7）被保险人在发货前信用额度已被取消、失效，或未经信用保险人批准买方信用限额，或不适用被保险人自行掌握的买方信用限额的买方出口所造成的损失。

3. 责任限额

出口信用保险承保的是特殊的信用风险，风险特别巨大，保险人为了控制风险，通常在保险单上规定三种责任限额：

（1）保单累计赔偿限额。保单累计赔偿限额是保险人在保险期限内累计赔偿的最高限额，被保险人遭受保单上约定的出口信用风险所造成的损失，从保险人处得到的赔偿不能超过此限额。

（2）买方信用限额。买方信用限额是保险人对被保险人向某一特定买方出口所承担的最高赔偿金额。通常由被保险人向保险人提出申请，申请时须提供一切与该买方有关的资信资料以及银行或信用机构签发的调查报告等，保险人根据买方的资信情况和经营情况予以审批，并将审批结果以书面形式通知被保险人。当被保险人因买方无力偿还而遭受收汇损失时，保险人对被保险人承担的赔偿责任以买方信用限额为限，超过限度的，由被保险人自行承担损失。对买方信用额度的控制是出口信用保险经营的关键，这个额度一方面要满足出口商对外放账的需要，另一方面也要尽可能控制以避免可能导致的外汇风险。

（3）被保险人自行掌握的信用限额。被保险人自行掌握的信用限额是指保险人在被保险人没有为某一买方申请买方信用限额情况下，在保险单上确定的一个让被保险人自己掌握的信用额度。规定被保险人自行掌握的信用限额，有利于被保险人在一定范围内灵活安排处理出口业务，从而有可能与买方进行更多的交易。一旦被保险人向该买方出口发生收汇损失，保险人在这个信用限额内负责赔偿。

4. 费率的厘定

出口信用保险费率厘定要考虑的因素通常包括：买方所在国政治、经济及外汇收支风险的评估；出口商的资信、经营规模、出口贸易的历史记录；出口商以往的赔付记录；贸易合同规定的付款条件、支付方式；信用期限长短等。

二　商业信用保险

商业信用保险是保险人为商品活动中卖方的应收账款回收风险可能造成的损失提供保障的保险，即在商业活动中，一方当事人作为权利人，要求保险人将另一方当事人作为被保证人，并承担由于被保证人的信用风险而使权利人遭受的商业利益损失。商业信用保险承保的标的是被保证人的商业信用，这种商业信用的实际内容通过列明的方式在保险合同中予以明确，其保险金额根据当事人之间的商业合同的标的价值来确定。如果被保险人发生保险事故，保险人首先向权利人履行赔偿责任，同时自动取得向被保证人进行代位求偿的权利。由于商业信用涉及各种形式的商业活动，商业信用保险也必须针对各种不同的商业活动的需要进行设计，从而开发出为各种商业信用提供保险保障的商业保险业务。

国内信用保险一般承保批发业务，不承保零售业务；仅承保3—6个月短期商业信用风险，不承保长期商业信用风险。其险种主要是赊销信用保险。

赊销信用保险是为国内商业贸易（批发）的延期付款或分期付款行为提供信用担保的一种信用保险业务。在这种业务中，投保人是制造商或供应商，保险人承保的是买方（义务人）的信用风险，目的在于保证被保险人（权利人）能按期收回赊销货款，保障商业贸易的顺利进行。

从实践中看，赊销保险适用于一些以分期付款方式销售的耐用品如汽车、船舶、住宅及大批量商品等，金额大、数量多，若买方无力偿付分期支付的货款，就会造成制造商或供应商的经济损失，因而需要保险人提供买方信用风险保险业务。鉴于赊账期长、风险分散等原因，保险人必须在咨询考察买方资信的情况下才能决定是否承保。

三　投资保险

（一）投资保险的概念

投资保险是承保本国在国外投资的投资者因东道国的政治局势动荡或政府法令变动所引起的投资损失的一种信用保险，也称为政治风险保险。投资保险保障的是本国投资者在国外的投资利益，被保险人是本国投资者。因而，开办投资保险的主要目的是鼓励本国的资本输出，一般是由国家出资经营或由国家授权商业机构经营的政策性保险。最早是第二次世界大战以后，美国于1948年4月3日实施马歇尔计划时开始形成的，专业管理外援及海外投资事务的经济合作署，以投资保险制度鼓励资本输出、保障私人投资者在外的投资利益。发展至今，投资保险已成为本国投资者去国外进行投资活动的前提条件。我国是从21世纪初才开始经营海外投资保险业务的，中国出口信用保险公司2003年9月签发了第一张海外投资保险单。

（二）投资保险的保险责任与除外责任

1. 保险责任

（1）战争风险，即战争、类似战争行为、叛乱、罢工及暴动。

（2）征用风险，指被保险人在国外的投资资产被东道国政府有关部门征用或没收的风险。若投资者已从东道国得到全部或部分补偿，保险人在计算赔偿金额时，应将已得到的补偿金额从赔款中扣除。

（3）外汇风险，是指被保险人因东道国的突发事件（如战争、外汇管制等）而不能按照投资合同规定把应属于其所有并可汇出的款项兑换货币转移的风险。

（4）政府违约风险，指投资所在国政府非法地或不合理地取消、违反、不履行或者拒绝承认其出具、签订的与投资相关的特定担保、保证或特许权协议等。

2. 除外责任

（1）被保险人或其代理人违背或不履行投资合同，或故意违法的行为导致政府有关部门的征用或没收造成的损失。

（2）被保险人的投资项目受损后造成被保险人的商业损失。

（3）被保险人没有按照东道国政府有关部门所规定的期限汇出外汇所造成的损失。

（4）被保险人在投资合同范围以外的任何其他财产被东道国政府有关部门征用或没收造成的损失。

（5）被保险人的投资由于原子弹、氢弹等核武器造成的损失。

（三）投资保险的保险期限与保险金额

1. 保险期限

有一年期和长期两种。长期保险期限有3—15年不等。无论是一年期还是长期，期满后，被保险人都可要求续保，但承保条件需双方重新商谈。期限在3年以上的投资保险，允许被保险人在投保3年后提出注销保险单的要求，但若被保险人未满3年提前提出注销，就必须缴足3年的保险费。

2. 保险金额

保险金额分为最高保险金额和当年保险金额。最高保险金额根据被保险人在整个保险期内的投资总额确定，适用于长期投资保险；当年保险金额适用于1年期的短期投资保险，是根据被保险人当年投资金额确定的，一般按投资额的90%确定，投资者要承担10%的风险。

（四）投资保险的赔偿处理

1. 赔偿期限的规定

各种政治风险造成的损失有可能在不久后通过不同途径予以挽救，因而被保险人的损失发生与否需要经过一段时间才能确定。鉴于此，投资保险根据不同的责任确定不同的赔偿期限。

（1）战争风险造成投资损失的，保险人在被保险人提出财产损失证明或被保险人投资项目终止6个月以后赔偿。

（2）征用风险造成投资损失的，保险人在被保险人投资项目被征用或没收发生满6个月以后赔偿。

（3）外汇风险造成投资损失的，保险人在被保险人提出申请汇款3个月以后赔偿。

2. 赔偿金额的确定

当被保险人的投资项目发生保险责任范围内的损失时，保险人按投资金额与保险金额的比例赔偿，保险金额最高占投资金额的90%；如果被保险人的投资损失在保险人赔偿后又得到追回，应由被保险人和保险人按各自承担损失的比例分摊。

四　贷款信用保险

贷款信用保险是指保险人对贷款人（银行或其他金融机构）与借款人之间的借贷合同进行担保，并承保借款人信用风险的保险。在贷款信用保险中，贷款方（债权人）是投保人，当保单签发后，贷款方即成为被保险人。当借款人无法归还贷款时，债权人可以从保险人那里获得补偿。贷款人在获得保险人的补偿后，必须将债权转让给保险人，由保险人向借款人追偿。这样，既保证了银行信贷资金的正常运转，也有利于保证维持借款方良好的信用状况。

贷款信用保险的保险金额以银行贷出的全部款项为依据确定，一般分为企业贷款信用保险和个人贷款信用保险。

企业贷款信用保险的借款人是企业。保险责任一般包括决策失误、政府部门干预、市场竞争等风险，但投保人或被保险人的故意行为和违法犯罪行为所致的贷款无法收回属于除外责任。保险人在厘定保险费率时主要考虑企业的资信情况、企业的经营管理水平与市场竞争力、贷款项目的期限和用途、不同的经济地区等因素。

个人贷款信用保险的借款人是自然人。由于个人的情况千差万别，个人居住分散、风险不一，保险人必须对贷款人贷款的用途、经营情况、日常信誉、私有财产物资等做全面的调查和了解，必要时还要求贷款人提供反担保。

五　信用卡保险

信用卡保险是以持卡人使用信用卡时由于非善意透支、信用卡遗失或被盗后被他人冒用、发卡行员工利用信用卡贪污或挪用公款造成的损失为保险标的的保险。[①] 信用卡保险是随着银行开办的新型的支付工

---

① 全国保险业标准化技术委员会：《保险术语》，中国财政经济出版社2009年版，第36页。

具——信用卡的发展而产生的保险业务。

信用卡保险的保险责任范围主要包括：持卡人使用信用卡时由于非善意透支所造成的损失；信用卡遗失或被盗后被他人冒用所造成的损失；发卡行员工利用信用卡贪污或挪用公款造成的损失。

信用卡保险的有效期一般为 1 年。投保人在投保时需将当年的信用卡预计总交易额书面通知保险人，保险人根据总交易额确定 1 年内的累计赔偿限额，即信用卡保险的最高赔偿限额。如果 1 年内的损失超过此限额，则超出部分由被保险人承担。

当年预计总交易额是指所有使用被保险人签发的被保险信用卡于保险单有效期内换取现金、购买货物和获得服务的总发生额。保险人每年年初依据被保险人的预计总交易额基础上收取保费，而被保险人在保险单有效期内的实际交易额要到第二年年初统计后才能得出，因而在实际操作中，需要根据实际交易额对预收的保费进行调整，多退少补。

被保险人在发现保险责任范围内的损失时，应及时通知保险人并采取一切措施向有关方追偿：尽快通知各取存点和特约单位按规定采取行动，防止损失的进一步扩大；积极配合司法部门对案件进行调查和审理，查出责任人；采取一切可能采取的措施，包括运用法律手段，冻结或封存责任者的财产，并责令其退赔，被保险人未经保险公司同意不得单方面减免责任者的退赔金额。

在被保险人无法追回损失时，保险人按照条款的约定负责赔偿。

第三节　保证保险

一　诚实保证保险

（一）诚实保证保险的概念

诚实保证保险也称雇员忠诚保险，承保被保证人（雇员）的不诚实行为而使权利人（雇主）遭受的经济损失。诚实保证保险通常为雇主提供保障，雇主是被保险人，雇员是被保证人，保险标的是雇员的诚实信用。

(二) 诚实保证保险的保险责任

1. 保险责任

雇员的不诚实行为主要包括：雇员在受雇期间盗窃财物而致的损失，雇员在受雇期间贪污财物而致的损失，雇员在受雇期间的欺诈行为（包括欺骗雇主和其他关系方）而致的损失。雇员在保险期间因上述行为造成钱财损失的发现期，一般规定为 6 个月，即最迟自该雇员退休、离职或死亡之日起或保险单规定的 6 个月内提出索赔，以其中先发生者为准。如果被保证的雇员被派到其他区域工作，但不超过规定的期限，则该雇员在该区域内引起雇主的损失仍可得到保障。

经济损失主要包括：被保险人的货币和有价证券的损失；被保险人所有的财产的损失；被保险人有权拥有的财产或由其负责的财产损失；保险单指定区域的可移动财产损失。

2. 除外责任

下列原因造成的雇主的损失，保险人不负赔偿责任：因雇主（被保险人）擅自减少雇员工资待遇或加重工作量而导致雇员的不诚实行为所带来的经济损失；因雇主（被保险人）没有按照安全预防措施和尽职督促检查而造成的经济损失；因雇主及其代理人与雇员恶意串通而造成的经济损失；因雇主（被保险人）超过了索赔期仍未提出索赔的经济损失。

(三) 诚实保证保险中雇主（权利人）的义务

权利人的义务除合同中明示或默示的外，通常还包括：

（1）被保险人或其代理人一旦发现雇员有不诚实行为并造成其经济损失，应立即通知保险人。

（2）被保险人提出索赔请求后，应将其所有账册及其有关会计报告交保险人检查，并全力协助保险人向有不诚实行为的雇员进行追偿，包括对该雇员提出起诉。

（3）自发现雇员有不诚实行为之日起，若被保险人还有应付雇员的工资或佣金或其他报酬，应从保险人支付的赔偿金额中扣除。

（4）雇主变更雇佣条件或减少雇员等情况，均应事先征得保险人的同意。

（四）诚实保证保险的种类

按承保的形式，诚实保证保险可以分为以下几种类型：

1. 指名保证保险

指名保证保险是以特定的雇员为被保证人，又分为两种：

（1）个人保证保险。以特定的某一个雇员为被保证人，通常是由该被保证人支付保险费。当这个特定的被保证人单独或与他人串谋造成雇主损失时，保险人承担赔偿责任。

（2）表定保证保险。以特定的两个或两个以上雇员为被保证人。在同一保证合同中承保，这些雇员每人有自己的保险金额，并列表显示。所列雇员可随机增减，但必须在规定的表里列出被保证人的姓名及各自的保额。

2. 职位保证保险

承保特定的职位，即在保证合同中不列举各被保证人的姓名及保险金额，只列举各级职位的名称、保证金额以及每一职位的人数。根据职位多少可分为两种：

（1）单一职位保证保险。承保某一职位的若干雇员为被保证人，无论任何人担任这一职位均有效。该险种适用于员工流动性较大的单位，担任同一职位的每一位被保证人，均按保单规定的保证金额投保。如果约定的承保职位与所列出的被保证人人数没有变化，只是被保证人员更换，则不必通知保险人；但如果任职人数发生变动，则必须通知保险人，否则，保险人的责任按照投保人数与全部实际人数的比例减少。任何职位都可投保，但若同一职位中有一个人获得投保，则其余人员也必须投保。

（2）职位表定保证保险。承保几个不同的职位，对每一职位都规定其对应的保险金额。不论哪一个雇员担任这些职位中任何一个职位的职务，都成为被保证人，保险人对这些职位被保证人的不诚实行为造成的雇主的损失，保险人根据不同职位的保险金额负责赔偿。在合同订立后新增加的职位，也可自动承保，但必须在特定的期限内告知保险人，自动保证期间（60 日或 90 日）的保证金额，一般也有一定的限制。

3. 总括保证保险

总括保证保险承保雇主所有正式雇员的诚实保证保险，并不区分指名或者职位，一般所有雇员的担保金额均相同。一般也包括两种做法：

（1）普通总括保证保险。既不指名又不确定职位，每个正式雇员均为被保证人。一旦被保险人（雇主）因被保证人的不诚实行为而遭受损失，保险人都负责赔偿。根据确定赔偿限额的方法不同，可将其分为职位总括保证保险和商业总括保证保险：前者规定每次事故中每人的赔偿限额，后者只确定每一损失的赔偿限额，无论损失是一个雇员所致还是多个雇员串通所致，只要是雇员的不诚实行为所致的并在保证金额内的损失，保证人均负赔偿责任。

（2）特别总括保证保险。以各种金融机构的雇员由于不诚实行为造成雇主的损失而依法应负的赔偿责任为保险标的。最早起源于英国伦敦劳合社的保险人开办的银行总括保证，以后逐渐扩展到各种金融机构。金融机构的金钱、有价证券、金银条块以及其他贵重物品，因其雇员的不诚实行为造成的损失，保险人均负赔偿责任。

4. 伪造保证保险

伪造保证保险承保因伪造或篡改背书、签名、收款人姓名、金额等造成的损失的保证保险。有两种形式：

（1）存户伪造保证保险。承保被保证人或被保证人往来的银行因他人以被保证人的名义伪造或篡改支票、汇票、存单及其他凭单票据等所致的损失。此处的承保票据仅指支付票据。

（2）家庭伪造保证保险。承保个人在收支款项时因他人伪造所致损失的保险。此处的承保票据包括支付票据、收入票据及收入伪钞。

5. 三 D 保单

三 D 保单也称综合保证保险，包括诚实保证与盗窃保证两者在内的综合保单，承保企业因雇员的不诚实、盗窃、失踪、伪造或篡改票据等遭受的各种损失，其中，三 D 是指不诚实（dishonest）、损毁（destruction）、失踪（disappearance）。

三 D 保单的内容包括五部分，被保险人可选择投保部分或全部：雇员不诚实保证保险，屋内财物的盗窃保险，屋外财务的盗窃保险，保险箱盗窃保险，存户的伪造保险。

此外，还可以附加条款的方式承保其他一些风险，如收入票据的伪造，货物被盗窃，发放的薪金被盗，限额盗窃保险所承保的风险，伪造仓库收据等。

二 合同保证保险

合同保证保险也称履约保证保险，承保因被保证人不履行合同中规定的义务而给被保险人造成的经济损失。最初是适应投资人对建筑工程要求承包人如期完工的要求而开办起来的，因而最普遍的业务就是建筑工程承包合同保证保险。主要有以下险种：

（一）建筑保证保险

承保因建筑误期所致的各种损失。

根据建筑工程的不同阶段，分为以下几种：投标保证保险，承保工程所有人（权利人）因中标人继续签订承包合同而遭受的损失；履约保证保险，承保工程所有人因承包人未按时、按质、按量交付工程而遭受的损失；维修保证保险，承保工程所有人因承包人未履行合同所规定的维修义务而遭受的损失；预付款保证保险，承保工程所有人因承包人未履行合同而遭受的预付款损失。

建筑保证保险的责任范围一般包括：根据工程承包合同内容来确定保险责任，一般仅以承包人对工程所有人承担的经济责任为限；保险人赔偿的数额也以工程合同中规定的承包人应赔偿的数额为限；此外，合同保证保险的保险金额，一般以不超过工程总造价的80%为限。

建筑保证保险所要求的具体条件包括：投资项目已经核实，工程施工力量、设备材料等已落实；严格审查承包人的信誉、经营承包能力和财务状况，并要求提供投保工程的合同副本、往来银行名称及账号等情况资料；要求承包工程的人提供反担保或签订"偿还协议书"；工程项目本身已投保了工程保险。

（二）供给保证保险

供给保证保险承保供给方因违反合同规定的供给义务而使需求方遭受的经济损失。

（三）完工保证保险

完工保证保险承保借款建筑人因未按期完工和到期不归还借款而造成权利人的损失。

（四）存款保证保险和贷款保证保险

存款保证保险以银行为投保人，以保证存款人的利益为目的，当银行出现支付危机时，保险人负有赔偿责任。贷款保证保险是保险人向债权人（银行或其他金融机构）保证从其那里获取贷款的债务人将确实履行还债义务，如果债务人不履行债务致使债权人遭受损失，由保险人向债权人负赔偿责任的一种保证保险。保险金额的确定依据为借款合同的借款金额，但最高不得超过抵押物售价的一定比例，两者以低者为准，目的是防止借款人故意逃避银行的债务。在经营实践中，常见的贷款保证保险包括住房贷款抵押保证保险、机动车辆消费贷款保证保险、小额贷款保证保险等。

三　产品质量保证保险

（一）产品质量保证保险的概念

产品质量保证保险也称产品保证保险或产品信誉保险，是指作为被保险人的产品制造者或销售者因制造或销售的产品丧失效能或不能达到合同规定的效能，而给使用者造成经济损失时，由保险人承担赔偿责任的一种保证保险。

（二）产品质量保证保险与产品责任保险的区别

两者都与产品直接相关，其风险都存在于产品本身且均需要产品的制造者、销售者、修理者承担相应的法律责任，但作为两类不同性质的保险业务，它们仍然有本质的区别。

1. 保险的内容和性质不同

产品责任保险提供的是代替责任方承担的经济赔偿责任，属于责任保险。产品质量保险提供的是带有担保性质的保险，属于保证保险的范畴。

2. 保险标的不同

产品责任保险承保的是被保险人的侵权行为，且不以被保险人是否与受害人之间订有合同为条件。它以各国的民事民法制度为法律依据。而产品质量保证保险承保的是被保险人的违约行为，并以供给方和产品的消费方签订合同为必要条件，它以经济合同法规制度为法律依据。

3. 承担责任的方式与标准不同

产品责任事故的责任承担方式，通常只能采取赔偿损失的方式，即在产品责任保险中，保险人承担的是经济赔偿责任，这种经济赔偿的标准不受产品本身的实际价值的制约。而在产品质量保险中，保险公司承担的责任一般不会超过产品本身的实际价值。

4. 诉讼的管辖权不同

产品责任保险所承保的是产品责任事故，因产品责任提起诉讼案件应由被告所在地或侵权行为发生地法院管辖，产品质量保险违约责任的案件由合同签订地和履行地的法院管辖。

（三）产品质量保证保险的保险责任与除外责任

1. 保险责任

（1）赔偿消费者负责修理或更换有质量缺陷产品的损失和费用。造成产品质量缺陷的原因包括产品设计错误、产品原材料缺陷、产品在制造或加工过程中的缺陷以及产品说明书的使用说明不当等。

（2）被保险人赔偿消费者因产品质量不符合使用标准而丧失使用价值的损失和由此引起的额外费用。

（3）被保险人根据法院的判决或有关政府部门命令，收回、更换或修理已投放市场的有质量缺陷的产品所遭受的经济损失和费用。

2. 除外责任

（1）产品购买者、使用者的故意行为或过失行为所引起的损失。

（2）产品使用者未按产品说明书安装、调试和使用产品所造成的损失。

（3）产品在运输过程中因外部原因所造成的损失或费用。

（4）因制造或销售的产品缺陷致使他人人身伤害和其他财产损失。

（5）产品在制成并投放市场之前经质量检验已确认为不合格所造成的损失。

（6）属于制造商、销售商或修理商保修范围内的损失。

（7）经有关部门的鉴定不属于上述质量问题造成的损失和费用。

（四）产品质量保证保险的保险金额与保险费率

1. 保险金额

一般按被保险产品的购货发票金额或修理费用收据金额来确定，如被保险产品的出厂价、批发价、零售价均可作为确定保险金额的依据。

2. 保险费率

费率厘定主要考虑的因素有：产品制造商、销售商的技术水平和质量管理水平；产品的性能和用途；产品的数量和价格；产品的销售区域；保险人承保该类产品的以往损失记录等。

（五）产品质量保证保险的赔偿处理

（1）被保险产品发生保险事故时，若可以修理的，保险人在规定的保险金额范围内按实际修理费用赔偿，包括更换的零配件材料费和修理的人工费。

（2）若被保险产品报废、无法修理，需要更换或退货时，保险人则按产品出厂价或销售价扣除残值，或按该产品的重置价值扣除残值后赔偿。两者以低者为准。

（3）保险人负责赔偿因产品修理、更换、退货引起的鉴定费用、运输费用和交通费用，合计赔偿金额在同一赔案中不得超过保险责任项下赔偿金额的30%。

【复习思考题】

1. 信用保险和保证保险有什么区别？
2. 出口信用保险的特点有哪些？
3. 投资保险的保险责任包括哪些？
4. 产品质量保证保险和产品责任保险的区别是什么？

参考文献

［1］《中华人民共和国保险法》。
［2］《中华人民共和国合同法》。
［3］池小萍主编：《保险学案例》，中国财政经济出版社2008年版。
［4］陈津生编：《建设工程保险实务与风险管理》，中国建材工业出版社2008年版。
［5］方有恒、罗向明、粟榆主编：《财产保险综合案例》，西南财经大学出版社2017年版。
［6］黄华明主编：《中外保险案例分析》，对外经济贸易大学出版社2004年版。
［7］兰虹主编：《财产与责任保险》（第2版），西南财经大学出版社2013年版。
［8］李加明编著：《财产与责任保险》，北京大学出版社2012年版。
［9］邱波、朱一鸿、周新苗编：《保险经典案例教程》，杭州大学出版社2012年版。
［10］全国保险业标准化技术委员会：《保险术语》，中国财政经济出版社2009年版。
［11］施建祥主编：《财产保险》，浙江大学出版社2010年版。
［12］王绪瑾：《财产保险》（第2版），北京大学出版社2017年版。
［13］徐爱荣主编：《保险学习题与案例》，复旦大学出版社2009年版。
［14］姚海明：《保险营销理论与案例》，复旦大学出版社2002年版。
［15］郑功成、许飞琼主编：《财产保险》（第2版），中国金融出版社2010年版。

[16] 郑书宏：《机动车交通事故和保险理赔案例精选》，四川大学出版社2014年版。

[17] 百度百科：《"8·12"天津滨海新区爆炸事故》，http：//baike.baidu.com/item/。

[18] 百度百科：《"11·13"浙江丽水山体滑坡事故》，http：//baike.baidu.com/item/。

[19] 360百科：《"1·6"上海农产品批发市场火灾事故》，https：//baike.so.com/doc/7048035-7270941.html。

[20] 《财产保险合同案例》，慧择网，http：//xuexi.huize.com/study/studytag/word-2240.html。

[21] 何可：《河南巩义：农业保险为"三农"保驾护航》，《河南日报》，转引自中华人民共和国农业部，http：//jiuban.moa.gov.cn/fwllm/qgxxlb/qg/201712/t20171226_5988687.htm。

[22] 《货运保险案例分析》，慧择网，http：//xuexi.huize.com/study/detal-293943.html。

[23] 马向东：《无人驾驶技术将给保险业带来什么》，中国保险报网，http：//chsh.sinoins.com/2018-08/28/content_270039.htm。

[24] 《2016年度中国最具代表性十大风险管理案例（责任险）》，《中国保险报》，http：//xw.sinoins.com/2017-03/14/content_225625.htm?from=groupmessage&isappinstalled=0。

[25] 《政策性出口信用保险为"一带一路"建设承保超6400亿美元》，中国"一带一路"网，https：//www.yidaiyilu.gov.cn/xwzx/gnxw/67761.htm。